"中华元典引读丛书"出版委员会

主　任：谢清溪
副主任：纪庆芳　展文婕
委　员（以姓氏笔画为序）：

马　博　仝一帆　阮林耍　李亚涛
时　海　陈建恩　郑　鑫　胡玲霞
姜　畅　高枫叶　谌洪波

老子引读

高秀昌 著

河南大学出版社
·郑州·

图书在版编目（CIP）数据

老子引读 / 高秀昌著 . -- 郑州：河南大学出版社，2024.9

（中华元典引读丛书 / 李振宏主编）

ISBN 978-7-5649-5894-7

Ⅰ.①老… Ⅱ.①高… Ⅲ.①《道德经》Ⅳ.①B223.1

中国国家版本馆 CIP 数据核字（2024）第 108660 号

老子引读
LAOZI YINDU

责任编辑	李 云 席 兵
责任校对	时 海
封面设计	翟淼淼
出版发行	河南大学出版社
	地址：郑州市郑东新区商务外环中华大厦 2401 号
	邮编：450046　电话：0371-86059701（营销部）
	网址：hupress.henu.edu.cn
排　版	郑州印之星数字文化产业有限公司
印　刷	郑州印之星印务有限公司
版　次	2024 年 9 月第 1 版
印　次	2024 年 9 月第 1 次印刷
开　本	889 mm×1194 mm 1/32　印　张　12.5
字　数	230 千字　　　　　　　　定　价　45.00 元

版权所有・侵权必究

本书如有印装质量问题，请与河南大学出版社营销部联系调换。

序

中华元典创生于春秋战国的大变革时代。自夏以来的中国早期文明社会,到周代的分封制度达到成熟阶段,这一社会形态的国家政体是贵族制。以中央王朝的国君即天子为一权力主体,以公卿士大夫即贵族为另一权力主体,世袭国君和世袭贵族通过宗亲和姻亲血缘纽带组成一个统治网络,代代相传、永恒不变地占据着国家政治生活、经济生活和文化精神生活的中心。这样一个贵族制社会从夏开始,一直延续了一千多年,到公元前770年周平王东迁,终于走向了它的衰落和蜕变。平王东迁作为一个象征性事件,标志着一个新时代的开端。春秋时期,王室衰微,礼崩乐坏,历史表面的混乱局面,掩盖着深层的历史潜流,人们往往用"春秋无义战"来描述这个时代;但历史一进入战国时期,其演变的本质便显示出来。战国时期各国变法的主流揭示，从春秋开始的这场历史大动荡，预示着一个崭新的历史时代的到来，它是一场社会形态的变革，是中国历史从贵族政治向官僚政治的过渡。

大凡历史剧烈动荡的岁月，给人们的启迪也往往更加丰富和深刻。历史的大动荡，亵渎了一切传统的神圣的东西。传统的政治体制逐渐坍塌，传统的意识形态、社会观念、思想文化遇到了前所未有的挑战。历史何以会发生这样剧烈的变革和动荡，在动荡中崩溃的社会应该以怎样的模式重新塑造等等，一系列带有世界观、历史观、社会观性质的问题，逼迫着人们去思考，去回答。于是，在思想文化领域，展开了一场长达三百年的百家争鸣。正是在这场反省历史、洞察现实、描绘未来的思想运动中，古圣先贤们为我们提供了一批支配后世民族文化发展的中华元典。这批中华元典，诸如《周易》《诗经》《尚书》《春秋》《礼记》《老子》《庄子》《论语》《墨子》《管子》《商君书》《韩非子》等等，是夏商周以来古典传统文化的积淀和结晶，又是新旧时代交替的历史启迪；它既积累了中华先民两千年文明史的卓越智慧，又是对一个新的历史进程的揭示和预见，充当了一个新时代的号角和先声。

中华元典是春秋战国这个特定时代的产物。一方面，社会历史在政治、经济上所经历的深刻变迁，给当时的思想家们以深刻的历史启迪，使其著作具有其他时代所无法比拟的深刻性;另一方面,传统社会坍塌的剧烈震撼,促使人们从历史的根本点上思考问题,从而使当时人们所提出的问题,多具有世界观、历史观和人生观的性质,具有比较广泛的普遍性价值或意义。

三十年前,冯天瑜先生在《元典文化丛书·序》中说:

> 历史的辩证法反复昭示:发展不是简单的生长和增进,它往往不一定呈直线式进步,而是通过一系列螺旋式圈层实现的。这样"回复"便不总是重复往昔,而可能是一种上升的形式,是"唤醒"事物在其开端时即已蕴蓄着的可能性的一种形式。作为由具有自觉意识的人类创造的文化,也生动地展现着螺旋式的发展轨迹,如欧洲"文艺复兴"的崇尚古希腊、"宗教改革"的服膺《圣经》,便是对"元典精神"的发扬和再造,而欧洲文化正是在这种"回复"中赢得历史性进步的。这种向"文化元典"汲取灵感,获得前进基点的现象在中国也多次出现,著名的"古文运动"便是典型事例。考之以中国近现代思想文化史,这种"返本开新""以复古为解放",即回归元典精神以求新变的情形也俯拾即是。

冯天瑜先生所讲人类思想史上这种不断发生的"返本开新"现象,佐证了元典的不朽性。的确,中国先秦时代所产生的文化元典，就有其不朽性。大致说，元典的不朽性主要取决于两个方面：

其一，它所提出的问题具有普遍性意义，是不同时代人们所关注的共同性问题，处在不同历史条件下的人们，都能从元典的阐述中汲取智慧，都能使自己的思考追溯到人类智慧的最初观照。譬如在元典中一再提出的如下问题："天人之辨"（人与自然的关系）、"人性之辨"（关于人的本性善恶的思考）、"义利之辨"（社会道义与经济利益的关系）、"刑礼之辨"（刑法治理与礼制教化的关系）等等，这些问题对于两千多年的传统社会来说，无疑都是不朽的课题，像"天人之辨""人性之辨""义利之辨"等，还具有普遍的人类意义。

其二，"中华元典"的不朽性，还在于它对以上基本问题的解决，给后人的思考提供了一种具有高度抽象性的哲理性回答，从而使人们可以从各种角度受到它的启迪。在人类认识的早期时代，人们还不可能对自然界和社会进行解剖、分析，自然界和人类社会只能被作为一个整体去观察，从而得出混沌的整体性认识。这种认识，一方面有它不精确不完善的特点，而另一方面则使它有可能包含了对自然界和人类社会整体联系性的不少天才猜测。例如《老子》中的"道"，《周易》中的运动观、发展观、变易观，《论语》中孔子的仁学思想体系，等等，都是对自然变化之道，人的社会属性的整体性、哲理性把握；而这种把握，则是其后人们借以展开自己思想的重要基础。"中华元典"在后世人们借以发挥自己思想创造的过程中，一再证明着自己的生命力和不朽性。

然而，从历史唯物主义的观点看问题，"中华元典"也不可避免地具有其历史局限性，世界上没有任何一种理论观点、学说体系具有超历史的价值和意义。每一时代的理论思维，"都是一种历史的产物"，都有它所适应的、能够发挥其作用的历史环境；一旦历史条件发生了根本性的变更，它的作用就将丧失或者发生相应的改变。"中华元典"作为一种理论思维的历史成果，它的基本内容，它所提出的各种命题的具体内涵，都不能不具有这种历史性质。这个历史性，既是它在其后两千多年传统社会中能够发挥重要作用的原因，也同时决定了它的局限性。解读和阐释文化元典，就是发扬或转换其不朽性，而正视其局限性，以确保在文化传承中保持清醒的头脑，秉持科学的态度。

解读元典文化精神，研究、传承和弘扬优秀传统文化的工作，已经进行了很多年，有了颇为丰硕的成果。然反省其研究状况，还是存在某些缺憾。

一是研究大多还集中在知识精英阶层，而把对元典思想的阐释变成广大社会公众的精神食粮，还有许多工作要做。

二是就社会大众的元典文化阅读来说，所做的工作多是集中在直接的普及方面，侧重对元典文献的注释或翻译，以为社会大众借助白话读本就可以进入元典精神的世界，就完成了元典文化的普及，而这是有认识上的误区的。

三是社会大众直接阅读元典译本，并不能对元典文化的历史作用有深刻的认识，而研究元典文化或者普及元典文化精神，其最终目的是帮助社会大众认识我们的文化国情，使人们知道民族精神的来龙去脉，知道今人的思想、思维、价值观念、心理观念之来源，清醒而理智地看待传统文化，继承和弘扬优秀传统文化。

河南大学出版社策划出版的这套"中华元典引读丛书"，目的就在于弥补以上缺憾。这套丛书的特色是：读者一书在手，既可窥见一部元典的思想要旨，又可明了其全方位历史影响，进入元典文化生成与发展的历史世界。这是真正地认识中华元典文化精神的导读丛书，是写给普通读者的书。

既是为社会大众提供适宜的元典导读，就必须在著作的科学性、导向性上下功夫。我们力求用充分辩证的科学理性去阐释元典文化的基本精神，对元典著作积极的或消极的文化影响，都给予尽可能全面的历史评说，使普通读者懂得如何从积极的方面对传统文化进行扬弃和取舍。因此，冷静的历史思辨色彩，成为这套丛书在著述风格上的重要特色。此外,我们还要求作者从以往学术著作引经据典、旁征博引、烦琐考证的传统文风中解脱出来,采用夹叙夹议、以议论为主的散体笔法,无论是对元典内涵的揭示,还是对其历史价值或历史影响的阐述,都尽可能结合具体生动的历史事例来展开,力求做到深入浅出,引人入胜。

现在丛书就要出版了,作者们贡献了自己的辛勤劳动、学识和智慧,但是否真的能够实现丛书的编写初衷,它的效果究竟如何,就交给亲爱的读者去判断了。

李振宏

2023 年 12 月 10 日于开封

目 录

一 《老子》的思想体系 / 1
  1. 老子其人其书 / 2
  2.《老子》思想的最高概念——"道" / 9
  3.《老子》思想的重要命题——"道法自然" / 20
  4.《老子》的"慈爱"思想 / 30
  5.《老子》的辩证法思想 / 45
  6.《老子》"知常""同道"的认识论思想 / 59
  7.《老子》的理想人格与人生实践 / 76
  8.《老子》"无为而治"的政治思想 / 87

二 《老子》与政治 / 108
  1. 诸子百家,归于治道 / 108
  2. "国之利器不可以示人" / 111
  3. "静观弱用"的君人南面术 / 118
  4. "治大国若烹小鲜":无为之政的历史影响 / 138

三　《老子》与士大夫人生修养 / 155
　　1. 儒道互补，身名两全 / 155
　　2. "知足不辱，知止不殆" / 166
　　3. 返朴归真，名士风度 / 179
　　4. 知雄守雌，大德若谷 / 191

四　《老子》与哲学 / 200
　　1.《老子》与先秦哲学 / 201
　　2.《老子》与两汉哲学 / 216
　　3.《老子》与魏晋玄学 / 226
　　4.《老子》与宋明道学 / 230

五　《老子》与道教 / 237
　　1. 老子：道教教主 / 238
　　2.《道德经》：道教经典 / 244
　　3.《老子》与道教的基本内容 / 246

六　《老子》与兵家文化 / 269
　　1.《老子》是不是一部兵书 / 269
　　2. 道家与兵家的近缘关系 / 273
　　3.《老子》对兵家战争观的影响 / 282

4.《老子》对兵家战略战术的影响 / 292

七　《老子》与文学艺术 / 311

　　1.《老子》的艺术特色 / 312

　　2."道法自然"与艺术的自然美追求 / 318

　　3."大音希声"与文学意境 / 329

　　4."有无相生"与艺术表现 / 345

八　《老子》与养生文化 / 349

　　1.《老子》奠定了传统养生文化的思想基础 / 349

　　2."道法自然"与四时养生法 / 359

　　3.元气论与气功养生 / 365

　　4.牝牡之合与房中养生 / 374

结　语 / 382

一 《老子》的思想体系

老子是我国古代一位伟大的思想家和哲学家。《老子》是一部博大精深的智慧宝典。以老子道家思想和孔子儒家思想为基础形成的儒道互补文化，构成了中国传统文化的主体，奠定了中国思想文化发展的历史基础。

老子思想不仅对我国古代的哲学、政治、军事、宗教、医学、养生、气功和武术产生了广泛而深远的影响，而且作为文化基因渗透到中华民族的生存方式、生活方式和思维方式之中，影响着中国人的世界观、人生观、价值观、审美观、生死观等各种文化观念。因此，可以说《老子》是中国思想文化的智慧之根。

老子思想之所以能产生这样巨大的历史影响，一方面是由于老子对远古以来的思想文化传统作了系统的概括和总结，其学说有着极其深厚的历史文化基础；另一方面是老子在继承的基础上又开拓了文化发展的新方向，即在中国历史上首次创立了以"道"为本体论的哲学体系，为中国文化的发展奠定了哲学基础。

1. 老子其人其书

现存最早专门记述老子生平和主要事迹的当推《史记·老子韩非列传》。下面我们就主要根据《史记》的记载，来讲述老子其人其书。

《史记·老子韩非列传》记述如下：

> 老子者，楚苦县厉乡曲仁里人也，姓李氏，名耳，字聃，周守藏室之史也。
>
> 孔子适周，将问礼于老子。老子曰："子所言者，其人与骨皆已朽矣，独其言在耳。且君子得其时则驾，不得其时则蓬累而行。吾闻之，良贾深藏若虚，君子盛德，容貌若愚。去子之骄气与多欲，态色与淫志，是皆无益于子之身。吾所以告子，若是而已。"孔子去，谓弟子曰："鸟，吾知其能飞；鱼，吾知其能游；兽，吾知其能走。走者可以为罔，游者可以为纶，飞者可以为矰。至于龙吾不能知，其乘风云而上天。吾今日见老子，其犹龙邪！"
>
> 老子修道德，其学以自隐无名为务。居周久之，

见周之衰，乃遂去。至关，关令尹喜曰："子将隐矣，强为我著书。"于是老子乃著书上下篇，言道德之意五千余言而去，莫知其所终。

或曰：老莱子亦楚人也，著书十五篇，言道家之用，与孔子同时云。

盖老子百有六十余岁，或言二百余岁，以其修道而养寿也。

自孔子死之后百二十九年，而史记周太史儋见秦献公曰："始秦与周合，合五百岁而离，离七十岁而霸王者出焉。"或曰儋即老子，或曰非也，世莫知其然否。老子，隐君子也。

老子之子名宗，宗为魏将，封于段干。宗子注，注子宫，宫玄孙假，假仕于汉孝文帝。而假之子解为胶西王卬太傅，因家于齐焉。

世之学老子者则绌儒学，儒学亦绌老子。"道不同不相为谋"，岂谓是邪？李耳无为自化，清静自正。

（1）老子其人

首先看老子其人。根据《史记·老子韩非列传》可以看出，老子，姓李，名耳，字聃，春秋时期楚国苦县（今河南省鹿邑县）厉乡曲仁里人，与孔子同时而略早于孔子。他曾做过周朝守藏室的史官，这个职务相当于现在的国家图书馆馆长。老子熟知礼仪。孔子曾至周向他请教过礼。他告诉孔子说:"一个真正的商人,深藏财货,而外表看起来好像是一无所有;一个有大德的君子,内藏道德,而外表看起来好像愚蠢迟钝。你要去掉骄傲之气和贪欲之心,这些对你都没有益处。"孔子回去后告诉了他的弟子,并称赞老子是一位像龙一样的大智之人。

老子中年时,曾因受到周王朝权贵们的迫害而一度被罢官,避难于鲁国,但是后来又被召回复职,继续掌管图书。

老子在周王室做史官的时间很长,后来周王室衰败,官做不下去了,于是就离开了周王室。他将要出关的时候,遇见关令尹喜,应其所邀,写了一本书,分为上、下篇,内容谈的都是"道"和"德",一共五千多字。书写好以后他就走了,从此再没有人知道他的下落。所以,老子的卒年也无从考查。有人说他活了一百六十多岁,也有人说活了二百多岁。这些说法当然并不可靠,但可以推想他是一位长寿老人,这与他善于修道、养生有关。

老子的后代,儿子名叫宗,做过魏国的将军;宗的儿子名叫注;注的儿子名叫宫;宫的玄孙名叫假,汉文帝时做过官;假的儿子名叫解,做过胶西王卬的太傅,定居于齐地。

这里需要指出的是,司马迁既陈述史实,又保留各种推测性的资料,这样便导致后世诸多的争论。比如有人认为,当时李姓还没有形成,老姓却已经有了;或又有人说,老子字伯阳,谥号聃。有人认为,老子即太史儋,或说即老莱子。还有人认为有两个老子:春秋时一个老子是李耳,战国时一个老子是太史儋。如此等等,可以说是各有所见。总结起来看,今人争论有以下几种观点:第一种观点认为,老子与孔子约略同时而年长于孔子,《老子》是老子所著,但有战国时人的增益。第二种观点认为,老子与孔子同时,但主张将老子其人与《老子》其书分开;《老子》成书于战国中期,是老子遗说的发挥。第三种观点认为,老子是战国时期人,《老子》成书于战国。第四种观点认为,《老子》成书更晚,在秦汉之际。(陈鼓应、白奚:《老子评传》,南京大学出版社,2001)我们赞同司马迁《史记·老子韩非列传》中的第一句话,所以我们也赞同这里的第一种说法。

(2)老子其书

关于《老子》一书,《史记·老子韩非列传》说"老子乃著书上下篇,言道德之意五千余言",明确肯定《老子》一书的作者是老子,而且司马迁所说的老子所著书的结构和五千言的篇幅,也与流传至今的《老子》的面貌相合。但是,由于《史记·老子韩非列传》中还提到了老莱子和太史儋两个人,另外《老子》中还夹杂有战国时期的史实和用语，所以，关于《老子》一书的作者就流传着种种说法：有人认为是庄周后学辑佚而成，有人认为是战国末期的太史儋所著，还有人认为是吕不韦的门客所纂辑，更有人认为是汉人所掇拾而成。可谓众说纷纭，莫衷一是。今天，我们仍主司马迁《史记·老子韩非列传》的说法，肯定《老子》一书的作者就是老聃，亦即老子。这里仅综合前辈和时贤的论述，再对《老子》一书为老子所自撰作些说明。

1973年，从长沙马王堆汉墓中出土了两种《老子》抄写本，分别称为帛书《老子》甲、乙本。据专家考证，帛书《老子》甲本字体介于篆、隶之间，不避"邦"（汉高祖名）字讳，可能是秦汉之际的抄本；乙本是隶书，独避"邦"字而不避"盈"（汉惠帝名）"恒"（汉文帝名），因此推断抄写年代当在汉高祖时期，文、景之前。所以帛书《老子》的出土，可以证明《老子》在秦汉之际是流传很广、很受重视的。这使那种以为《老子》成书于秦汉之际或更晚的论点不攻自破。

1993年，湖北荆门郭店楚墓出土了竹简《老子》。考古学家根据墓葬的年代判断，竹简本《老子》的成书不会晚于公元前278年。整理者根据竹简形制及长短不同，将简文分成甲、乙、丙三组。这三组《老子》的总字数约相当于今本的三分之一，章次安排也与今本大不相同。大多数学者认为这三组竹简系《老子》的摘抄本。这就说明《老子》的成书时间不晚于战国中期。

既然《老子》这部道家经典早在战国时代便已大行于世,并且先秦诸子对《老子》多有称引,如史书记载,慎到、田骈、接子、环渊等纵横家、法家、兵家之徒都学黄老道德之术;另外,先秦著作《庄子》《荀子》《韩非子》《尹文子》《列子》《吕氏春秋》等都有引述《老子》的地方。由此可以推知,《老子》的成书时间大体上不会晚于战国初期。因为,在古代书写困难、交通不便的条件下,一种学说能够流布于世,得到许多学者的称引,绝不是一朝一夕之事,而必然要经过相当长的转抄和传授过程。

张岱年在《老子"道"的观念的独创性及其传衍》一文中指出:"《老子》书中第一人称的言论很多,足以证明《老子》一书确是一本个人专著,虽然其中也有后人附益的文句。"(张岱年:《老子哲学辨微》,载张岱年《中国哲学发微》,山西人民出版社,1981)

《老子》书中有很多第一人称的语句:

吾不知其名,字之曰道,强为之名曰大。(二五章)

人之所教,我亦教之:"强梁者不得其死!"吾将以为教父。(四二章)

天下之至柔,驰骋天下之至坚。无有入无间,吾是以知无为之有益。(四三章)

>天下皆谓我道大,似不肖。(六七章)
>
>吾言甚易知,甚易行……知我者希,则我者贵……(七〇章)

张岱年在《老子哲学辨微》中说:"这些文句,有的是表白自己的立场,有的是宣述自己的情感,显然是一个具有独立见解的思想家的自我表述。"他又说:"《孙子》十三篇应是春秋末至战国初的作品。《老子》与《孙子》文体相近,既然《孙子》一书可能是春秋末年的著作,则《老子》一书出现于春秋末年,也不是不可理解的了。"

陈鼓应也曾撰文指出:老子确实生活于春秋末年,略早于孔子;《老子》一书确是他自撰的,《论语》《墨子》等都有对《老子》的引述,这是一个十分有力的证据;而且老子的时代著书已很方便,《老子》正是第一部私人著作。(陈鼓应:《老庄新论》,上海古籍出版社,1992)

牟钟鉴在《道教通论——兼论道家学说》中认为:"《老子》书以'道'为核心概念,以'阴柔'为基本特征,以'自然'为最高原则,提出一整套博大精深的宇宙论、人生论和社会政治论,结构严正,风格一贯,含蓄凝练,正言反出,章章皆藏珠玉,段段饱蘸体验,冷静而不失慈爱,收敛而又广为发散,个性鲜明,自成一家,非哲学大师如老子者,无人能以为之。"(牟钟鉴等:《道教通论——兼论道家学

说》，齐鲁书社，1996）

综上所述，可以看出，《老子》一书是生活于春秋末年、略早于孔子的老子所亲著。虽然流传下来的今本《老子》中掺杂有后人的文字或注文，但掺杂的成分并未影响到《老子》的基调及其思想的系统性和完整性。

2.《老子》思想的最高概念——"道"

著名哲学家金岳霖先生在《论道》中指出："每一文化区都有它的中坚思想，每一中坚思想有它的最崇高的概念，最基本的原动力。……中国思想中最崇高的概念似乎是道。所谓行道、修道、得道，都是以道为最终的目标。……不道之道，各家所欲言而不能尽的道，国人对之油然而生景仰之心的道，万事万物之所不得不由、不得不依、不得不归的道才是中国思想中最崇高的概念，最基本的原动力。"（金岳霖：《论道·绪论》，载《金岳霖全集》第二卷，人民出版社，2013）在中国哲学思想史上，最早提出这一最基本原动力、最崇高概念"道"的人，即是老子。

"道"是老子思想体系中的核心概念，也是中国思想中最崇高的概念。全面而又系统地诠释和把握"道"，是深刻理解和掌握老子哲学思想及中国传统哲学和文化的关键。

（1）"道"的含义

"道"字在《老子》中共出现74次。这些符号形式相同但意义各异的"道"字，从严格意义上可区分为语言学意义上的"道"和哲学意义上的"道"。《老子》中语言学意义上的"道"字，有作为名词用的"道路"和作为动词用的"言说"两种含义。例如"大道甚夷，而民好径"（五三章），"夷道若颣"（四一章），这里的"道"字就是"道路"的意思。又如"道可道，非常道"（一章），第二个"道"字是"言说"的意思。这里的"道"字没有哲学内容，所以不是我们考察的对象。作为哲学意义上的"道"，是指一种概念或范畴。但《老子》中，在此意义上或范围内的"道"又具有不同的含义。

本原意义上的"道" 从本体论意义上说，老子的"道"是某种产生万物，开始万物的超验的、实体性的实在。如《老子》说：

> 道生一，一生二，二生三，三生万物。（四二章）
> 有物混成，先天地生……可以为天下母……字之曰道。（二五章）
> 道生之……（五一章）

显然"道"在这里，指的是世界的本始、开端，即世界的最后根源。"道"不仅是世界万物的最后根源，而且还是世界万物存在和发展变化的凭借、根据。《老子》说：

> 大道泛兮，其可左右。万物恃之而生而不辞，功成而不名有，衣养万物而不为主。（三四章）
>
> 夫唯道，善贷且成。（四一章）
>
> 道生之，德畜之，长之育之，亭之毒之，养之覆之。（五一章）

这说明，道不仅产生了万物，而且还促使万物生长、发育，使万物成熟、结果，使万物受到保护、调养，即说道是万物存在、生长和发展的牢固基础。万物得道而存在，失道则死灭："万物得一以生，侯王得一以为天下贞。"（三九章）得"一"即得"道"。拥有了"深根固柢"的"道"，才能长生久视。人的生命及天下、国家都必须靠得道才能长久。"道乃久，没身不殆。"（一六章）

法则意义上的"道"　《老子》中讲"天道""天之道"。如："天道无亲，常与善人"（七九章），"天之道，不争而善胜"（七三章）。这里的"天道"或"天之道"指的就是自然界的内在秩序、必然性，具有客观法则、规律的意义。《老子》说：

> 天之道，其犹张弓与？高者抑之，下者举之；有余者损之，不足者补之。天之道，损有余而补不足。（七七章）

老子认为，自然的法则就像张弓射箭一样，弓弦高了，就把它压低，低了就把它升高；过满了就减少，不够满就补足。自然的法则就是减去有余，用来补充不足。太阳的升落、月亮的盈亏、四季的更替、草木鸟兽的生长成遂、人的生老病死等，所表现的就是天地人都受自然法则力量的支配。

智慧意义上的"道"　《老子》中谈论智慧意义上的"道"的内容非常多，细加分析，又可以分为几个不同的层次。

首先，是生活准则之"道"。作为本原义和法则义的"道"所昭示的基本特性，实可为人类所取法，于是在人类的社会生活中，"道"成为人的行为方式和处世方法。《老子》说：

天之道，利而不害；圣人之道，为而不争。（八一章）

人法地，地法天，天法道，道法自然。（二五章）

显然，人要取法天道而生活。《老子》又说：

天下有道，却走马以粪；天下无道，戎马生于郊。（四六章）

执古之道，以御今之有。（一四章）

大道废，有仁义……（一八章）

这里的"道"指的是社会的内在秩序、法则，即把符合某种社会制度的政治原则、伦理秩序和行为规范称为"道"。

其次，是人生境界之"道"。《老子》中称"得道者"为"有道"之人。《老子》说：

古之善为士者，微妙玄通，深不可识。夫唯不可识，故强为之容：豫焉若冬涉川，犹兮若畏四邻，俨兮其若客，涣兮若冰之将释，敦兮其若朴，旷兮其若谷，混兮其若浊。（一五章）

这是老子对得道之人的道，即理想人格的状态和精神境界的描述。这里的"道"就是人生境界之"道"。又如《老子》说：

众人熙熙，如享太牢，如春登台。我独泊兮，其未兆，如婴儿之未孩。傫傫兮，若无所归……俗人昭昭，我独昏昏；俗人察察，我独闷闷……众人皆有以，而我独顽似鄙。我独异于人，而贵食母。（二〇章）

这里，老子把自己描画成"得道"之人，"食母"即"得道"。《老子》又说："天下有始，以为天下母。既得其母，以知其子；既知其子，复守其母，没身不殆。"（五二章）"守母"也即"守道"。"得道"即达到"道"的境界，"守道"即保持并久居于"道"的境界。这一层意义的"道"也可以说是境界之"道"。

最后，是治国安民之"道"。《老子》说：

治大国若烹小鲜。以道莅天下,其鬼不神;非其鬼不神,其神不伤人。(六〇章)

天之道,利而不害;圣人之道,为而不争。(八一章)

道常无为而无不为,侯王若能守之,万物将自化。(三七章)

显然,这里的"道"讲的都是治国的方术。统治者只有依据天道而行人道,社会才能达到长治久安。

(2)"道"的特性

《老子》中的"道",从其外部特征看,是不可见、不可闻、不可得的恍惚,虽然其中有"象",有"物",有"真",有"信",但却无法命"名":

视之不见,名曰"夷";听之不闻,名曰"希";搏之不得,名曰"微"。此三者不可致诘,故混而为一。其上不皦,其下不昧,绳绳不可名,复归于无物。是谓无状之状,无物之象,是谓惚恍。迎之不见其首,随之不见其后。(一四章)

道之为物,惟恍惟惚。惚兮恍兮,其中有象;恍兮惚兮,其中有物。窈兮冥兮,其中有精;其精甚真,其中有信。(二一章)

道……视之不足见,听之不足闻,用之不足既。

（三五章）

大象无形，道隐无名。（四一章）

显然，这里都是对"道"的特征的描述。形而上的道，不同于现象界中具体的存在物。它不是一个有具体形象的东西：它没有形体，也没有颜色，没有声音，因而无法加以名状。但是"道"确实又具有真实的存在性，因为恍惚无形的"道"，"其中有象"，"其中有物"，"其中有精"。具有这诸种特征的"道"，其本质特性都有哪些？

创生性 创生性是老子之"道"的根本特性。《老子》说：

无，名天地之始；有，名万物之母。（一章）

道冲，而用之或不盈。渊兮，似万物之宗。（四章）

道生一，一生二，二生三，三生万物。（四二章）

天下万物生于有，有生于无。（四〇章）

显然，老子的"道"是产生世界万物的根源。这说明，老子所说的道既是天地万物存在的根源，也是一切存在的始源。如《老子》中写道，"道者,万物之奥"（六二章），"众妙之门"（一章），"为天下母"（二五章），为"天地根"（六章），等等。

老子还具体说明了道创生万物的过程："道生一,一生二,二生三,三生万物。"（四二章）这里，"一"是"道"的别名，"二"指"天地"，"三"指阴气、阳气与和气。

道自然而然地创生天地万物。道创生世界万物，说明道具有普遍性。道创生万物之后，并不宣布大功告成，而是还要生长、培育、畜养万物，说明道贯穿事物发展的始终，道又具有内在性。

运动性 生生不息的大道，自然具有运动的特性。《老子》说：

> 有物混成，先天地生……周行而不殆，可以为天下母。吾不知其名，字之曰道，强为之名曰大。大曰逝，逝曰远，远曰反。（二五章）
>
> 致虚极，守静笃。万物并作，吾以观复。夫物芸芸，各复归其根。归根曰静，是谓复命。（一六章）

老子认为，世界万物源于道而最后又回归于道，道的运动是"周行而不殆"的。因为天地万物都从"道"出，因此"道"大，大道周行而不息，使万物的运行离道越来越"远"，极而必复，"反"而回归原点。因此，《老子》说："反者道之动。"（四〇章）道之始点也即道之终点，因此，道的运动是一个生生不息的循环（周行）过程。道的运动的特点或方向是"反"，而作为道的体现的万物存在形式和过程也是"反"。从道的"周行"可以看出道的无限性。从道是"独立而不改"的运动性的实在看，道不随万物的变化而变化，又具有绝对性、永恒性。

自然性 在生生不息的过程中创生万物的"道",在创生万物时遵循的原则是"法自然"。老子说:"人法地,地法天,天法道,道法自然。"(二五章)这里的"法"即"取法""遵循"之义。不仅是"道"要取法"自然",天、地、人都要取法"自然"。这里的"自然",不是指客观的自然界,也不是指具体存在的东西,而是指自然而然、自己如此的一种状态,亦即自然性。所谓"道法自然",就是道以它自身为依据,是自身决定了自己的存在和运动、发展。王弼注:"道不违自然,乃得其性。法自然者,在方而法方,在圆而法圆,于自然无所违也。"(《老子道德经注》)就是说,道本身无所作为,而顺应万物之自然。因此,道创生万物,并非有意妄为,而是顺其自然,使万物自生自长。"天地相合,以降甘露。"(三二章)道的"自然性",也即道的"无为性",就是说,道对万物不加干涉,而使其顺任自然。《老子》说,"辅万物之自然而不敢为"(六四章),"道之尊,德之贵,夫莫之命而常自然"(五一章),"道常无为而无不为"(三七章)。道的自然性主要体现在道与万物的关系之中:

> 大道泛兮,其可左右。万物恃之而生而不辞,功成而不名有,衣养万物而不为主。常无欲,可名于小;万物归焉而不为主,可名为大。(三四章)

道生之,德畜之,长之育之,亭之毒之,养之覆之。生而不有,为而不恃,长而不宰,是谓玄德。(五一章)

"道"生养、覆育万物,却不做万物的主宰;万物循"道"自然而生,失"道"自然败亡。由此也可以显示出《老子》中"道"的无为性、无目的性。"不为主""不有",说明道生养万物出于自然,没有私欲,也没有目的。

老子"道"的三大特性及其派生的诸种特性之间具有内在的联系。作为天地之始、万物之母的"道",显然具有创生性;而"道"又在"象帝之先"(四章)、"天地"之先(二五章),因而具有先天性或超越性;"周行而不殆"的"道",在其运动性中又表现出无限性与永恒性;在周行的运动中创生万物的"道"是自然而然的,这就是"道"的自然性。

(3)"道"的观念渊源及其哲学意义

"道"是从"天道"观念转化而来的。从历史角度来看,春秋以前的殷周时期,在自然崇拜和祖宗崇拜的宗教氛围中,宗教观念主要是天、天命、帝(上帝)。其主要特点是,这些概念都被赋予人格和意志的含义,它们是自然界中各种力量的最高主宰,同时也主宰着社会以及人的行为。到了春秋时期,出现了"天道"观念。最初,"天道"即指人们所观测到的天象变化规律。按照当时人的理解,自然

现象的规律体现了天神的意旨,预示着人事的吉凶。《左传·襄公十八年》记载:

> 晋人闻有楚师。师旷曰:"不害。吾骤歌北风,又歌南风。南风不竞,多死声。楚必无功。"董叔曰:"天道多在西北,南师不时,必无功。"

师旷和董叔是晋国的乐师和太史。在晋军与楚军相遇时,他们从各自的职位根据对天道的观察来领会天神的意旨,预言楚军将会失败。但到春秋末期,天体运行和时序变化规律的自然天道论便成为天道观的主流。《国语·越语》记述了范蠡的"天道"思想:

> 天道盈而不溢,盛而不骄,劳而不矜其功。
>
> 天道皇皇,日月以为常。明者以为法,微者则是行。阳至而阴,阴至而阳。日困而还,月盈而匡。

范蠡利用当时人们所积累的关于天象的知识,排除了人格神的宗教观念和占星术的迷信,指出阴阳的互相转化,事物发展到顶点就要向它的反面转化,是天道盈虚转化、循环往复的规律。虽然范蠡对天道的解释已很有哲学意味,但是,由于他没有进一步依据天道范畴去探讨世界万物的根源这一根本的哲学问题,因此未能建立起以"天道"为核心的哲学体系,而这一任务是在老子哲学中完成的。

春秋晚期，儒家的创始人孔子，基本上保持着旧的传统的天命观，说过"君子有三畏：畏天命，畏大人，畏圣人之言"（《论语·季氏》），"获罪于天，无所祷也"（《论语·八佾》），"天丧予，天丧予"（《论语·先进》）。显然，这里的"天"是主宰之天，而对于具有生杀予夺之权的主宰之天的命令，是不能不畏惧的。不过，孔子也有"天何言哉？四时行焉，百物生焉，天何言哉"（《论语·阳货》）的话。这说明，孔子的"天"又指"自然"，这是他对"天"的新的理解。《论语》中言"道"77处，但多指人伦之道。"天道"一词仅出现一次，即子贡说"夫子之言性与天道，不可得而闻也"（《论语·公冶长》），可见孔子是重人道而罕言天道的。

老子通过对"天道"观念的扬弃，提出了作为世界万物本源和存在根据的形而上的"道"概念，从而赋予"道"以哲学的含义，最终建立起以"道"为核心的哲学体系。从以上的简述可以看出，老子试图从宇宙本体的高度来揭示世界万物的根源及其运动变化的规律，破除了春秋时期的人格神——上帝（或天）创生万物、主宰万物的观念，在思想史上具有重大的思想解放意义。

3.《老子》思想的重要命题——"道法自然"

"道法自然"是老子提出的一个重要命题。关于这一命题,自古及今,存在着诸多不同的注解和诠释,从河上公的"道性自然"到王弼的"道不违自然",再到现当代诸多学者不同的解释,可以说"仁者见仁,智者见智",至今仍没有达成一致的意见。这一命题涉及三个概念,即"道""法"与"自然"。关于"道",前文已有解释与说明,而"自然"与"法"则需要作出诠释,才能够明白老子关于"道法自然"这一命题的真实意思。

(1) "自然"

"自然"这一哲学概念是由老子首次提出的,而之后注《老》解《老》者对于这一概念的解析可谓是众说纷纭,莫衷一是。那么老子所说的"自然"到底是什么含义呢?

《老子》一书中有五处讲到"自然":

> 太上,下知有之;其次,亲而誉之;其次,畏之;其次,侮之。信不足焉,有不信焉。悠兮其贵言。功成事遂,百姓皆谓我自然。(一七章)

> 希言自然。故飘风不终朝,骤雨不终日。孰为此者?天地。天地尚不能久,而况于人乎?(二三章)

> 有物混成,先天地生。寂兮寥兮,独立而不改,周行而不殆,可以为天下母。吾不知其名,字之曰道,强为之名曰大。大曰逝,逝曰远,远曰反。故道大,天大,地大,王亦大。域中有四大,而王居其一焉。

人法地，地法天，天法道，道法自然。（二五章）

道生之，德畜之，物形之，势成之。是以万物莫不尊道而贵德。道之尊，德之贵，夫莫之命而常自然。（五一章）

为者败之，执者失之。是以圣人无为故无败，无执故无失。民之从事，常于几成而败之。慎终如始，则无败事。是以圣人欲不欲，不贵难得之货；学不学，复众人之所过，以辅万物之自然而不敢为。（六四章）

一七章中的"百姓皆谓我自然"，是说，最上等的统治者不轻易发号施令，事情办成功了，百姓都说"这是我们自己做到的"。二三章以"飘风""骤雨"为例，说明"少发号施令，是合乎自然的"。二五章中的"道法自然"之"自然"，是"自然而然"的意思。五一章中的"常自然"，是说，"道""德"的生养与尊贵，没有谁下命令，是其自己本来如此的。六四章中的"辅万物之自然而不敢为"，是说，圣贤的治理者"只是顺乎百姓的自然，而不敢勉强作为"。

"自然"在《老子》一书中，最主要的含义就是"自然而然""自己如此"，而不是指"大自然"。根据张岱年的考证，"包含天地万物的总体"的"自然"，是到魏晋时期玄学家阮籍才提出来的："天地生于自然，万物生于天地。"（《达庄论》）所以张岱年说："阮籍以'自然'表示天地万物的总体，可以说赋予'自然'以新的含义。近代汉语中所谓'自然'表示广大的客观世界，'自然'的此一意义可谓开始于阮籍。"（张岱年：《中国古典哲学概念范畴要论》，中国社会科学出版社，1989）另外，刘笑敢也明确地说："有人把'自然'解释或翻译成自然界，这是不符合'自然'一词的古义的。如果'自然'是自然界，那么'自然'就是包括前面'天'和'地'的最高实体，这样，重复而不合逻辑。同时，在人—地—天—道—自然的系列中，就不仅是四大，而应该是五'大'，这也不合《老子》原文。"（刘笑敢：《老子古今：五种对勘与析评引论》上卷，中国社会科学出版社，2006）

老子所说的"自然"，总是跟"道""万物""圣人""百姓"联系在一起说的。显然，"自然"不是指的"大自然"或"自然界"，而是指一种状态，即"自然而然""自然如此"的状态。从总体上来说，"道"是自然而然的，由"道"而生的天地、万物和人也都是自然而然的。刘笑敢因此认为："老子所说的自然包括了自发性、原初性、延续性和可预见性四个方面，自然的这四层意含可以概括为两个要点，即动力的内在性和发展的平稳性。而更概括的说法则是总体状态的和谐。不和谐的状态，不论是内部冲突还是对外的冲突都会破坏自然的状态。"（同上书）刘笑敢因此强调，"和谐"的"自然"是一种价值、一种原则。他说：

"'自然'是老子之道所体现、所效法的最高原则,是对人类社会自然和谐的追求,这是一种很高的理想……"(《老子古今:五种对勘与析评引论》)李零也说:"自然是道的本来面目,并不是另一个东西。"(李零:《人往低处走:〈老子〉天下第一》,生活·读书·新知三联书店,2008)

也有学者如张松如指出,老子的"自然"是指"天然""本然",而且,如果根据唐李约的断句"王法地地,法天天,法道道,法自然","这'自然'便是'地地''天天''道道'的概括,'地地''天天''道道'都是'自然'"。因此,这里的"自然",跟一七章、二三章、五一章中的"自然"一样,"都不是指近代意义的客观存在的自然界,而是不假人为而自成的意思"。不过,也不能说,"自然""跟客观存在的自然界完全是风马牛,作为'自成'来理解的'自然'这个概念,不正是由客观存在的自然界这个现实中抽象出来的吗?而在这里又不正是由'地地''天天''道道'这个现实中抽象出来的吗?'法地地''法天天''法道道'实际上也便是'法自然之自然'。那么,这'地'呀,'天'呀,'道'呀,岂不也便是'自然'吗?这个'自然'可就是客观存在的自然界了,而且等同于近代意义的客观存在的自然界了"。(张松如:《老子说解》,齐鲁书社,1998)张松如根据李约的断句,虽然将"自然"与"自然界""大自然"相关联,但他的这一解说,仍然强调"自然"的"自然而然""自己如此"之义。

从作为偏正结构的"自然"一词看,这里的"自"是主词,而"然"之"如此"是修饰"自"的。因此,"自然"一词主要是讲"自"然的,而不仅仅是讲自"然"或者"自然"的。老子所说的"自然",不是指称一种"客体"或者某种"东西"(如自然界),而是指称"道"以及由"道"所产生的天地万物的"存在方式"和"状态",即一般所说的"自己如此"。

总体说来,老子所说的"自然",有"道"之"自然"、"天地"之"自然"和"万物"之"自然",而人是"万物"之一,因此又有人之"自然"。

(2)"法"

二五章中的"道法自然"中的"法"的含义是什么?作为动词,"法"是"师法""效法""取法"的意思;而作为名词,"法"是"法则""规则"的意思。自古至今,多数注家都根据王弼的解释,把"法"解读为"师法""效法"。王弼说:"法,谓法则也。人不违地,乃得全安,法地也。地不违天,乃得全载,法天也。天不违道,乃得全覆,法道也。道不违自然,乃得其性。法自然者,在方而法方,在圆而法圆,于自然无所违也。自然者,无称之言,穷极之辞也。"(《老子道德经注》)尹志华认为,"法则"在这里是动词,即遵循、效法。也就是说,这里的"法"即是作为动词的"师法""效法"的意思。又说，王弼以"不违"来解释"法"，也就是"顺应"的意思。（尹志华：《"道法自然"的理论困境与诠释取向》，《哲学动态》2019年第12期）董平也认为："'法'是'效法'之意。而所谓'效法'，其实际意思即是'顺应''不违越'。"（董平：《老子研读》，中华书局，2015）

历史上以及现代学者，也有将"法"解读为名词之"法则"的，如明代洪应绍认为"法"字应作名词解："予谓法非效法之法，乃如心法、治法之法耳。盖曰人之法，即地是；地之法，即天是；天之法，即道是；道之法，即自然是。通天地人，总一自然之道而已，正所谓混成者也。"（《道德经测》）今人许啸天也说："法是范围的意思。人须守天地大道自然的范围，才能生存。"（许啸天：《老子概论》，知识产权出版社，2015）还有学者如王蒙曾在《老子的帮助》中对"法"作了两种并存的、不一致的解释，他把前三个"法"解释为"师法"（及物动词），而将最后一个"法"解释为"法则"（抽象名词）。因此，"人""地""天"都有"师法"的对象，而"道"则没有师法的对象，所以"道法"就解释为"道的法则"。（王蒙：《老子的帮助》，华夏出版社，2009）

针对将前三个"法"字作动词解，最后一个"法"字作名词解，刘笑敢指出："前三句的'法'都是动词，惟独最后一句的'法'突然解释为名词,殊为突兀,于理未惬。"(刘笑敢:《老子古今:五种对勘与析评引论》上卷)王中江也认为:"将'道法自然'解释成'道自然如此',既略去了相同用例的'法'字,也改变了与前句相同的动宾句式。一些注释家将前面的'法'字解释为效法并保持了它们的动宾结构,但偏偏将'道法自然'单独处理,这是非常不恰当的。"(王中江:《老子的"道法然"》,《光明日报》2008年10月6日,第12版)

综上所述,二五章中四个"法"字,以动词之"师法""效法"来解释较为恰切,而解作名词之"法则",或将前三个"法"字解为"效法"、后一个"法"字解为"法则"皆为不妥。

(3)"道法自然"

从上文可以看出,老子所说的"自然"是"自然而然""自己如此",而"法"是"师法""效法",那么"道法自然"就是"道师法或效法自己的自然而然"或"自己如此",或者说,"'道'效法'自然'",亦即"道自然而然"。

这里需要说明的是,学术界对"道法自然"的解释可谓是仁者见仁、智者见智,存在严重的分歧。正如尹志华所概括的:"面对《老子》'道法自然'一语造成的理论困境,历代注家的诠释取向大致有三种:一是主张道无所法;

二是主张自然在道之上；三是认为道效法自然并不影响道的终极性。"（尹志华：《"道法自然"的理论困境与诠释取向》，《哲学动态》2019年第12期）为此，尹志华通过对各种歧义解释的考察与分析，既不赞同"道无所法"，也不赞成"自然在道之上"，最后认定"道法自然"的"可能的正解"是"道效法自然原则"。

在《老子》一书尤其是二五章中，"道"就是"道"，它不是"自然"，也不等于"自然"；"自然"只是"道"的一种性质或状态。既然老子所说的"自然"，不是指称一种"客体"或者某种"东西"（如自然界），而是指称"道"以及由"道"所产生的天地万物的"存在方式"和"状态"，即一般所说的"自然而然""自己如此"。因此，老子的"道法自然"就是"道自然而然""道自己如此"。张岱年早年的《中国哲学大纲》把"人法地，地法天，天法道，道法自然"解释为："人以地为法，地以天为法，天以道为法，道则唯以自己为法，更别无所法。"（张岱年：《中国哲学大纲》，中国社会科学出版社，1982）任继愈将"道法自然"意译为"道效法它自己"（任继愈：《老子绎读》，北京图书馆出版社，2006）。董平认为："'道法自然'，'道'效法'自然'，也即是'道'以'自然'为效法的对象。我这里要特别强调的是，所谓'自然'，乃是'自身本然'的意思。'道'效法其'自身本然'状态，以其'自身本然'状态为法，是即所谓'道法自然'。"（董平：《老子研读》，中华书局，2015）因此，诚如杨国荣所说："'道法自然'的实质意义在于突出'道'作为终极的存在，乃是以自身为原因，无须外在力量的推动。"（杨国荣：《老子讲演录》，中国人民大学出版社，2021）

也有学者如王中江将老子的"道法自然"解释为"道效法或遵循万物的自然"（王中江：《老子的"道法自然"》，《光明日报》2008年10月6日，第12版）。但这种解释如尹志华所说的，"只有将'自然'理解为一种原则，而不是任何实体或实体的属性、状态，才能维护道的终极性。如果将'自然'限定为'万物的自然'，将'道法自然'理解成'道效法万物的自然'，则会动摇道的终极性"（尹志华：《"道法自然"的理论困境与诠释取向》，《哲学动态》2019年第12期）。

事实上，按照老子的思想逻辑，只有作为天地万物根本的"道"是"自然"的，那么才会有来源于"道"的天地万物（包括人）所秉有的"自然"之"性"，而不是相反。既然道是以"自己"（"自然"）为法则的，天法道，地法天，人法地，所以贯穿于"道"和天地万物中间的根本法则就都是"自然"的。

综上所述，可以看出，"道法自然"既是老子思想的重要命题，也是老子哲学的核心思想之一，代表了老子哲学的核心价值。"道法自然"的含义就是指"道""天地""万物"和人都是"自然而然""自己如此""顺乎自然"的。"道法自然"作为最高的一般原则与方法,就体现在老子的世界观、人生观、价值观、审美观、生死观等方面,并且成为老子所主张的治国理政、修身处世所遵循的基本原则与方法。

4.《老子》的"慈爱"思想

先秦儒道墨等家对于"爱"都有深入的思考,如儒家讲"仁爱",墨家讲"兼爱",道家讲"慈爱"。韩愈曾说:"博爱之谓仁,行而宜之之谓义,由是而之焉之谓道,足乎己无待于外之谓德。仁与义为定名,道与德为虚位……凡吾所谓道德云者,合仁与义言之也……斯吾所谓道也,非向所谓老与佛之道也。"(《原道》)实际上,他已经区分了儒家与佛道关于"仁爱"之道的不同。关于儒家的"仁爱"、墨家的"兼爱",以及释家的"慈悲",学者多有论述,而对于老子道家的"慈爱"的阐释则不多。所以,这里主要依据《老子》一书,阐释老子道家的"慈爱"思想。

(1)"大道"之爱

我们知道,老子所说的"道",从其本原意义上讲,它是某种产生天地万物的实体性的存在。如《老子》说:

> 道生一,一生二,二生三,三生万物。(四二章)

>有物混成，先天地生……可以为天下母……字之曰道。（二五章）

显然，"道"在这里，指的是世界的本始、开端，即世界的根源。"道"不仅是世界万物的根源，而且还是世界万物存在和发展变化的凭借、根据。《老子》说：

>大道泛兮，其可左右。万物恃之而生而不辞，功成而不名有，衣养万物而不为主。（三四章）
>
>夫唯道，善贷且成。（四一章）
>
>道生之，德畜之，长之育之，亭之毒之，养之覆之。（五一章）

这说明"道"不仅产生了万物，而且还促使万物生长、发育，使万物成熟、结果，使万物受到保护、调养，即是说"道"是万物存在、生长和发展的牢固基础。

显然，就"道"与万物的关系，或者说"道"的功用价值来看，"道"对于万物"生而不有，为而不恃，长而不宰"（一〇章），因而大道具有"功成而不有""衣养万物而不为主""为而不争""利万物而不争""损有余而补不足"的品德。这些德性表明"道"是公平无私的，也就是说，"天道"是"无亲"的，不会有偏私、偏爱的。《老子》说："天地不仁，以万物为刍狗。"（五章）就是说，天地不以仁爱之心对待万物，而是任万物自生自灭、自存自亡。

表面上看，天地好像是无情无义的，其实恰恰说明天地这种好似对于万物漠不关心的态度，正是合乎大道的不干预、任自然的精神。这种以不爱为爱的精神，实质上是一种大爱。道对于天地万物都是一视同仁的，即，在"大道"面前，天地万物都是平等的。因为"道"的自然本性是无私无欲的，所以"大道"关爱着天地万物。这就是老子所说的"大道"之爱。

老子以水喻道，讲道之善德、爱德。《老子》说：

> 上善若水。水善利万物而不争，处众人之所恶，故几于道。居善地，心善渊，与善仁，言善信，正善治，事善能，动善时。（八章）

这就是说，水的品性几近于道：水泽利万物而使万物生长，柔弱而不与万物竞争，甘居下流而宽待万物。于是以水喻道，高标"七善"。居善地：像水一样善处于卑下之地而不争强好胜。心善渊：像水一样心善博大而深广，微妙玄通。与善仁：像水一样善利万物、不求回报而具仁爱之德。言善信：像水一样言求诚信而不欺瞒。正善治：像水一样无为而治求得正道。事善能：像水一样滴水穿石、以柔克刚而善功。动善时：像水一样因时制宜而恒久。总之，老子所言之"善"就是"既以为人己愈有，既以与人己愈多"（八一章）的仁爱之德。大道之德犹如水，常常处下、不争、滋养、施与，显示"道"无私无欲的本性。无私无欲而不争，不争则善，而善即大爱之德。老子以"水"喻"道"：水之德是善利万物而不争的。水之德，滋养、养育万物。因此，作为天地万物之根本的大道，如果用隐喻或者拟人化的眼光来看，它就是爱养天地万物的母亲。所以，老子常常用"母""山谷""水"等等意象来形容大道的"爱"之"德"。尊道而贵德，生养万物、施与万物便是老子所讲的"大道"之爱。

（2）"仁慈"之爱

《老子》一书中，直接使用"爱"字有七次，而与"爱"字相近的词汇有"慈""仁""德""善""孝"等等。其中最能够代表老子"爱"的精神的就是"慈"字。

《老子》说：

> 我有三宝，持而保之：一曰慈，二曰俭，三曰不敢为天下先。（六七章）

"慈""俭""不敢为天下先"，这是老子的所谓"三宝"之道，而"慈"被奉为第一宝。

这里，"慈"的基本含义就是"爱"。《说文》云："慈，爱也。"作为"爱"之"慈"，一是表现的是上对下、老对幼，所以有"慈幼"的说法（《周礼·周官·大司徒》）。《管子·形势解》则说："慈者，父母之高行也。"二是强调"爱"

之深、"爱"之切。《左传·庄公二十七年》:"夫礼、乐、慈、爱,战所畜也。"孔颖达疏云:"慈为爱之深也。"贾谊《新书·道术》云:"亲爱利子谓之慈……恻隐怜人谓之慈……"若按照刘笑敢的解释,《老子》中的"慈",一方面它是圣人对天下的悲悯之怀;另一方面,圣人之慈之深到了单向而不求回报的境地。老子只讲圣人如何治理天下且"不有""不恃""不长",从来没有提到百姓应该如何尊敬或回报圣人,甚至连感谢、歌颂也不需要,就是"太上,下知有之"(一七章)而已。(刘笑敢:《老子古今:五种对勘与析评引论》上卷,中国社会科学出版社,2006)

老子所倡导的"慈爱"是原本的自然而然的爱,不是变为合乎道德规范的形式之爱。明释德清《老子道德经解》说:"'慈'者,并包万物,覆育不遗,如慈母之育婴儿。"还说:"然慈,乃至仁之全德也,所谓大仁不仁,以其物我兼忘,内不见有施仁之心,外不见有受施之地。故凡应物而动,皆非出于有心好为……"母亲养育子女完全是出于本性之自然,没有一丝一毫的私心杂念,所以,母亲的慈心可以说是"至仁""全德",用老子惯常的表述方式就是"大慈不慈"或者"大仁不仁"。《老子》说:"六亲不和,有孝慈。"(一八章)父母慈子女孝而相亲相爱本来是人的自然天性,如果硬是要把慈与孝变成人人必须遵守的纯粹的道德规范那就失去其真意了;而且如果只是按照慈、孝的标准去施慈尽孝，还会出现勉强而为甚至装腔作势而为的情形。因此，在老子看来，一旦社会到了大力倡导"慈""孝"的时候，那恰恰是"六亲不和"乃至"六亲不认"之事大行其道之时。显然，老子希望剔除虚伪的道德说教，从反面强调真正的慈孝之亲情是排除假冒、虚夸、作假后的人的本然状态，这才是率真、诚实、自自然然的真爱。

《老子》还说："绝仁弃义，民复孝慈。"（一九章）在老子看来，一旦在社会上高调表彰仁义道德，那恰恰是因为社会风气败坏了，如心口不一、言行不一、无诚无信、欺世盗名，更有甚者是"满口的仁义道德，满肚子男盗女娼"的人大行其道。因此，老子主张领导者或管理者要丢弃"仁义"，让人们都过上纯朴而自然的生活。可以看出，老子所讲的"仁爱"，跟儒家所讲的"仁爱"是不同的：孔子儒家所讲的"仁者爱人"是"亲亲"之爱，是推己及人的差等之爱，是合乎仁爱道德规范的形式之爱；而老子则倡导出乎自然而无私的自然淳朴之爱，反对的是出于强制奉行的道德规范的"仁爱"，也就是反对有其名而无其实的孝慈、仁爱。关于一八章，王弼注说："甚美之名，生于大恶……若六亲自和，国家自治，则孝慈、忠臣不知其所在矣。"（《老子道德经注》）苏辙也说："六亲方和，孰非孝慈？国家方治，孰非忠臣？尧非不孝也，而独称舜，无瞽瞍也。伊尹、周公非不忠也，而独称龙逢、比干，无桀纣也。"(《道德真经注》) 这就说明了老子不是不讲仁爱，而是反对徒有虚名的仁爱，倡导"复归于朴"的天真、纯朴的慈爱。

老子所倡导人间的慈爱，是大道之爱的体现，因此，人人都应当无所偏爱的爱人人，爱万物，所以《老子》说："圣人常善救人，故无弃人；常善救物，故无弃物。"(二七章)《老子》还说："圣人无常心，以百姓心为心。善者，吾善之；不善者，吾亦善之，德善。"(四九章) 一般来说，与善者相处较为容易做到，但要包容不善者，那就很难了。老子却主张善待天下所有人，善者使之更善，不善者也使之得到感化而为善，从而达到"常善救人，故无弃人；常善救物，故无弃物"的理想。

总之，在老子思想中，"慈"是从"道"来的；或者说，"道"原本就有"慈"性。尊道而贵德的仁慈之爱，是自然而然之爱，是无为之爱，是反对徒有虚名的形式的外在之爱。因此，慈德是无心之德、自然之德、施与之德、不争之德。

（3）"正义"之爱

在老子眼里，整个社会是分为上、下等级的，上有王侯将相，下有平民百姓，那么如何处理个人与个人，个人与社会、国家，以及君臣上下等各种社会关系呢？老子提出了他自己的答案，这就是尊道而贵德，做到公而无私，宽而爱人，公平正义。唯有如此，才能够实现天下有道、天下太平、天下和谐的理想社会。人类的正义要成为真正的善行也同样需要由仁慈、怜悯和同情来予以调和。这里所讲的就是正义与仁慈、慈爱的密切联系。

在老子看来，"侯王"乃是"万乘之主"，"臣民"之最高统治者，所以，他所说的"爱民治国"之道，主要就是针对高高在上的"侯王"的，因为侯王的一言一行、一举一动都关系到天下的治乱、国家的兴亡，因此可以说是治之要者。鉴于此，他所提出的安邦治国的一系列主张，也都是针对侯王讲的。《老子》中，"侯王"指的是现实中的治者，而体"道"的"圣人"则是老子所理想的治者。

自古至今的人类历史都证明：人们对于正义的热烈追求和对仁慈的热情向往，在任何社会都是存在的，而这恰恰表明人类社会中始终存在着非正义、不仁慈的现象。在老子看来，现实中的侯王行"有为之治"已经暴露出诸多弊端，并给社会造成了巨大的危害。《老子》说：

> 天下多忌讳，而民弥贫；民多利器，国家滋昏；人多伎巧，奇物滋起；法令滋彰，盗贼多有。（五七章）

统治者以其权威推行各种禁忌，使老百姓无行动自由，断绝人民的生活来源，因此忌讳愈多，人民愈贫；统治者崇尚利益、智巧，导致邪恶的事物泛滥，天下大乱；法令越严峻，却导致更多的盗贼产生。不仅如此，老子还指出了统治者横征暴敛、加重赋税所带来的恶果：

> 民之饥，以其上食税之多，是以饥；民之难治，以其上之有为，是以难治。（七五章）

统治阶级通过这种强作妄为而过着豪华奢侈的生活，却不顾老百姓的死活：

> 朝甚除，田甚芜，仓甚虚。服文彩，带利剑，厌饮食，财货有余，是谓盗夸。非道也哉！（五三章）

既然统治者如此无道，那么当其作威作福，剥削压榨老百姓达到极致时，人民没有生路，就只有铤而走险一途了。"民不畏威，则大威至"（七二章），"民不畏死，奈何以死惧之"（七四章）。这就是当时侯王"有为之治"的情状。这种"有为"并不是积极的、合理的作为，而是强作妄为，背离社会发展规律的不合理行为。显然，统治者过多地干预甚至干扰，不是对于公众的爱，而是一种恶，用佛家的话说就是造孽、造业。也就是说，统治者为了自身的利益，朝令夕改，过分积极的作为，那他不是在爱人民，而是在祸害人民。

既然"有为"之治并不能达到天下大治，老子以其"正言若反"的逻辑,提出了"无为而治"的政治原理。"侯王"之治可以上升为"圣人"之治,其条件即实行"无为而治"的政治原理。侯王怎样才能实行"无为而治"呢?

老子从自然大道出发,希望并要求统治者能够尊道而贵德,做到自然无为,民众才能够自治、自化、自朴、自富、自由;否则就会强民众之所难,干扰、破坏民众的生产与生活,甚至使民众在水深火热的痛苦生活中而不能自拔。

在老子看来,认识并且把握了大道的圣人,才会有宽厚、包容之心,才会有大公无私之意,才会具备奉公无私、宽而爱民、虚怀若谷、谦下不争等品德,而且能够做到遵循自然无为之道处事待人,民众受惠受益,自己也能够长生久视。

老子希望治国者要尽可能不干涉百姓的生产和生活,要让他们安居乐业,而不必对他感恩戴德,赞美有加。老子提倡的无为而治的目的就是要让天下百姓自由自在地和谐地生活,以构建自然和谐的社会秩序。

如何来治理或者管理社会、国家?作为高高在上的统治者,他应该为了公众的利益、为了人民的福利而治理。为公众的福利而奉献,那就是热爱人民的善行,从而也具有了最高的善德。《老子》说:

爱民治国,能无为乎?(一〇章)

统治者若能够做到"无为",即可以实现"爱民""治国"的目标。统治者若能够"无为而治",就符合了老子所标榜的"玄德"的德性:"生之畜之,生而不有,为而不恃,长而不宰。"(一〇章)这里的玄德,也就是为他人为社会奉献的品格和精神。

采取"无为"的方式来自处、处人,其处事方法和行为态度就表现为不为、不欲、不怒、不争、不耀、不恃、不宰、不自见、不自贵、不尚贤、勿矜、勿伐、勿骄、勿强、无名、无事、无兵等等。若以此处理人际关系,表现的也就是"爱"的方式。这种爱,对于统治者来说,就是要让民众能够"自治""自正""自化""自富";而对于一般人而言,就是要让人们互帮互助、相互关心、相互爱护、双赢、多赢,并和谐相处。只有这样,才可以不言亲疏、利害、贵贱,一律施之以爱。因此,侯王、圣人治国平天下,普施大爱应当讲究公平正义;或者说,实现公平正义必须以"慈爱""兼爱"相调和。《老子》还说:

爱以身为天下,若可托天下。(一三章)

这里的"身"分为"小身"与"大身"。"小身"为个人之身,"大身"为超越个人的群体之身,即社会之身、天下之身。以社会之身为天下贵者,才可以将天下托付给他,让他来治理。所以《老子》说:"后其身而身先,外其身而身存。非以其无私耶？故能成其私。"（七章）这当然是说，圣人应当有所欲、有所为，还要有所成、有所得。只不过，老子主张应当限制人的欲求而已；特别是要限制那些身居高位的圣人或侯王，因为他们是社会中特殊之人，有权势，有地位，呼风唤雨，生杀予夺，主导着整个社会。不过，老子还是希望侯王、圣人能够做到无私无我，舍己为人。如果统治者能够把爱普施与天下所有的人，那才是真正的大爱。

老子讲修道而进德。《老子》说：

> 修之于身，其德乃真；修之于家，其德乃余；修之于乡，其德乃长；修之于国，其德乃丰；修之于天下，其德乃普。（五四章）

这里的"德"，对己是"真德"，对家是"余德"，对乡是"长德"，对国是"丰德"，对天下是"普德"。若以"爱"字替换"德"字，即为："修之于身，其'爱'乃真；修之于家，其'爱'乃余；修之于乡，其'爱'乃长；修之于国，其'爱'乃丰；修之于天下，其'爱'乃普。"善于修身（治身），才是对自己的"真爱"；善于修家（治家），施爱才会充实有余；善于修乡（治乡），施爱才会长久不衰；善于修国（治国），施爱才会丰硕广被；善于修天下（治天下），施爱才会流布天下。

这里"爱"的扩展，跟儒家的修身齐家治国平天下的外推法有相似之处。所不同的是，儒家的"仁爱"是有差等的爱：先爱自己的亲人，而后推己及人。老子的"慈爱"强调以爱他人为先，不分亲疏贵贱上下，甚至是不善者、敌人，也要给予慈爱，这跟墨家讲"公义"的"兼爱"主张颇为一致。所以，在老子看来，真正的圣人是超越自我中心主义的，他懂得只有向社会大众慷慨地奉献自己，才会拥有整个世界。

（4）"和平"之爱

老子反对战争，就是要寻求世界和平，世界和谐。因为和平才是最大的爱，战争是最大的恶。在老子看来，战争会带来巨大的破坏，尤其是长期的征战所导致的田园荒芜、荆棘遍野、生灵涂炭，人人都生活在水深火热之中而不能自拔。因此老子呼吁：即使是不得已而进行的战争，当其进行到一定的阶段、达到了一定结果的时候，还是要停止的；切不可取胜而逞强，切不可骄横而杀伐。否则，就会因为逞强好胜而自食其果，即走向败亡。《老子》说：

> 以道佐人主者，不以兵强天下。其事好还：师之所处，荆棘生焉；大军之后，必有凶年。善有果而已，不敢以取强。果而勿矜，果而勿伐，果而勿骄，果而不得已，果而勿强。（三〇章）

> 夫佳兵者，不祥之器，物或恶之，故有道者不处。君子居则贵左，用兵则贵右。兵者不祥之器，非君子之器，不得已而用之，恬淡为上。胜而不美，而美之者，是乐杀人。夫乐杀人者，则不可得志于天下矣。吉事尚左，凶事尚右。偏将军居左，上将军居右。言以丧礼处之。杀人之众，以悲哀泣之，战胜以丧礼处之。（三一章）

正因为如此，所以老子倡导：不得已而要进行战争，要抱着"恬淡为上"的态度；即使战争胜利了，也要因为杀人太多，而以悲哀之心待之，以丧礼待之。这就是说，在战争中也要弘扬大爱的人道主义精神。对此，蒋锡昌曾解释说："老子谈战，谈用兵，其目的与方法不外'慈'之一字。人君用兵之目的，在于爱民，在于维护和平，在于防御他国之侵略；其方法在以此爱民之心感化士兵，务使人人互用慈爱之心，入则守望相助，出则疾病相扶，战则危难相惜。夫能如此，则此兵不战则已，战则无有不胜者矣。"（蒋锡昌：《老子校诂》，商务印书馆，1937）

爱自己的敌人，不是说要我们放弃跟敌人的斗争，而是在斗争中还是把敌人看成是和自己一样的人。特别是当敌人放弃抵抗时，就要对之表现出关爱之情。因为生命对于每一个人来说只有一次，应当以人道的方式善待之。对于敌人、罪人、恶人、蠢人、弱者等等的爱，就是为了使他们能够变得更加友好、正直、善良、聪明和强壮。这可以说是老子道家特有的"爱"。所谓"道家式的爱"主要是指对对象与对方的基于爱和尊重的不干涉、不干预、不控制、不操纵、不改造以及注视、聆听、默想等等。

老子"报怨以德"（六三章）的主张正是其"慈爱"思想的体现。需要说明的是，老子所说的"报怨以德"，不是消极的息事宁人，而是积极的人生哲学：泯灭恩怨情仇，达到和平共处的最佳途径。这是大爱的表现。我们知道，若"以怨报怨"，或"以怨报德"，就会导致人与人、团体与团体、种族与种族、国家与国家、地区与地区间的对立与冲突，以暴易暴，冤冤相报，人类永远不会有和平、和谐。因此，剔除人的"甚""奢""泰"的野心，反对霸权主义、恐怖主义，反对攻伐、掠夺的各类战争，让天下太平，世界和平，这就是人类永远的伟大理想。

综上所述，可以看出，就老子所说的"爱"，其内涵：一是指"大道"之爱，二是指"仁慈"之爱，三是指"正义"之爱，四是指"和平"之爱。尊道而贵德，生养万物、施与万物；爱人爱物而不求回报，自然纯朴，不有意为之；以人为本，公而无私，宽而爱人，公平正义；以德报怨，泯除怨仇，反对攻伐战争，让天下太平、世界和平，让人们在充满爱的和谐世界中自由自在地生活。这就是老子道家的"爱"给予我们的启示。

5.《老子》的辩证法思想

老子的哲学体系中包含着极为丰富的辩证法思想。老子的辩证法建立在道论的基础上，是对包括道在内的整个宇宙万物运动变化规律的总体把握。他把运动变化的原则作为世界万物的普遍法则，因而辩证法思想也就成为他的世界观的基础和核心。

（1）"反者道之动"的辩证观

"反者道之动"是老子提出的辩证法的总规律，也就是关于世界运动发展的总原则。其中"反"这一范畴，是对道及道所作用的世界万物的运动变化的根本规定。"反"蕴含了三种意义：相反对立（矛盾）是一切事物运动变化的根本原因；相反相成，亦即对立面是统一的；物极必反，亦即对立面是相互转化的。

相反相成 老子认为，包括道在内的一切事物和现象都是由相反对立的双方所构成的矛盾统一体。就作为天地之始、万物之母的道而言，它是无与有、虚与实、阴与阳、动与静、变与常、始与终等相反对立的双方所构成的。正是道自身的内在矛盾，才赋予道以生生不息的活力和生命，使它成为创生天地万物的原动力。例如，道是有与无的对立统一：从历时上讲，无在先，有在后，无中含有，道即是含有之无；从共时上说，道有体用，道体为无，道用为有，

道是有无合一的,所以《老子》说:"无,名天地之始;有,名万物之母。"(一章)

就自然界而言,老子通过大小、多少、高下、远近、厚薄、重轻、白黑、寒热、静躁、歙张、雌雄、母子、牝牡、正反、同异等对立范畴,揭示了自然现象所存在的相反相成的客观事实。就人类社会而言,老子通过诸如美丑、善恶、强弱、利害、生死、祸福、智愚、巧拙、胜败、兴废、善妖、吉凶、进退、是非、公私、贵贱、贫富、治乱、荣辱、古今等对立范畴,揭示了人类社会现象所存在的相反对立而又相互依存的事实。这就说明了矛盾的普遍性和客观性。因此,老子说:"故有无相生,难易相成,长短相形,高下相倾,音声相和,前后相随。"(二章)意思是:有无相反而相生,难易相反而相成,长短相反而相形,高下相反而相倾,音声相反而相和,前后相反而相随。事实上,老子已把相反相成、相互依存的道理看作是一切事物普遍的、恒常的法则。

物极必反 老子不仅指出了相反相成是一切事物构成的基本形态,同时还认为,当事物发展到极点时,就转化成为自身的反面。如《老子》说:"祸兮,福之所倚;福兮,祸之所伏";"正复为奇,善复为妖。"(五八章)福祸是相互倚伏、相互含藏的,祸中潜伏有福的因素,福中潜伏有祸的因素,在一定的条件下,二者可以相互转化。《淮南子》

中讲了一则"塞翁失马"的故事：

> 古时候，边塞上有一个老头儿，一天丢了马，别人都来劝慰他，他却说："怎么知道这不是福呢？"几个月后，这匹马果然带了一匹好马回来了。别人又都前来向他道贺，他却说："怎么知道这不是祸呢？"一天，他的儿子骑马时，从马上摔下来，折断了大腿。别人又来安慰他，他说："怎么知道这不是福呢？"一年以后，胡人大举入侵边塞，身体强壮者都应征参战，死伤无数，唯独他儿子腿痛，父子相保，幸免于难。

这个故事，说明了人生过程中祸福相倚相伏的情形。在常人看来，福是福，祸是祸，福不是祸，祸也不是福。事实上，福与祸作为对立的双方，由于二者相互依存、互相渗透，在一定条件下，就向自己相反的方面转化，即福转化为祸，祸转化为福。

毛泽东在《关于正确处理人民内部矛盾的问题》一文中分析中日战争胜败时指出："在一定的条件下，坏的东西可以引出好的结果，好的东西也可以引出坏的结果。老子在二千多年以前就说过：'祸兮福所倚，福兮祸所伏。'日本打到中国，日本人叫胜利。中国大片土地被侵占，中国人叫失败。但是在中国的失败里面包含着胜利，在日本的胜利里面包含着失败。历史难道不是这样证明了吗？"

（毛泽东：《毛泽东选集》，人民出版社，1977）

《老子》书中，说明物极必反法则的事例颇多，略举几例：

> 金玉满堂，莫之能守。富贵而骄，自遗其咎。（九章）
>
> 五色令人目盲，五音令人耳聋，五味令人口爽，驰骋畋猎令人心发狂，难得之货令人行妨。（一二章）
>
> 物壮则老。（三〇章）
>
> 兵强则灭，木强则折。（七六章）

老子这些名言，所阐述的都是事物发展到某种极限程度时就向自身的反面转化的道理。

老子还指出了事物向对立面转化，往往要经历一个由小到大、由低到高、由近及远、由易而难、由弱变强、由柔变刚的变化发展过程。《老子》说：

> 合抱之木，生于毫末；九层之台，起于累土；千里之行，始于足下。（六四章）
>
> 图难于其易，为大于其细。天下难事必作于易，天下大事必作于细。（六三章）

意思是说，从细小的种子长成合抱大树，从一堆泥土筑起九层高台，从迈出一步到行程千里，从小事做起而后成就大事，从容易做起而后突破难事，表明了事物的量的积累可以引起性质的变化，说明老子已经直感到了量变引起质变的事物的发展规律。

循环往复　"反者道之动"的总规律，决定了事物的运动最终必定要回到它的出发点，也就是循环往复，返回起点。《老子》说：

> 有物混成，先天地生。寂兮寥兮，独立而不改，周行而不殆，可以为天下母。吾不知其名，字之曰道，强为之名曰大。大曰逝，逝曰远，远曰反。（二五章）

这里说的是道的循环往复运动。"周行"即循环往复，"周行而不殆"是指道生生不息的循环往复运动。广大无边的道周流不息，周流不息而至遥远，至遥远则返回本源。《老子》说：

> 致虚极，守静笃。万物并作，吾以观复。夫物芸芸，各复归其根。归根曰静，是谓复命。复命曰常，知常曰明。不知常，妄作凶。（一六章）

老子认为，万事万物的运动也呈现循环往复的特点，纷纭万物的运动，最后各自都返回到自身的本根。因为在老子看来，本根是一种虚静的状态，万物始于虚静而终于虚静，便可以达到自然之常态。所以，道及以道为本的一切事物，都遵循着循环往复这一自然规律。譬如，地球、太阳系、银河系都有毁灭的一天,一切生物包括万物之灵的人,都将从生走向死亡。恩格斯在《自然辩证法》中说:"从旋转的、炽热的气团中……经过收缩和冷却,发展出了以银河最外端的星环为界限的我们的宇宙岛的无数个太阳和太阳系。"(《自然辩证法》,载《马克思恩格斯选集》第3卷)"但是,一切产生出来的东西,都注定要灭亡……而地球,一个像月球一样的死寂的冰冻的球体,将在深深的黑暗里沿着越来越狭小的轨道围绕着同样死寂的太阳旋转,最后就落到太阳上面。有的行星遭到这种命运比地球早些,有的比地球晚些;代替配置得和谐的、光明的、温暖的太阳系的,只是一个寒冷的、死去的球体,它在宇宙空间里循着自己的孤寂的轨道运行着。像我们的太阳系一样,我们的宇宙岛的其他一切星系或早或迟地都要遭到这样的命运,无数其他的宇宙岛的星系都是如此……"(《自然辩证法》,载《马克思恩格斯选集》第三卷)天地从混沌的气团中化生,又复归于混沌之气,最终又将转化为另一天地:"形成我们的宇宙岛的太阳系的炽热原料,是按自然的途径,即通过运动的转化产生出来的,而这种转化是运动着的物质天然具有的,因而转化的条件也必然要由物质再生产出来,尽管这种再生产要到亿万年之后才或多或少偶然地发生,然而也正是在这种偶然中包含着必然性。"(《自然辩证法》)恩格斯揭示了整个自然界处在永恒的流动和循环运动中的天地演化规律。而这个规律，正被两千多年前的老子朦胧地猜测到了。

(2) 辩证法的运用

老子的辩证法是从实际经验中总结出来的，所以它可以反过来应用于实际。老子的极为丰富深刻的智慧，就是他的辩证法则运用于生活实际的具体表现。

既然"反"是一切事物存在、变化和发展的根本法则，事物因相反而相成，因相反对立而互相转化，所以观察、认识和处理问题，就不仅要从正面着手，更应该从反面入手。如，为了达到正面的、有益于自身的目标，就要从反面入手，发挥反面的作用。《老子》说："圣人后其身而身先，外其身而身存。非以其无私邪？故能成其私。"（七章）圣人深明先与后、公与私相反相成、相互转化的道理，善于把自己放在人后，甚至将自身置之度外，以百姓之心为心，这样一来，圣人居于百姓之上而百姓并不以为是负担，居于百姓之先而百姓并不感到是妨害，天下人都不厌弃他而乐于拥戴他。这就是圣人因处后反而居先、因无私反而成私。

《老子》主张"曲则全，枉则直，洼则盈，敝则新，少则得，多则惑"（二二章）。这是说委曲反能保全，弯曲反能伸直，低洼反能盈满，破旧反能新成，少取反能多得，贪多反而迷惑。居于反面而做不懈的努力，最终可以实现自己的正面目的。《老子》说，"知其雄，守其雌"，"知其荣，守其辱"，"知其白，守其黑"（二八章）。这是说，深知雄性的刚强，却安守于雌性的柔弱；深知什么是荣耀，却甘守于卑辱；深知什么是明达，却安于暗昧。

为了达到正面的目的，有时还要主动创造条件，促使反面发生变化。《老子》说："将欲歙之，必固张之；将欲弱之，必固强之；将欲废之，必固兴之；将欲夺之，必固与之。"（三六章）意思是说：想要收敛它，必先扩张它；想要削弱它，必先强壮它；想要废弃它，必先兴举它；想要夺取它，必先给予它。这是老子对物极必反、物壮则老等自然法则的具体运用。大凡事物当它达到盛极之时，就趋向衰退，走向败亡。

一切事物常常有一个由不显著到显著、由潜在到现实的不断发展过程，如由小到大、由易到难、由弱到强等就是渐变的转化过程。据此，老子提出了"为之于未有，治之于未乱"的处事原则。《老子》说："其安易持，其未兆易谋，其脆易泮，其微易散。"（六四章）意思是说：稳定的事物易于保持，未见兆端的事情容易解决，脆弱的东西容易分解，细微的东西容易散失。所以，要在祸事尚未出现的时候，就着手防治；在乱事刚有苗头的时候，就要积极治理。大凡祸乱之事的出现与形成，都是由细小渐积而成的，所以，为了防止祸乱的发生，最好是"为之于未有，治之于未乱"。因此，聪明人所为，不等待困难发生才图谋解决，相反是从容易处做起；不等待事情扩大才勉力去做，相反是从细微处着手。因为能未雨绸缪，所以可以防患于未然。否则，小事或小处不注意，就会酿成大祸或造成严重损失。韩非在《喻老》篇中为了阐明老子"图难于其易，为大于其细"的道理，讲了一则蔡桓公讳疾忌医的故事：

> 一天，神医扁鹊见到蔡桓公，没停多久，便对桓侯说："您有病，尚在皮肤，如不治，恐怕要深入。"桓侯回答："我没病。"于是扁鹊走了。桓侯说："医生喜欢治疗没有病的人，好以此表功。"过了十天，扁鹊又见桓侯，说："您的病已深入肌肤，若不治，还会加深。"桓侯听罢，很不高兴。又过了十天，扁鹊再见桓侯，说："您的病已深入肠胃，若不治，还会加深。"桓侯听了，又不高兴。十天以后，扁鹊远远望见桓侯，随即转身就走。桓侯派人去问这是何故。扁鹊说："病在皮肤时，用药物熨帖就可治好；病在肌肤时，用石针就可以治好；病在肠胃时，用火煎的药剂就可以治好；病入骨髓，就无法治疗了。今桓侯的病已入骨髓，我也无回春之术啦。"五天以后，桓

侯病情加重，随即派人去找扁鹊，扁鹊已逃往秦国。不久，桓侯病死。

蔡桓公患有小病时，不接受医治，结果小病发展到大病，大病发展到重病，重病发展到病危，以至于无法医治而死亡；相反，扁鹊知小病易治，大病难为。由此可见，凡事，应当为于小，治于易，不可侮小，不可忽易，这样，便没有危难之事。

老子在"反者道之动"之后，提出了"弱者道之用"的命题。这是说，道的作用呈现出柔弱的特征。老子的这一命题是通过观察大量的自然现象和社会现象而得出来的。《老子》说："天下莫柔弱于水，而攻坚强者莫之能胜"（七八章），"人之生也柔弱，其死也坚强。万物草木之生也柔脆，其死也枯槁"（七六章），"天下之至柔，驰骋天下之至坚"（四三章），"含德之厚，比于赤子……骨弱筋柔而握固"（五五章）。水可以说是最柔弱的，但是它却能攻克坚硬的石头（水滴石穿）。人活着的时候，身体是柔软的；死去的时候，身体就变成僵硬的了。婴儿虽然骨弱筋柔，但他的生命力却是很旺盛的。可以看出，老子所说的"柔""弱""柔弱"，是指事物新生时所具有的充满生命力的特性。从事物发展的过程来看，新生事物往往是比较弱小、柔脆的，但是由于它自身蕴藏着巨大的生命力量，所以它总是能够克服其所遭遇的一切障碍而茁壮成长起来；而一旦事物强壮了，它就要衰老下去，并最终走向灭亡，即所谓"物壮则老，是谓不道，不道早已"（三〇章）。因此老子提出了柔弱胜刚强的原则。《老子》说："坚强者死之徒，柔弱者生之徒"，"强大处下，柔弱处上"（七六章）。从事物发展的趋向看，确实如老子所言，坚强的东西因为已失去了生机，所以处下；而柔弱的东西因为充满了生机，所以处上。据此，老子主张守柔、贵雌、取弱。

关于何以要守柔，詹剑峰有独到的解释："因为柔弱是活泼，是生动，是流行，是灵活，是善变化；而刚强是僵化，是死硬，是呆板，是凝滞。所以人们永远守着柔弱，就永远守着新生，亦即一生保存着朝气、蓬蓬勃勃，向前发展。所以我们的思想守柔，我们的思想就活泼而不僵化，灵活而不凝滞，生动而不呆板，进取而不顽固，那末，我们看问题和处理事务就能因应适宜，而不至拘执不化。我们的行动守柔，我们的行为就前进而不顽固，就灵活而不生硬，就圆融而不固执，就能'柔弱随时，与理相应'，这样就会受到人们的拥戴。"（詹剑峰：《老子其人其书及其道论》，华中师范大学出版社，2006）既然柔与刚、弱与强互相联系而又互相转化，所以我们应当自觉地持守柔弱，始终以贵柔取弱的心态去行动，便可以永葆青春，永远立于不败之地。这便是老子给予人们的智慧。

(3) 辩证法的特点

由上文所述可以看出，老子的辩证法有以下特点：

首先，宇宙观与发展观融为一体，从而呈现出辩证的宇宙发展观的特点。老子在讲宇宙生成过程的时候，认为作为天地之始、万物之母即产生世界万物的"道"，虽然无形、无象，恍惚难识，但是它作为化生世界万物的本源，却是自本自根的。老子说"反者道之动"，就是说道的自身运动是由于它内在的矛盾。混成之物的道，自身就蕴含着阴与阳两种相反对立的力量，相推相荡，相互冲突，相互斗争，遂成为化生万物的本源；万物从道而出，所以万物必然负阴而抱阳，因此，世界万物都具有阴和阳两性，也都有了内在的矛盾。所以，相反对立或矛盾就是道及一切事物生化发展的原动力或内因。由此看来，那种把老子的道理解为形而上的绝对，即无差别的绝对统一，或者绝对静止的看法，都是有背老子道的真义的。因此，这种看法既不能真正了解老子的辩证法，也不能全面把握老子的哲学体系。

其次，老子的辩证法强调矛盾的和谐，亦即对立面的统一，因而表现出重和谐、重中和的特征。在老子看来，由道所化生的万事万物都具有阴、阳二气，并且阴、阳二气相互作用，成为和气。阴、阳的交通成和，说明阴与阳无所偏，也无所重，是相反而相成，是对立而统一，亦即矛盾的和谐。在老子看来，无知无欲的婴儿，从其生理机能上看，他所禀有的阴、阳二气是均衡、调和的，整个机体是自然和谐的，所以，他即使终日哭号而嗓子不会沙哑。老子在五六章提出挫锐、解纷、和光、同尘的观点，也是在讲对立面的统一，强调的也是和。因为老子注重和谐，所以我们称老子的辩证法为和谐辩证法。

老子对待矛盾的态度集中体现了老子和谐辩证法的特点。既然对立双方因相反而相成，形成了事物的统一整体，所以矛盾统一就是事物形成的稳定状态；由于事物遵循着"物极必反"的法则，所以对立双方又各自向对立面转化。老子明确地认识到了这一点。从老子的思想立场看，他是主张维持事物的稳定存在、保持事物的正常发展的。老子的道是"独立而不改，周行而不殆"的恒久之道，天地也是长久永存的，尊道贵德的国家是可以长治久安的，进道修德的个人也是可以健康长寿的。

由于老子重视维持现存事物的稳定存在，所以他在对待事物的矛盾时，注重矛盾双方的互补与互依，希望通过消解对立双方的冲突与斗争来解决矛盾，使事物得以长久地存在与发展。如在雄雌、先后、高下、强弱等的对立状态中，如果称雄、逞强、争先、居高，就要向反面转化；但是，如果能够守雌、示弱、取后、居下，不仅能够维持和谐统一整体的存在,而且还能最终达到称雄、逞强、争先、居高的目的。

在老子看来,当时天下无道、社会紊乱,主要是起于人们的纷争,纷争又起于人们过分的欲求,而欲求又是出于人们的有知。因此,老子提出了"常使民无知无欲"和"为无为"的治国之道。《老子》说:

> 不尚贤,使民不争;不贵难得之货,使民不为盗;不见可欲,使民心不乱。是以圣人之治,虚其心,实其腹,弱其志,强其骨。常使民无知无欲。(三章)

> 绝圣弃智,民利百倍;绝仁弃义,民复孝慈;绝巧弃利,盗贼无有……见素抱朴,少私寡欲,绝学无忧。(一九章)

> 我无为而民自化,我好静而民自正,我无事而民自富,我无欲而民自朴。(五七章)

这种解决社会矛盾的方法就是统治者首先从我做起,挫锐解纷,绝学弃知,纯任自然,行无为之政,同时使民众无知无欲,从而使社会回到原始的纯朴自然的状态。可以看出,老子解决矛盾的办法是不切实际的,但是,他希望通过对社会进行根本性的改造,建立一个安定无争、纯朴自然的、和谐的理想社会,则是具有重大意义的。

老子的辩证法揭示了自然和社会普遍存在着的矛盾

对立现象，提出了对立面统一的法则以及矛盾双方互相依存、互相转化的规律。这种建立在道论基础上的辩证法，贯穿于老子的全部思想，使其宇宙观成为辩证的宇宙观，使其政治哲学和人生哲学充满着极为丰富的辩证智慧。尽管老子的辩证法思想存在朴素性、直观性的一面，但他所创立的比较系统的辩证法思想体系，不仅标志着中国古代辩证法思想的新发展，而且使老子成为中国第一位辩证法大师。

6.《老子》"知常""同道"的认识论思想

认识论思想是老子哲学的主要内容，虽然老子哲学没有对认识论方面的问题作专门的系统论述，但是，从《老子》一书中所包含的大量的认识论概念、范畴、命题、判断等可以看出，老子哲学事实上有一个比较完整的认识论体系。

（1）认识主体与认识对象

在老子看来，人是宇宙中的"四大"之一。《老子》说："故道大，天大，地大，王亦大。域中有四大，而王居其一焉。"（二五章，笔者注："王"亦"人"，"王"亦大，即"人亦大"）作为四大之一的人，不仅能取法地、取法天，而且能取法宇宙中最伟大的道，这是老子对人的能动性的明确认识。从认识角度看，老子把"知"看成是主体人的一种能力,如"使我介然有知"(五三章),"吾何以知天下之然哉"(五四章),很显然,主体"我""吾"是可以认知的。

作为认知主体的人都能认识什么?也就是说,人的认识对象都有哪些?归结起来,老子关于认识的对象有:

物 "物"在《老子》中泛指自然界和人类社会的一切事物和现象。诸如天、地、山、川、草、木、虫、鱼、禽、兽、车、马、房屋、声、色、货、味、圣人、侯王、百姓、俗人、战争胜负、贫富得失、祸福变化、生死转化等等,这些自然的和社会的事物和现象都在老子的观察、认识之列。老子用"物""万物""事"等概念来表示,如"夫物芸芸,各复归其根"(一六章),"物或行或随"(二九章),"万物草木之生也柔脆"(七六章),"水善利万物而不争"(八章),"功成事遂,百姓皆谓我自然"(一七章),"慎终如始,则无败事"(六四章),等等。所以,《老子》中的"知雄雌""知黑白""知母子""知牝牡之合""知人""自知"等所表达的就是对具体的自然和社会事物的认识。

理 《老子》中虽然无"理"之名,却有"理"之实。老子的"知其然"(五七章)、"知天下之然"(五四章)、"知其故"(七三章)、"知其极"(五九章)等都是讲的"理"之义。如《老子》说:"天之所恶,孰知其故?……天之道,不争而善胜,不言而善应,不召而自来,繟然而善谋。"(七三章)这是说,人应当知天道,即宇宙事物的规律,包括自然规律和社会规律。《老子》又说："以正治国，以奇用兵，以无事取天下。吾何以知其然哉？以此：天下多忌讳，而民弥贫；民多利器，国家滋昏；人多伎巧，奇物滋起；法令滋彰，盗贼多有。"（五七章）这里所知的是社会人事之"理"。总之，天地万物之"理"以及社会人事之"理"都是老子所知的对象。老子的辩证法正是通过对事物所以然之理的揭示，来把握事物的本质、共相和法则。如《老子》二章云："有无相生，难易相成，长短相形，高下相倾，音声相和，前后相随。"可以看出：有无、难易、长短、上下、前后、音声等相反对立的双方所构成的既对立又统一的恒常关系，便是老子所知的对象。所以，老子主张"知美之为美"，"知善之为善"，（二章）"知古始"（一四章），"知稽式"（六五章），"知天下"（五四章），"知常"（一六章），等等。关于"常"，徐梵澄在《老子臆解》中指出："于万事万物之中，求其至当不易之规律，得其常轨。非轨辙不足以言道，非规律不足以言常。往者如是，今者如是，来者亦如是，此所谓常也。"（徐梵澄：《老子臆解》，中华书局，1988）实际上，老子所谓"知常"，就是要认识宇宙万物的规律，包括自然规律和社会规律，认识事物的本质、共相和法则。

道 老子关于哲学意义上的道，既是世界万物的本源，又是宇宙万物的运动法则，还指社会的政治原则、伦理秩序和行为规范。而作为世界万物本源及其运动法则的道，虽然无形无名，不能言说，但是人们却可以观，可以闻，如《老子》说："上士闻道，勤而行之；中士闻道，若存若亡；下士闻道，大笑之，不笑不足以为道。"（四一章）还说："故常无，欲以观其妙；常有，欲以观其徼。"（一章）不仅如此，人还可以得道、同道，遵道而行。

综上所述，《老子》中的认识对象有三类，即"物""理""道"，具体说就是作为自然界和人类社会的一切事物和现象，事物的本质、共相、规律或法则，以及作为世界万物根源的道。不同的认识对象决定了不同的认识方法和途径，下面就来分析老子的认识方法。

（2）认识方法——"闻见"、"袭明"、"玄鉴""静观"

在老子哲学中，与三类不同的认识对象即"物""理""道"相对应，有三种既互相联系又互相区别的认识方法，这就是通过"闻见"求知的感性直观法、通过"袭明"求理的理性认识法和通过"玄鉴""静观"求道的理性直觉法。

闻见 在老子看来，"道"是不同于"物"的。虽然物是由道所产生出来的，但是万物生成以后就具有自己的独特性，即万物有形有象，是可以通过耳、目等感官直接感知的。如声、色、货、味等都是人可以感知的，并且这也是人所欲求的对象：

> 五色令人目盲，五音令人耳聋，五味令人口爽，驰骋畋猎令人心发狂，难得之货令人行妨。（一二章）

老子看到，人的感觉经验是受人的情欲支配的：在情欲控制下所获得的感性知识不仅是不可靠的，而且会对人产生很大的损害。因此，老子主张要"塞其兑，闭其门"（五二章），"不见可欲"（三章）。耳、目、口、鼻等感官既是感知的门户，又是引发情欲的通道。人们要想不受损害，只有闭目塞听，不求对日常具体事物的认识，做到无知。因能无知，所以也不会引发情欲；人能做到无知无欲，就进入了自然无为之境，从而也不会招致祸患。

袭明 从认识角度看，通过感性认识所获得的闻见之知是有所蔽的偏见之知，也就是"不知常"的知。由于对事物的本质、法则、规律无知，所以为人处事便妄作妄为，这样必然会遇到危险，受到惩罚。相反，只有"知常"，即认识并把握了事物的本质和规律，这样才会融通周遍，合于道之自然，才不会招致灾祸，而达长生久视之目的。在老子看来，知常即是"明"。《老子》说，"知常曰明"（一六章、五五章），"见小曰明"（五二章）。一方面，事物的本质和规律是隐藏在现象背后的东西，是感性直观所无法达到的，因此用"小"来形容其隐而不显；另一方面，人的理性思维可以通过内心之明来认识事物的真相。这里,"明"可以说既是认识的结果,又是认识的方法。"知常""见小"既可获得清楚明白的知识;同时,内心之明可以观照事理,认识事物的真相。

为此,老子又提出了"袭明"和"微明"。《老子》说:

> 圣人常善救人,故无弃人;常善救物,故无弃物。是谓袭明。(二七章)

> 将欲歙之,必固张之;将欲弱之,必固强之;将欲废之,必固兴之;将欲夺之,必固与之。是谓微明。(三六章)

何谓"袭明"?郑玄注:"袭,因也。"释德清说:"……承其本明,因之以通其蔽耳,故曰'袭明'。'袭',承也,犹因也。"(《老子道德经解》)一般说来,常人总是对善者善之,不善者舍之;对信者信之,不信者弃之,结果必有被弃之人、被弃之物,如此,便存在着偏蔽不明。相反,圣人以其本明之心,对善者善之,不善者亦善之;对信者信之,不信者亦信之,做到"常善救人""常善救物",因而,既无弃人又无弃物,从认知角度看这是兼知,兼知能够认识事物的真相,所以没有偏蔽。如果套用魏徵的"兼听则明,偏听则暗"的话,就有"兼知则明,偏知则蔽"。

何谓"微明"?范应元曰:"张之、强之、兴之、与之之时,已有歙之、弱之、废之、取之之几,伏往其中矣。几虽幽微,而事已显明也。故曰:'是谓微明。'"(《老子道德经古本集注》)在老子看来,就歙与张、弱与强、废与兴、夺与与的关系而言,不仅要知其相异与对立,而且要知其统一;不仅要知其对立统一,而且还要知其相互转化。而物极必反的转化之理(即"几")是幽微难识的,所以对事理能够达到显明的认识和把握,称之为"微明"。也可以说,通过"明"即人的内心之明去洞察事物的幽微之"理",认识了事物的真相,这就是"微明"。

综上所述,可以看出,所谓"袭明""微明",就是说对事物的知,不是只知其一,而是知其二、知其多、知其全,也即认识并把握事物的本质、法则和规律,因此通过"袭明""微明"所获得的知,已不是关于事物现象的外在之知,即经验之知,而是内在之知,即真知(真知分为知"常"之知和知"道"之知,详后)。如果从认识过程来分析老子的"知常曰明""见小曰明""是谓微明",那么"明"就是"见小",即觉察出事物的极隐秘之处,甚至能以小见大;就是"见微",即觉察出事物的极玄妙之处,甚至于能"见微知著";就是"知常",即了解事物的共相及其法则,甚至于能由常知变,预测未来。(高觉敷:《中国心理学史》,人民教育出版社,1985)显然,"见小"之明,"见微"之明,"知常"之明,均是摆脱感性之知的表面性和片面性,通过理性思维认识并把握了事物内在本质和法则,而进入了"明白四达"的境界。《庄子·缮性》中的"思以求致其明"的命题,就是明确把"思"即人的理性思维看成是获得"明"的途径。虽然《老子》中无"思"这一概念,其实,老子的"心善渊"之"心",就是明确把"心"作为人的主体思维。可以说,"明"就是主体"心"的一种理性能力。

玄鉴、静观 有学者指出:"寻求万物之本原、探索生活之真谛,是人类思维的必然的趋向,是与人类俱生,因而也可以说是人类思维的本质特点之一。这是一种'追根寻源''穷根探本'的精神……"(叶秀山:《苏格拉底及其哲学思想》,人民出版社,1986)老子"道"范畴的提出,正是体现了人的这种理性精神。上文已指出,"道"是认识的对象,但是通过什么途径和方法来认识它呢?在老子看来,作为世界万物的根源的道,既与具体万物相联系,又与具体万物不同。从认识角度看,它是"视之不见""听之不闻""搏之不得"的"夷""希""微"三者的混成之物(一四章),既不可"道",又不可"名",是一种超越感性经验的东西。因此,它不是通常的认识方法所能够达到的;既不是感官所能感知的,也不是"名""言"等概念所能企及的,必须运用不同于认识具体事物现象和万物之理的独特的方法。这就是老子的"玄鉴""静观"的直觉方法。

虽然"道"是超越感知的存在,但是人仍然能够"观"

它,"见"它,如《老子》说,"故常无,欲以观其妙;常有,欲以观其徼"(一章),"不窥牖,见天道"(四七章),"见小曰明"(五二章)。只不过,这里的"观""见"是一种"内观""内视",因为在老子看来,人的内心之明,不仅可以知万物之"理",而且也可以"玄鉴""静观"形而上学之道。

何谓"玄鉴"?《老子》说:"涤除玄览,能无疵乎?"(一○章)这里的"览"即"鉴"。据高亨先生《老子正诂》注:"玄者形而上也,鉴者镜也。玄鉴者,内心之光明,为形而上之镜,能照察事物,故谓之玄鉴。"(高亨:《重订老子正诂》,古籍出版社,1956)老子这是以"镜"为喻,说明人的内心是能够观照形而上之道的。但是,由于人心受到闻见之知和欲望的干扰,内心之光明就被知识和欲望给遮蔽了,因此老子认为,要恢复内心之光明,首先要做"涤除"的工夫。涤除的对象就是知识和欲望。要发挥"玄鉴"的观照功能,至关紧要的:一是无欲。人多欲,必然骛外,骛外必然躁驰,躁驰则不能静,不能静则不能观道。老子反复说明多欲、纵欲的危害,《老子》说:"五色令人目盲,五音令人耳聋,五味令人口爽,驰骋畋猎令人心发狂,难得之货令人行妨。"(一二章)又说,"去甚,去奢,去泰"(二九章),排除主观情欲的干扰。二是无知。由耳目之官得来的闻见之知,因其常与社会的仁义道德和人的名利相联系而成为"前识":"前识者,道之华而愚之始。"(三八章）人通过对物的认识所获的经验知识是可以学知的，而且这种知识可以一天一天地积累而丰富起来。不过在老子看来，这些经验知识，因其常有先入为主的主观偏见，不仅不能真正地认识外物，而且也成为认识道的障碍。所以，老子主张"绝学无忧"，通过"绝学"，从而消除人的偏见陋知。这种无欲无知的"涤除"工夫，也就是老子所讲的"损"的工夫："为学日益，为道日损。损之又损，以至于无为，无为而无不为。"（四八章）这就是说，不断地减损知识和情欲，使人心达到无知无欲的自然无为的境界，这样内心本明之镜没有瑕疵，就可以径直"玄鉴""静观"道了。

老子认为，"静观"是认识道的途径和方法。如《老子》说：

> 致虚极，宁静笃。万物并作，吾以观复。夫物芸芸，各复归其根。归根曰静，是谓复命。复命曰常，知常曰明。（一六章）

这里，"致虚""守静"的工夫就是"涤除"和"损"的工夫，意思是首先要使心灵达到无知、无欲、无为的极度虚寂、极度清静的自然状态，然后通过对万物生灭变化的"静观"，以求得对万物之"根"，即道的认识。显然，老子把"静观"看作一个过程，即由观物而观作为万物的本根的道。因此，可以说"观物"是"观道"的中介。而观物是一种抽象的理性认识过程,所以,老子的直观道即通向道的途径,在性质上仍是一种理性的认识过程。不过,需要指出的是,老子的"静观"不仅是对万物的状态所作的客观的观察,而且它是人置身于万物之中反观与万物同体的自身,所以说它又是一种心灵体验。

关于观物以观道,老子是通过意象思维方式而实现的。所谓意象思维就是从具体形象符号中把握抽象意义的思维活动,而意象既不同于感性的知觉表象,又不同于理性的抽象概念,它是凝聚了某种经验的感性形态,在这里,符号和意义、形象和本体、思维主体和客体对象完全合一。(蒙培元:《中国哲学主体思维》,东方出版社,1993)

《老子》一书中虽无"意象"这一概念,但从老子对"物""象""道"及其相互关系的深刻揭示中可以看出他对意象思维方式的运用。在老子看来,源渊于道的世界万物是有形有象的,是人可以直接感知的,而一旦通过"始制有名"的方式来反映客体世界,具体的感性形象(即物象)中已经蕴含着认知主体所赋予的抽象意义。此时,物象就转化为意象,这样,认知主体便可以以意象这一中介来认识和把握世界万物和道。

老子哲学中有两类不同的意象:一是关于物的意象,如"水""赤子""母""阴""朴""谷"等意象,这是比较具体的意象;二是关于道的意象,即"道象",这是极度抽象的意象。因此，通过意象直观道就有两种不同的方法和途径。

首先，观道要观道之象。照老子看，"道"是有"象"的，不过，道之象是"恍""惚""窈""冥""无形""无状"的"无物之象"，而且道之象是"大象"，如《老子》说，"执大象，天下往"（三五章），"大象无形"（四一章）等。"大象"之中并非绝对的虚无，而是"有物""有精""有信"。这种若有若无之"象"与"道"是相通的，而道的意象体现了本质与现象、主体与客体、具体与抽象、虚与实的融合与统一，因此通过对道之象的直观感悟而实现对形而上之道的体认和把握。

其次，观道要观物之意象。在老子思想中，万物是由道所产生，而道又无处不在。《老子》说："大道泛兮，其可左右。万物恃之而生而不辞。"（三四章）因此，形而上之道的本体与形而下的具体的"物象""事象"结合着，所以老子借助于"水""赤子""母""阴""朴""谷"等意象作为"道"的象征，以此来体认和把握道的诸种特性和意义。成中英曾以怀特海的"象征指涉论"说明、解释了《老子》道的概念、意义与道的象征（即意象）之间的感应的统一。（成中英：《世纪之交的抉择——论中西哲学的会通与融合》，知识出版社，1991）其实，"水""赤子""母""阴""朴""谷"等意象所蕴含的诸如"柔弱""处下""不争""生生""仁慈""温柔""柔静""温雅""质朴""本真""虚静""容物"等抽象意义,正是作为本体之"道"所具有的诸种特性和意义。显然,老子用经验性物象作为意象去象征"道",建立了意象与道的形而上意义的感应统一,由此,人们可以通过对意象(物)的直观感悟而径直去体认作为世界万物本源的"道"。

综上所述,可以看出,老子的意象思维其实就是直觉思维,它既不以概念为中介,也不进行抽象和概括;而是以意象为中介,通过意象,认识主体从整体上直接了解和把握世界的本质。这与直觉思维不靠经验的积累和推理的秩序而直接达到(洞察到)事物的本质是一致的。老子的意象思维经由《庄子》和《易传》的发展,对中国的哲学和美学产生了深刻的影响,如中国美学中的意境说、哲学中的境界说,都采用了这种意象思维方式。

(3)"同道""行道"的认识目的

"道"是老子认识结构中的最高的认识对象。虽然老子肯定了人具有认识道的能力,但是他所说的认识道的人,不是一般的俗人、众人、老百姓等,而是"圣人""上士":

> 上士闻道,勤而行之;中士闻道,若存若亡;下士闻道,大笑之,不笑不足以为道。(四一章)

从"上士""中士""下士"对道的不同态度看,只有"上士"能够真正认识道、践履道,而"中士"和"下士"或是疑虑道或是嘲讽道,表明他们既不知道,更难行道,都与道无缘。在老子看来,唯有"圣人""上士"自觉自愿地做"涤除""损"的工夫,进行修身养性,使自己的精神达到无知无欲、自然无为的境界,而这正是认识道的基本前提。相反,世俗之人追求聪明智巧,追逐名利,惑于私欲,为外物所蔽,因而内心不明,无从了解、认识"道"。

从老子的"圣人"的理想人格可以看出,圣人不仅仅是作为观照道的认知主体,而同时是践行道的行为主体、道德实践主体。因此,圣人所体认的道也不仅仅是纯粹的知识对象,而且是他所追求的最高的精神境界。如此看来,圣人认识道的过程同时就是走向理想境界(道)的过程,获得了道即可成为圣人。以老子对"为道""得道""从事于道""同于道"的强调看,"同道""行道"乃是其认识的最高目标和最终目的。

在老子看来,知道是为了得道、守道,而得道、守道是为了同道、行道。上文已指出,圣人可以通过"静观""玄鉴"的直觉方法认识道。由于道是世界万物的本源和万物生存发展的根据,所以,天地万物和人皆得道而生,失道而亡。因此"万物莫不尊道而贵德"(五一章)。圣人既知道,又知道与德的尊贵,所以,他善于修道进德,从而得道,守道,做有道的人、同道的人。这样,"从事于道者,同于道；德者，同于德……同于道者，道亦乐得之；同于德者，德亦乐得之……"（二三章）因此，得道的圣人能取法道"勤而行之"（四一章），"行于大道"（五三章），"坐进此道"（六二章）。老子认为，那些不知常道的人，常常妄作妄为，因其行为不合乎道、离失道而招致灾祸甚至败亡。相反，知常道的圣人，内心"明白四达"，善于做"深根固柢"的守道工夫，其行为举止至于道而不会遇到危险，并且能够达到全身避祸、长生久视的人生最高理想。如《老子》说：

> 知其雄，守其雌，为天下溪。为天下溪，常德不离，复归于婴儿。知其白，守其黑，为天下式。为天下式，常德不忒，复归于无极。知其荣，守其辱，为天下谷。为天下谷，常德乃足，复归于朴。（二八章）

这段话的意思是说，明知雄与雌、白与黑、荣与辱相反相成而又相互转化的道理，并在行动中甘守雌，守黑，守辱，为溪，为谷，这样常德充沛而不离失，从而达到自然无为的真朴境界，亦即道的境界。以此观之，老子的确把认识的最终目的落实到行道、践道上；而从践行角度看，老子已经由认识领域跨入实践领域，并且将知与行统一起来。

综上所述，可以看出，老子的认识论思想确实包含着一个层次分明的认识结构。这就是，首先，通过耳目之官去直接感知外界的事物和现象，得到的是闻见之知，即感性的经验知识；其次，通过内心之明认识万物之"理"，获得的是法则和规律性的知识；最后，通过"玄鉴""静观"的直觉方法直观"道"，获得的是对道的悟性知识，即体知，并且，由体道、得道而行道。需要指明的是，对此，老子并没有这样明确的认识，这是我们通过分析老子的认识思想所得出的结论。

上面对老子的认识结构进行了分析和说明，下面就老子的认识论思想作一总体评价：

第一，老子的认识论包含着认识是一个过程的思想。老子的认识论中最高的认识对象是"道"，而最低的认识对象是"物"；但是对"物"的感知却是认识"道"的前提和出发点。从整个认识结构看，感觉经验是其逻辑起点。老子看到了感觉经验即闻见之知的表面性和片面性，而为了认识和把握事物的本质，自觉地进入运用人的理性认识能力（"明"）去认识万物之"理"的理性认识阶段。对事物的本质和法则的理性认识是认识进程中的中心一环，但老子也注意到了理性认识的相对性和条件性，所以他企图超越感性认识和理性认识，追求对道的认识和把握。这是老子将认识由依靠感官感知的客观世界推进到人们无法直接感知的超越的世界，并通过对道的直观体悟而从整体上把握世界的本质。对道的认识是整个逻辑进程的终点。总之，老子认识的内容、方法、途径和结果，都表明了老子的认识论的过程的思想，这应看作是他的历史贡献。

第二，"得母知子"与"知子守母"体现了老子认识论的辩证特色。老子认为，万物源于道，而万物之性乃由道之德而具。因此，观物即可以观道。而道是世界万物的根源及其存在和发展的根据，也就是宇宙的总原理；因此，只有认识并把握了道，才能真正认识物。这里，认识既从个别、具体上升到一般、抽象，同时又从一般、抽象归结到个别、具体，表达了知物与知道的辩证关系：知物（对个别的认识）是知道（对一般的认识）的前提和基础，而知道是知物的目的，又是真正知物的根本。这是老子的贡献。但是就其认知倾向看，老子企图只从整体性的道去认识一切事物的本质，并且希望通过"玄鉴""静观"的方法直观道，又有神秘主义的特色。

第三，在认识的最高层面，实现了由认识领域跨入实践领域的转向，体现了知与行的内在统一。道是认识的最高对象，也是认识的最终目的。老子的"玄鉴""静观"的直觉方法不仅是知道的方法，同时也是进行道德修养的方法。由此看来，老子所获得的关于道的知识，已不是关于客观对象的纯粹知识，而是与人的自由发展内在联系着的智慧，即老子所说的"大智若愚"的大智慧。此大智慧通过得道、守道、行道而体现出来,表达了求真与求善的统一,亦即知与行的统一。因此,老子的知道、为道,其实质是要认识、体会、领悟宇宙人生的根本之道,并循道而行。真知(对道的知)乃是一种智慧。老子认为,关于柔弱胜刚强的道理,善之为善、美之为美的道理,这是常人都知道的,然而常人都不能循之而行;相反,有道的圣人,既知柔和刚、弱与强、祸与福、雌与雄、辱与荣等对立双方相反相成、相互转化的辩证之理,在行动上又善于守弱、处弱、守雌、守辱、居祸,以求达到全身避祸、长生久视之目的。这就是老子所说的"善行"。因此,是否能达到"善行",关键在于是否能够"为道""守道"进而"同道""行道"。由于常人多惑于物欲,囿于成见,而不知进道修德,老子因此慨叹:"吾言甚易知,甚易行。天下莫能知,莫能行。"(七〇章)由此观之,老子在道的领域的知与行合一的思想,有其积极的合理性,是对认识论的发展。不过,老子的"行"并不是改造世界的实践活动,而是偏重于主体修养的人生实践。因此,通过知行合一所获得的自由仅是主观的、精神的自由,而非通过能动的认识和实践达到行动上的真正的自由。这又是其局限性之所在。

7.《老子》的理想人格与人生实践

具有理想人格的人物形象是一种人生哲学中体现人的

价值、完成人生目标的人物形象，是一种人生哲学理论宗旨的标志。先秦各家各派都有自己理想人格的人物形象，他们一般都称之为"圣人"，而其内涵或精神境界却大不相同。如儒家推崇"博施于民而能济众"（《论语·雍也》）、"人伦之至"（《孟子·离娄上》）者为"圣人"，墨家服膺"劳形天下""以自苦为极"（《庄子·天下》）者为"大圣"，而道家的开山祖老子将"被褐怀玉"（七〇章）、"处无为之事，行不言之教"（二章）的得道者奉为"圣人"。下面就具体分析一下《老子》理想人格人物——"圣人"的内涵和特征。

（1）理想人格——圣人的特征

人的内在的精神修养和外在的言行举止都升华到一个高于常人的境界，而具有这种境界的人格，就是人生之理想人格。老子的笔下，有众人、俗人，有侯王、君子，有百姓，有圣人，而圣人就具备高于常人的理想人格。那么，老子的圣人人格都有哪些特征呢？

守道同德　守道同德是老子圣人人格的基本特征。道不仅是世界万物的根源，也是万事万物存在和发展的根据；道的自然法则也就成为天地万物所效法的根本原则。因此《老子》说："人法地，地法天，天法道，道法自然。"（二五章）人是自然的产物，所以人应当取法道的自然法则。人要依自然法则行事，首先必须得道，成为有道者。由于道的境界玄妙难识，不是一般人能够达到的，只有那些有深厚修养的人不断地修德进道，才能够最终进入道的境界。老子常称圣人为"有道者""善为道者""保道者""从事于道者"等等，所以，圣人就成了道的载体，是道在人间的化身。

德也是《老子》中的重要范畴。老子所说的德有三种：一是与道同体之德，显示道的本性和作用；二是万物所自得之德，也就是事物的本性；三是人之德，也就是人的本性。这三种德，其本质都是自然，所以又可称为自然之德。在老子看来，道化生万物，德畜养万物，并使它们生长、发育、成熟，但是却不据为己有，也不自恃其才能，更不去主宰它们。这就是道任自然的玄德。圣人应修有此大德，才能顺任自然，才能循自然之道而行。因此，老子说，从事于德者，同于德。

守道同德是一种崇高的精神境界，老子称之为"玄同"。所谓"玄同"，就是塞兑、闭门，挫锐、解纷，和光、同尘，这是说闭塞情欲出入的通道；不让聪明才智的锋芒显露，以解除纷扰；隐藏光耀，以便和尘俗一样。因此，玄同的境界，也就是无知无欲的自然境界。老子曾用赤子和婴儿的状态来喻示这种自然境界。《老子》说："含德之厚，比于赤子……骨弱筋柔而握固。未知牝牡之合而朘作，精之至也。终日号而不嗄，和之至也。"（五五章）又说："常德不离,复归于婴儿。"(二八章)婴儿具有淳朴自然的天性,他体格柔和,动静自如,元气淳和,无思无虑,无知无欲,一切都任性而发,率性而为。圣人修有的真朴之德,可以说是与婴儿具有的天然的淳朴之德性相合。因此,从理想人格的精神境界来看,圣人的最高境界就是与道合一的玄同境界。

圣人气象 圣人具有崇高的精神境界,所以他表现出来的气象也与众不同。气象就是指人的内在精神世界的外在表现。一个人的音容笑貌、言谈举止、待人接物,就能显示出这个人的气象。圣人气象体现着最高的精神境界和完全人格。老子对圣人的容貌举止和心态进行了具体的描画,如《老子》一五章说:圣人立身处世小心谨慎,就像冬天踩冰过河一样;心怀戒惕,就像怕四邻窥探一样;庄重拘谨,就像做客一样;松弛疏散,就像冰要溶化一样;敦厚朴实,就像未经雕刻的原木一样;心胸开阔,就像空谷一样;忠实浑朴,就像浑浊的水一样。圣人的这种气象,体现了他那无知、无欲的内心世界和自然无为的精神境界。老子在二〇章中,通过"我"与世人的比较,表现圣人的容貌和心理:世人欢天喜地,好像享受盛大宴会一样欢乐,又好像春天登台游览那样愉快,唯独我淡泊恬静,无所希求,好像还不会笑的婴儿;世人都财货富裕,唯独我好像遗失财货而一无所有似的;世人都很精明通达,唯独我是糊里糊涂的；世人都明察精细，唯独我是懵懵懂懂的；世人都有所作为，唯独我愚钝无知。世人积藏财货、纵欲享乐、显才耀智、谋利求名，圣人与此相反，他无知、无欲、无名，自然无为，从而进入道的境界。所以，从气象上看，老子的圣人人格也是充分体现了道的精神的。

理想中的治者　老子的圣人是理想中的治者。守道同德的圣人，循自然之道而行，他不仅修身积德，表现出崇高的精神境界，而且能够修家、修乡、修国、修天下，如同孔子儒家一样，追求建立治国平天下的功业。《老子》五四章中说，圣人"修之于身，其德乃真；修之于家，其德乃余；修之于乡，其德乃长；修之于国，其德乃丰；修之于天下，其德乃普"。意思是说：体道的圣人修有圆满的真朴之德，但是，圣人并非以此真德独善其身，而是要用以齐家、安乡、治国、平天下。所以，圣人就是老子所认为的理想的治者。由此看来，老子的圣人人格不只是要求"内圣"，而且还要求能够"外王"。

（2）理想人格——圣人的修养方法

少私寡欲　欲是人的自然本性。老子并不主张去欲、无欲、绝欲。因为在老子看来，人是自然的产物，自然性就是人的本性，也就是说，人的本性是自然的。所以老子提倡"甘其食，美其服，安其居，乐其俗"（八〇章）的食色之欲，就是说，自然的生存欲求是人所向往的。但是，除了自然之欲外，还有人为之欲，这主要是指人追求享受的声色犬马之欲、财货之欲以及对权势、名望、地位等的欲求。对这些声色犬马、财货和名利之欲，老子主张要减损，甚至要加以绝弃，因为这些身外之欲是有害于人生的。例如老子说，缤纷的色彩令人眼花缭乱，纷杂的音调令人听觉不敏，饕餮饮食令人失去味觉，纵情狩猎会使人心放荡，追求稀有的财货会使人行为不轨。这是说，纵情于声色之娱，贪求于财货之满足，其结果是祸患无穷的。所以《老子》说："祸莫大于不知足，咎莫大于欲得。"（四六章）

庄子曾经说过"其嗜欲深者，其天机浅"的话，说明欲望的大小对于一个人的精神，乃至一个人的整个生活都是至关重要的。因为贪欲必然招致祸患，所以，老子提出了少私寡欲、不欲、无欲的主张。这里的不欲、无欲也就是指的寡欲，即减损外在的人为之欲。《老子》中具体说明了寡欲、无欲对人生的意义。

首先，无欲能使人保持淡泊虚静的心境，并在淡泊宁静的心境中体道、观道。人多欲，必然骛外，骛外则必躁动不安，躁动必不能入静，不能入静，也就不能体认自然之道，因为道的特性是虚静的。人无欲则不外逐而内求，闭塞耳目感官之通道而向内求索，就可以使心灵进入虚静，恬静无欲的心境与自然大道的特性一致，因而人便可以把握和体认自然之道。所以《老子》说：

> 致虚极，守静笃。万物并作，吾以观复。夫物芸芸，各复归其根。归根曰静，是谓复命。复命曰常，知常曰明。不知常，妄作凶。知常容，容乃公，公乃王，王乃天，天乃道，道乃久，没身不殆。（一六章）

意思是说，摒弃情欲，使内心达到极度的空虚，保持心灵的极度清静。万物竞相生长，我以此来观察它们的循环往复。纷纭万物，最后它们各自都回到自身的根源。回到根源，是说它们回到了静寂的境界，也就是说又恢复到了它们宁静的天性。万物恢复宁静的天性，就是永恒的自然法则；人认识了自然法则，就是高明。否则，轻举妄动，就会招致灾祸。懂得自然法则，就能够宽容、无私，也就可以顺自然之道而行，从而长生久存。

其次，圣人无欲，可以治天下。《老子》说："不欲以静，天下将自定。"（三七章）还说："圣人云：'我无为，而民自化；我好静，而民自正；我无事，而民自富；我无欲，而民自朴。'"（五七章）圣人无欲，便可进入清静的境界，如此，便能遵循自然无为之道而行。圣人无欲、好静、无为、无事，对民众实行不干涉主义，让民众自我化育、自我发展，那么民众就自然会简朴淳正，平安富足，社会就进入正道，和谐安定了。这是无欲的社会价值。

绝学弃知 学问和知识能使人聪明,给人以智慧,给人以力量,这是知识所产生的积极的正面价值。但是,如果对知识使用不当,特别是在个人私欲的役使下,知识就会产生异化,给人带来消极的负面价值。有鉴于此,老子对当时统治者所倡导的礼乐之学和诈巧之智进行了批判。对于人们运用知识汲汲于声色、名利、货利而背离人的自然无为的本性的行为,老子批评说,这是智慧出现以后所产生的大伪。老子也看到了当时统治者崇尚才智、以智启民所导致的恶果:它不仅使天下纷争不已,还使民众难以治理。所以《老子》说:"以智治国,国之贼。"(六五章)

老子认为,为学是可以增长知识的,但是,它是背离大道的。因此,要体认自然大道,必须减知识;不断地减损知识,就可以无知;无知也就是愚。这种愚的心态,就是自然的状态,这是通过绝学弃知、返朴归真后所获取的一种自然境界。这样,就可以体会自然之道,并循自然无为之道而行。

(3)理想人格——圣人的人生态度

虽然老子晚年退隐而做了"隐君子",但是,从他的思想立场看,他却是积极入世的。他不仅怀有治国安邦的伟大抱负,提出了"小国寡民"的政治理想,而且在他的人生哲学中,依据"道法自然"的原则,提出了理想人格的处世方法，充分显示了老子的人生智慧。

守柔处弱 圣人守柔处弱的人生态度，是老子依据"柔弱胜刚强"的原理而提出来的。上文已经指出，老子是从自然、人事和历史的直观中体悟到了"柔弱胜刚强"的哲理。例如《老子》说：

> 人之生也柔弱，其死也坚强。万物草木之生也柔脆，其死也枯槁。故坚强者死之徒，柔弱者生之徒。是以兵强则灭，木强则折。强大处下，柔弱处上。（七六章）

意思是说：人活着的时候，肢体是柔软的，而死后却变得坚硬僵直。草木生长着的时候，枝叶柔嫩，而枯死后则干硬坚脆。水可以说是天下至柔之物，但是它却能滴水穿石，穿透任何坚硬的东西。可见，刚强是衰老、死亡的征兆，而柔弱则是生命力的象征。

所以，圣人应当守柔处弱，不可逞强好胜。因为柔弱是生的法则，所以，守柔处弱可以保全生命，延年益寿。因此《老子》说："勇于敢则杀，勇于不敢则活。"（七三章）意思是：勇于表现坚强的人，就会丧生；勇于表现柔弱的人，反而能够保全生命。现实中，那些刚强者自恃刚强，往往要遭到众人的非议、攻击和陷害，甚至必欲除之而后快，所以"强梁者不得其死"；而柔弱者，因为其柔弱，反而会得到人们的同情、怜悯和支持，从而远离祸患，得以保身全性。

在老子看来，统治者的严刑峻法、穷兵黩武、巧取豪夺、生活奢靡，就是他们逞强的表现。老子告诫统治者，如此逞强好胜是不可能长久的。因为人民是不怕死的，统治者的暴政必然要导致民众起来反抗，所以，圣人施政治民，当示之以柔弱：自然无为，谦下不争，以百姓心为心，常善救人。用这种表面上看似柔弱的方法治民，不仅能够消灾避祸，而且可以使天下走上正道。

这种不逞刚强而示以柔弱的圣人可以说是做到了"方而不割，廉而不刿，直而不肆，光而不耀"（五八章）。这就是说：圣人虽然方正，但不割人；虽然清廉，但不伤人；虽然正直，但不凌人；虽有光辉，但不耀眼刺人。事实上，作为具有崇高地位的圣人，其方正、清廉、正直、光明的品行，不免要伤害于人；但是，因为他同时能够不割、不刿、不肆、不耀，也就是能够做到不锋芒毕露，不自恃刚强，所以既不会伤人，自己也可以免灾避祸。

谦下不争 谦下不争是老子理想人格的又一重要处世原则。老子曾以水的利物、不争、处下三种特性，比喻道也有善利万物、不争、处下的特点。在老子看来，法道的圣人当然应把谦下不争作为自己处世的法宝。以谦下不争处世，可以取得积极的成效。老子曾以江海为喻，说江海之所以能成为百川之王,是因为它善于处在低于百川的卑下之地。所以,圣人要想身居万民之上,必定要以言辞谦居他们之下;要想身居万民之前,必定要以身退居他们之后。这样一来,圣人虽居上位,而人民毫不感到负担;虽处人民之前,而人民也不感到有害。于是天下人都乐于拥戴他,而不厌弃他。由于他不与人相争,所以天下也无人与他相争。老子还说,圣人把自己置于万民之后,反而能居于万民之前;把自己的生命置之度外,反而能保全生命。可以看出,老子的所谓谦下,并不是永远处下,而是通过处下达到居上的目的;所谓不争,也不全是消极退守,而是通过不争达到争胜的目的。

以谦下不争的态度来处理国与国之间的关系,便可以使大国与小国和平共处。《老子》说:"大国以下小国,则取小国;小国以下大国,则取大国。故或下以取,或下而取。大国不过欲兼畜人,小国不过欲入事人。夫两者各得其所欲,大者宜为下。"(六一章)意思是:大国如能以谦下对待小国,就可以取得小国的归顺;小国如能以处下对待大国,就可以取得大国的保护。这样,大国和小国各得其所欲,从而友好相处。

功成身退 这也是老子所设计的一种理想的处世之道。在老子看来,产生万物的大道,对依靠它而生的万物并不发号施令、统治它们;它创生万物的功业完成之后,也不居功,而让万物自我化育、自我发展;它养育了万物,却不主宰它们。这表现的就是退隐无名的道的伟大。作为圣人,也应该以天道为法,"生而不有""为而不恃""功成而弗居""为而不争""功成身退"。在社会上,我们常常看到,有些功成名就的人不仅居功自傲,而且还要去求更大的名,取更多的利,争更高的功,而这恰恰是逞强好胜。因为"坚强者死之徒""物壮则老",所以,那些居功自傲、肆意妄为的人就必然要招致灾祸,甚至会导致自我灭亡。遵循自然之道的圣人做到了功成身退,因此他"不自见,故明;不自是,故彰;不自伐,故有功;不自矜,故长"(二二章)。这就是说:圣人不自现其尊威,因而其尊威自明;不自是其高贵,因而其高贵自彰;不炫示功绩,因而有功;不自恃其能,因而可以长生久视。

8.《老子》"无为而治"的政治思想

老子所处的春秋末期,正是社会发生大变革的时期。在社会的转型期,原来的政治制度、法令礼仪已不适应变化了的社会现实,而统治者为了稳固其统治,便采取各种手段和途径来治国安民。然而,由于统治者为了自身的私利而恣意妄为的行径,使政治更加腐败,社会愈加混乱。作为周守藏史的老子,通过历史的反思和对现实的剖析,在对现实政治批判的基础上,提出了解决现实社会政治危机的方案,并设计了理想的小国寡民社会。

(1) 无为而治

老子生逢乱世,他最关心的问题就是人生和政治问题,老子的学说可以说全是为了解决这些问题而立的。老子为解决政治问题所提出的"无为而治"的政治原则,从其理论上看,是源自"道"的"自然""无为"等特性,而从其实践上看,是对现实"有为"政治的反对。

老子认为,"道"具有"自然""无为"的特性。"自然"一词在《老子》中共出现五次:

> 悠兮其贵言。功成事遂,百姓皆谓我自然。(一七章)
> 希言自然。故飘风不终朝,骤雨不终日。(二三章)
> 人法地,地法天,天法道,道法自然。(二五章)
> 道之尊,德之贵,夫莫之命而常自然。(五一章)
> 是以圣人欲不欲,不贵难得之货;学不学,复众人之所过,以辅万物之自然而不敢为。(六四章)

前文已经指出,这里的"自然"并不是指客观存在的自然界,而是指一种不受强制力量主宰而顺任自然的状态,它是"本来如此""自己如此""自自然然""自然而然"的意思。就道而言,它创生万物,周流而不息,是"自己如此"的;就道对物(包括人)而言,它生养万物(包括人)而不居于主宰位置,而是处于辅佐的位置任凭万物"自己如此"地自然生长。如此,"道"便禀有"无为"的特性,或者说"自然"之"道"显现为"无为",所以老子说"道常无为而无不为"(三七章)。

《老子》一书有一个明显的特点,就是几乎每一章都先论"道"之一般原理,后以"人(事)"证之。因此,老子在此讲"自然""无为",与其说是对"道"的,不如说是对"人(事)"的更为确切。政(事)乃人事之一,"道"自然无为,"德"也无为,尊道贵德之政(治)也应"无为"。

在老子的哲学体系中,"侯王"被赋予了至高无上的地位,他们是拥有万乘之国的君主,也是万千臣民的最高领袖。老子所倡导的"爱民治国"理念,其核心指向正是这些身居高位的侯王,因为他们的决策与行为直接影响着国家的安定与兴衰,被视为治理国家的关键所在。因此,老子提出的一系列关于国家安宁与治理的主张,均是针对侯王阶层而发的。

老子认为,现实中的侯王们往往推行"有为之治",这种治理方式已显现出诸多弊端,并对社会造成了深刻的负面影响。他通过《老子》一书指出,当世间遍布禁忌,民众的自由被束缚,生活来源被切断时,社会贫困加剧;统治者若过分追求利益与智巧,则会导致邪恶横行,社会动荡不安;法令的严苛非但没有减少犯罪,反而激发了更多的盗贼。

更甚者，老子批判了统治者横征暴敛、加重税赋的行为，认为这是导致民众饥饿与反抗的根源。他描绘了一幅生动的画面：统治者宫殿富丽堂皇，田地却荒芜，粮仓空虚；统治者自身却身着华服，佩带利剑，享受美食，财富堆积如山。这种行为在老子看来无异于强盗行径，严重违背了"道"的原则。

当统治者的无道行为达到极端，剥削压榨使民众走投无路时，民众将不再畏惧其权威，甚至不惜以生命为代价进行反抗。老子警示说，当民众不再畏惧统治者的威势时，真正的危机就将到来；而当民众连死亡都不再惧怕时，任何以死相逼的手段都将失去效用。这便是当时"有为之治"下侯王面临的严峻现实。

综上所述，老子的"有为"并非指积极合理的作为，而是指那些违背自然规律、强作妄为的治理方式，它所带来的后果是灾难性的。既然"有为"之治并不能达到天下大治，老子以其"正言若反"的逻辑，提出了"无为而治"的政治原理。

"侯王"之治可以上升为"圣人"之治，其条件即实行"无为而治"的政治原理。侯王怎样才能实行"无为而治"呢？这里有必要对老子"无为"的内涵作一分析。"无为"观念是老子政治学说中的核心观念，"无为而治"是"无为"的自然延伸，下面结合"为政"来阐释一下老子"无为"

的内涵。

无事:"无为"即"无事" 《老子》说:

> 以正治国,以奇用兵,以无事取天下。吾何以知其然哉?以此:天下多忌讳,而民弥贫……法令滋彰,盗贼多有。(五七章)

老子所说的"无事"是针对"有事"说的,"有事"是指统治者设禁忌、制法令之事。以此繁苛政举治国,不但不能使民富国强,甚至走到愿望的反面,即百姓饥贫,天下混乱而无道,所以老子说"有事""不足以取天下"(四八章)。老子并不是完全不要"有事",他还是主张"事"的,他说"圣人处无为之事"(二章)、"事无事"(六三章)。老子所倡导的是"无事"之"事","无为"之"事",亦即不"过"之"事"。在老子看来,道是自足的,万事万物也是自足的;人和万物都能自行其事,而不需要干预、扰乱它。物如此,人更如此。人是万物之灵者,他有自由意志,有自我选择而自行其事的能力,自由是他的天性。如果统治者通过烦政扰民,钳制老百姓,自然就违背人的意愿。人人都把统治者看成异己的力量,就会进而排除之。老子肯定人民自治自生的能力,实质上是对自由的肯定。

静(清静):"无为"即"静" 《老子》说:

> 静胜热,清静为天下正。(四五章)

静为躁君。(二六章)

我好静,而民自正。(五七章)

这里的"静"与"躁"对举,"躁"即"躁动",有行动于外且"躁"不可待,如老子指出当时统治者在生活上追逐声色货利,穷奢极欲,在政事上以苛刑重税压榨、盘剥民众,骚扰百姓,都是统治者轻率急躁作风的体现。"静"即"清静"。"清静"指人的静定心境状态,静到极致,便可观物知化。统治者以清静治国则"民自正",从而达到"天下正"。在此,老子所倡导的清静治国的原则,实际上就是无为原则,所以后人常把"清静"与"无为"连说,称老子的"无为之治"为"清静无为之治"。老子深明"以静制动"的辩证道理(动极而静,静极而动),并奉之为治国的政治原则。

无欲:"无为"即"无欲" 要做到清静无为,首先必须无知(智)无欲。贪欲不仅是人生的大敌,也是治国者的大敌,它是造成社会罪恶和灾害的源头。《老子》说:"咎莫大于欲得。"(四六章)正是统治者的居功自傲、贪图享乐,以及无限的占有欲和权势欲,导致了国家的衰败和混乱。因此老子主张为政者应当"少私寡欲",不推尚"可欲",如此而使百姓"虚心""实腹""弱志""强骨",做到无知无欲,心不乱,不争斗,不为盗,从而达到天下大治。老子并不是要统治者绝对的不欲,而主张以不欲为欲即"欲不欲"(六四章),这是指的不"贪欲",不"过欲"。实际上老子还肯定统治者合理的"欲":是以圣人"欲上民,必以言下之;欲先民,必以身后之"(六六章)。人不可能没有欲望、需求,统治者也有其欲求。老子要求统治者的欲求必须合理,即合于"欲不欲"之道。"无欲"才能"无为"。无私人之贪欲,以百姓之欲为欲,以百姓之需为需。百姓各满足其欲求,从而自正、自化,统治者的"治"之目的也就达到了。

柔弱:"无为"即"柔弱" 老子"柔弱"的主张,是建立在他对柔与刚、弱与强的辩证理解上。《老子》说:"弱之胜强,柔之胜刚,天下莫不知,莫能行。"(七八章)老子认为,柔与刚、弱与强这两对矛盾是相互依存、相互转化的。从事物的内在发展过程来看,当其处于刚、强的时候,就预示着向柔、弱转化;相反,当其处于柔弱的地位时,由于包含无限生机,所以最终可转化为强。因此,统治者应当守柔弱而不应当逞刚强,以此治国,便可无敌于天下,并且国家也可长治久安。若统治者对其民用强,则民以强对强;民力大于侯王,则使王弱,从而国弱,天下弱。若对外逞强,则战争将耗尽国之所有(人、财、物)而势必使陷于弱。因此,以柔弱之道治国,则国强大。争取和平、民主之途是对内不逞强,对外不称霸,表面看似柔弱,实质上这才是强大之途。

见微:"无为"即"见微" 老子看到了客观事物的发展都有一个由小到大、由弱而强、由易而难的自然过程。如老子观察到由细微萌芽到合抱之木,由一筐土到九层之台,由脚下一步到千里之行(六四章),这是一个由量变引起质变的过程。因此,他主张圣人解决困难从容易处着手,处理大小事都从细小处开始。对于轻易而图难、忽细而为大、好高骛远、逞强好胜的"有为"行为来说,这就是"无为"。正是基于这种认识,老子提出了"为之于未有,治之于未乱"的原则:

> 其安易持,其未兆易谋,其脆易泮,其微易散。为之于未有,治之于未乱。(六四章)

在这里,老子提出了未雨绸缪、防微杜渐、防患于未然的问题,强调安而不忘危,存而不忘亡,治而不忘乱。由此也可以看出,老子的无为并非无所作为,而是以"无为"求其"无不为"。因为,"圣人终不为大,故能成其大"(六三章)。

综上所述,老子政治意义上的"无为"包含着十分丰富的内容:无事而无扰,清静而不躁驰;无欲而安逸,柔弱而不逞强;为易、小而不为难、大。这些内容既体现了为政者行"无为之治"所必须具备的条件,同时也展示了老子"无为而治"的政治理想。

首先,老子的"无为而治"并非消极的"无为"。有些人称老子的"无为而治"为"无治主义"。事实上,从政治思想角度看老子"无为"的含义,都说明老子的"无为"是"以无为为",即"为无为"。"无事"不是"绝事",即什么事也不干,而是"事无事",不可执事以扰民。"为之于未有,治之于未乱",老子也强调"为",重视"治"。从根本意义上讲,老子的政治思想即关于如何"为治"的学说,《老子》五千言可以为证。老子的"无为而治"有其独特的表达方式,即"正言若反",这与常人的言行截然相反。陈鼓应说:"老子和孔子一样是入世的,只是入世的方式不同罢了。"(陈鼓应:《老庄新论》,上海人民出版社,1992)既然是入世的,就不可能不为,因为,为是人类生存发展的前提和基础。在《老子》中,无为是手段,有为是目的,无为而治是手段和目的的统一。

其次,由老子"无为而治"提倡的"自化"思想,包含着鲜明的政治自由、民主的思想。在统治者与被统治者即人民之间,老子主张统治者应遵从自然无为之道,奉行清静无为之治,相信老百姓有"自治"的能力,让人民自我化育,自我发展,自我完成。《老子》说:

> 我无为,而民自化;我好静,而民自正;我无事,

而民自富；我无欲，而民自朴。（五七章）

这是对人民的个体人格的充分、大胆的肯定（并暗含有以人民为主的思想）。正如陈鼓应所说："老子自然无为的观念，运用到政治上，是要让人民有最大的自主性，允许特殊性、差异性的发展。也就是说允许个人人格和个人愿望的充分发展……"（陈鼓应：《老庄新论》，上海人民出版社，1992）人民能够"自治"，而不需要在上者的专断强"治"；人民能够"自化"，也不需要外在力量的干预，即"他化"。人民的"自治""自化"也是循道而行，并非恣意妄为，犹如统治者循道而行"无为之治"一样。所以，老子"无为而治"的思想，既不会导致无政府主义，也不会导致绝对自由主义。

老子的人民自治的主张，与其民本（以民为主）思想是一致的。《老子》说：

> 圣人无常心，以百姓心为心。善者，吾善之；不善者，吾亦善之，德善。信者，吾信之；不信者，吾亦信之，德信。（四九章）

老子认为，圣人治国当以民心为本，不可以一己之是非善恶标准扰民。不管老百姓的善与不善、信与不信，一律待之以善、信。这样，人民便乐于拥戴（推）他为王。所以《老子》说：

江海所以能为百谷王者,以其善下之,故能为百谷王。是以欲上民,必以言下之;欲先民,必以身后之。是以圣人处上而民不重,处前而民不害。是以天下乐推而不厌。(六六章)

江海处下,百川汇归,所以能成为百川之"王"。圣人要居上位统治、领导人民,就应当以谦恭的态度对待人民,使人民并不感到自己受压、受害。这样,人民就乐于推戴而不厌弃他。圣人尊重人民,人民也以敬仰之心回敬他,使上下和谐一致,社会秩序井然、国泰民安。显然,老子是想用上下、先后的对立统一关系来解决统治者与被统治者之间的矛盾。所谓"言下之""身后之",便是圣人(君主)的不争之德,又是他的"无为"之道。老子希望通过提高人民的地位,来消解上下之间的矛盾对立,应该说这是最高智慧的治术。

第三,老子的"无为而治"的政治论既是自然主义的,同时也是德治主义的。圣人(理想的治者)"尊道而贵德",循道、德之自然而为治。但是在老子看来,侯王只是循道而行不足以"为治",还必须抱道"为天下式"。这样,人民也便有了行为的楷模。圣人之所以能够成为天下的楷模,得"道"固是最根本的条件,但同时必须具备最普通的德性,诸如奉公无私、宽而爱民、虚怀若谷、谦下不争等等。

老子曾讲到修德的过程。实际上，老子的政治思想也是以"德"为依归，而弃礼治与法治的；德是最根本的，而礼法只是达到"治"的工具。在德治这一点上，儒、道是一致的，都是对西周以来"德"治传统的继承。所不同的是，孔子以礼限制补充"德"，而老子则以自然无为之道来规范"德"，从而使各自的政治理论显示出自身特点。老子的"道化""道治"，是"因物而为""因物而治"，这是自然主义的，但并不否认、放弃"德治"。德治传统是自西周以来的优良传统，孔子继承之，老子扬弃之（以自然无为之道扬弃）。老子"德治"的特点，是崇尚"大德""玄德"，而否认、放弃"下德""小德"。

第四，老子的"无为而治"中包含着权术思想，如为了达到治乱之目的，采用"无为"之术。这种"无为"，表面看来好像是"不为"，但其实质是要"无不为"。这种统治术当然是为当时统治者出谋献策的。但从一般的意义上讲，这种无为而治的学说是对西周以来关于治道的一种概括总结，表明当时人类政治智慧所达到的高度，具有很高的政治价值，并且揭示了人类文明发生大变动之后一种治国的方略，如汉初统治者用"无为而治"的治国策略就是很成功的。因此，不可过于低估这种无为之术的历史价值。

（2）社会批判思想

春秋时代，统治阶级为了自身的利益，相互间尔虞我诈，穷兵黩武，对老百姓巧取豪夺，弄得人民不堪于生，老子对统治者的残暴统治和掠夺行为作了深刻的批判。同时鉴于西周以来的宗法封建制度弊端丛生，从而周礼也渐渐丧失其意义，老子就对周制及其礼义文化提出批判。老子这些批判，目的在于寻找解决时代的危机和灾难的途径，结束天下无道的混乱局面，使人民过上安居乐业的幸福生活。

首先，老子认为统治者的横征暴敛是导致人民贫困饥饿的罪恶行径：

> 天下多忌讳，而民弥贫……法令滋彰，盗贼多有。（五七章）

统治者所行的繁苛政令和禁忌，绑住了人民的手脚，人民无致富的行动自由，因此陷于贫困之中。但是统治者却通过加重赋税的办法，搜刮民膏，自己过着"服文彩，带利剑，厌饮食，财货有余"（五三章）的奢靡生活，而人民却"田甚芜，仓甚虚"，在饥饿与死亡线上挣扎。所以《老子》说：

> 民之饥，以其上食税之多，是以饥。（七五章）

人民不愿长期忍受饥苦,为了能够生存下去,宁愿牺牲生命也在所不计:

> 民之轻死,以其上求生之厚,是以轻死。(七五章)

显然,老子之言道出了处于受压迫、剥削的下层人民的不平心声。因为,统治阶级追求声、色、货、利、福、禄,过着极度奢靡的生活,而人民却在死亡线上挣扎,老子称这些巧取豪夺的统治者是强盗头子,是不讲人道的人间罪魁。

老子不仅揭露了统治者搜刮民膏、巧取豪夺的罪恶,而且还对统治者推行严刑峻法进行了鞭笞。老子说,人民本不堪忍受饥饿,加之受严刑峻法的桎梏,只好纷纷起而做"盗贼";人民起而做盗贼,是对专制的统治者的绝妙的批判。因为他们不惜代价,甚至运用逼良为娼的残暴手段,将人民推向绝路,成为"无德司杀"的杀人者。因此老子正告那些统治者:

> 民不畏死,奈何以死惧之?若使民常畏死,而为奇者,吾得执而杀之,孰敢?常有司杀者杀。夫代司杀者杀,是谓代大匠斫。夫代大匠斫者,希有不伤其手矣。(七四章)

> 民不畏威,则大威至。(七二章)

人民是不怕死的。当人民不再畏惧统治者的嗜杀之威时，就要奋起反抗了。这对统治者来说，"大威"就要到了。这既是对统治者迫使人民走向死途的残暴行径的强烈抗议，也是对人民力量的肯定。"水能载舟，亦能覆舟"，实际上，老子看到了人民反抗压迫的威力是巨大的。

其次，是对仁义礼智的批判。以孔子为代表的儒家知古察今，鉴于周代的礼崩乐坏，主张通过对"周礼"之损益而使之成为当时天之治道，表现出对周礼的积极继承性。子曰："周监于二代，郁郁乎文哉！吾从周。"(《论语·八佾》)孔子赋予仁、义、礼、智以新的内涵，使之成为社会普遍接受的道德规范，也成为统治者治国安邦的基本原则。老子与孔子的积极入世态度不同，通过深沉的历史反思，对孔子所倡导并为当时社会所遵奉的仁、义、礼、智、道德文化，进行了深刻的揭露和批判。

仁义 "仁义"是孔子儒家的核心概念。在孔子的思想体系中，"仁义"有着十分广泛的、具体的内容，但从总体上说，它是一种伦理道德行为规范。自西周至春秋末年，"仁义"逐步演变发展为社会制度和社会意识形态的主导方面。不满意于当时社会现实的老子很自然地把社会批判的矛头首先指向了"仁义"。

老子首先指出了"仁义"是由于自然纯朴的"大道"

被废弃以后产生的,他明确提出了"大道废,有仁义"(一八章)的命题,并以此作为批判当时"天下无道"的社会现实的出发点。

老子所讲的"仁义"与儒家所说的"仁义"既同又异。"仁"在儒家,表示"亲亲""爱人",孔子说"仁者爱人",老子也说"与善仁"。在儒家,"义"者宜也,老子也讲"义"的规范义。在孔子那里,对"仁义"只作横向考察,而老子则注重仁义的相依相生关系即作纵向的分析。在孔子那里,"仁义"主要是作为行为规范,而在老子这里,"仁义"不仅具有道德规范义,而且上升到政治原则的高度(将"仁义"政治化),成为治道原则。

在老子看来,大道废弃,人丧慈孝之心,而"仁义"正是通过强制的形式规范人们的行为,妄想使人们走上纯朴之道。这就背离了人性,背离了自然之道。正因为如此,老子才呼吁人们"绝仁弃义,民复孝慈"(一九章),认为使亲慈子孝皆出乎自然而无私,才见其自然之爱和纯朴之情。从理论上讲,老子要抛弃的是儒家的有伪的"仁义",而倡导一种无伪(为)的真正的"仁义"。

礼智 "礼"起源于原始的巫术礼仪,经夏、殷至周,已发展成为包括典章、制度、规范、仪节在内的系统整体。因此,孔子所拥护的"周礼"就具有伦理的、政治的行为规范和社会政治经济制度的双重含义。孔子有鉴于当时"礼崩乐坏"的社会现实,希望通过重整"礼"制,恢复社会的秩序。老子对"礼"的态度不同于孔子。首先,老子认为"礼"是"义"失落之后出现的。其次,认为"礼"是导致道德沦丧、社会混乱的根源,要想保持社会和谐的秩序,通过重整礼制是不可能的;相反,必须彻底抛弃"礼"才能做到。老子从道德的、政治的层面揭示了"礼"对人的异化,以及为恢复人性所必须进行的努力。

关于"智",《老子》是这样说的:

> 常使民无知无欲,使夫智者不敢为也。(三章)
>
> 智慧出,有大伪。(一八章)
>
> 绝圣弃智,民利百倍。(一九章)
>
> 人多伎巧,奇物滋起。(五七章)
>
> 以智治国,国之贼;不以智治国,国之福。(六五章)

显然,这里的"智"或"智慧"并不是我们现在所说意义上的"智慧",而是指"智巧""私智",即"巧伪"之"智"。因此,老子揭露的是"智"("智慧")的负面意义:人多"巧伪",恶事、坏事自然生出;以智巧治国则国乱,这是国家的灾祸;不用智巧治国,才是国家的幸福;绝弃智巧,民归真朴,国归大道则国安;等。老子生当乱世,对统治者推尚"巧伪"之"智"所带来的罪恶所感甚深,所以大声疾呼"绝圣弃智,民利百倍"。

老子由对智巧的否定，进而对"知""学"等一切标志人类社会文明进步的因素都加以抨击。他说，"绝学无忧"（一九章）；"学不学，复众人之所过"（六四章）；"知者不博，博者不知"（八一章）。老子的绝学弃智的主张，是他看到当时统治者运用文明的成果，即知识、智慧反而导致祸乱的现实，从而得出的极端看法。这是对人的异化现象的深刻揭示。但是，老子并没有认识到知识在推动社会发展和文明进步中的巨大力量，这是他的局限所在。

总之，老子对包括仁、义、礼、智、学在内的社会文明的批判，既包含强烈的人性和人道的感性内容，但同时又表现出反文明、反人类的特征。这种看似矛盾的现象，在老子思想中其实是统一的。老子的所谓反文明，实在是对当时异化的社会现实的反动，其人道思想则凸显了老子人本主义的内蕴。

（3）小国寡民的理想社会

先秦的思想家们都生活在一个新旧交替的社会大变动时期，他们审视现实，反思历史，从各自不同的立场以怀古的方式描绘了不同理想的社会蓝图。孔子儒家的理想社会，从后来儒家经典《礼记·礼运》的描述来看，分为"大同"与"小康"。"大同"社会是一幅理想化了的传说中的尧舜时代的原始图景，其特征是"天下为公""选贤举能",而"小康"之世则是继原始社会之后的夏、商、周三代相继而起的阶级社会的"盛世"景象。孔子曾说过"吾从周""为东周"的话,并且《论语·卫灵公》载:"颜渊问为邦。子曰:'行夏之时,乘殷之辂,服周之冕。'"这表明,孔子理想社会的近期目标是通过克己复礼而回复到周代。同时,我们也可以看出,孔子对古代历史的发展也作了阶段性的划分,即尧舜、文武、春秋三个时代。尧舜即大同之世,文武即小康之世,他所处的春秋之世是失道之世。

与孔子儒家一样,老子也认识到了人类历史演进的逻辑。例如《老子》说:

> 太上,下知有之;其次,亲而誉之;其次,畏之;其次,侮之。(一七章)
> 大道废,有仁义;智慧出,有大伪。(一八章)
> 失道而后德,失德而后仁,失仁而后义,失义而后礼。夫礼者,忠信之薄而乱之首。(三八章)

行大道的"太上"之世,人们仅知道有"治者"的存在而已;后来道虽然已被丢弃,但治者仍能施治以"德""仁",人民还亲近他,赞誉他;再之后,"治者"通过礼义法令来治民,老百姓就有些害怕了;等到君主滥施暴政,人民不堪忍受时,老百姓就要奋起反抗统治者。显然，老子在这里是从时代政治、道德面貌的变化来考察和确定人类历史的演进的。老子看到了人类历史发展的过程，是道德日益堕落、政治日益衰退的过程。由于老子看到了人类历史的演进是一个每况愈下的日益堕落的过程，因此，他把他的理想社会推到远古之世。

老子是这样描述他的理想社会的：

> 小国寡民，使有什伯之器而不用，使民重死而不远徙。虽有舟舆，无所乘之；虽有甲兵，无所陈之；使人复结绳而用之。甘其食，美其服，安其居，乐其俗。邻国相望，鸡犬之声相闻，民至老死不相往来。（八〇章）

在这里，老子描绘了一个与世隔绝的，虽拥有初始的文明（什伯之器、舟舆等）而又不受文明之累、文明之害（"无所乘之""无所陈之"）的素朴的理想社会图景。这样的一个理想社会，其物质生活是十分简单的。人们"日出而作，日入而息，凿井而饮，耕田而食"，在以农为主的、封闭的国度中，过着自给自足、自由自在的田园生活。这里没有战争，没有剥削和压迫，没有人为的灾祸，人们都满意于他们的衣食住行，安居乐业；这里世风淳朴，道德淳厚，人与人之间没有尔虞我诈之争斗，精神生活恬淡自适。因此，这样一个近似世外桃源式的社会图景，实际上是老子为当时的人们所提供的一个乌托邦。

由于当时政治制度和社会日趋僵化，变得停滞、颓废和腐化，老子对此产生了强烈不满，而这些不满情绪又促使他憧憬在现实世界之外有一个美好的世界，希望有一个理想的人类社会。可以看出，老子所设想的小国寡民的理想国，具有强烈的社会批判价值和超时代的理想价值。但是，不能不看到，老子的理想社会，只求稳定，不求发展；为了稳定，甚至不惜以停滞、倒退为代价。所以，老子企图回到原始的、自然的社会状态中去的理想，不仅显示了它的乌托邦性，也表明了老子倒退的历史价值观。

二 《老子》与政治

1. 诸子百家,归于治道

中国传统文化具有"实用理性"的特色,总是政治与自然的一体化。《老子》一书以哲理著称,充满了丰富而深沉的睿智之言。陈鼓应认为:"《老子》五千言多在谈论政治,以深奥的哲学义理作为理论的依据。"(陈鼓应:《道家的人文精神》,中华书局,2012)老子所说的"道",既是自然的,更是人事的,最后都要落脚在政治上。因此,老子思想体系同诸子百家一样富于治道色彩。司马谈《论六家要旨》说:"夫阴阳、儒、墨、名、法、道德,此务为治者也。"(《史记·太史公自序》)尽管各家歧论纷纭,势同水火,但百虑而一致,殊途而同归,目标都是一样的,即探求社会的治乱之道,差别和不同在于达到目标的手段。

老子思想的特点是由天道而人道，借天道阐明治道。既然"天之道，不争而善胜，不言而善应，不召而自来，繟然而善谋"（七三章），治国的圣人也应该是"道"的化身，"圣人处无为之事，行不言之教"（二章），"为而不争"（八一章），"以辅万物之自然而不敢为"（六四章）。归结为一点，老子主张实行"无为政治"。

老子的"无为"貌似消极，实际是"无为而无不为"，还是要"为"。人类进入阶级社会，就出现了"君"这种最高统治者。"君"仅凭一人的聪明才智来治理国家，控制广大地区的人民，长期巩固统治地位，并不是一件简单的事。因此，诸子百家都力求为君主寻求统治之术，提供种种可供选择的方案，老子道家亦然。《汉书·艺文志》说："道家者流，盖出于史官，历记成败存亡祸福古今之道，然后知秉要执本，清虚以自守，卑弱以自持，此君人南面之术也。"

什么叫"南面术"？中国的房屋建筑坐北朝南，冬天向阳避寒，夏天迎风纳凉。天子朝会群臣，尊者皆面南而坐，群臣自然面向北方。《易·说卦》："圣人南面而听天下，向明而治。"后来"南面"就被引申为帝王君主的统治。董仲舒说："当阳者君父是也，故人主南面，以阳为位也。阳贵而阴贱，天之制也。"（《春秋繁露·天辨在人》）所谓

"南面术",就是君主如何驾驭臣下,控制人民,巩固地位的一套手段和权术。

老子对古代社会各种错综复杂的关系有一种深邃的透视和观照,他提出的不仅是政策思想,而且是一种高度抽象的政治哲学,因而就具有广泛的适应性。但他对统治者献策的方式不是正面的陈言规劝,更不阿谀,而是正题反作,嬉笑怒骂地奉上权谋和治术,采取一种迂回战略。这就使得历史上的多数统治者对道家都采取不即不离的态度,既需要它的君人南面之术,又不把它置于尊位。

先秦时期,道家的无为政治、法家的法治主义、儒家的礼治主义是最流行的三大政治思潮。法家讲法、术、势相结合的极端君主专制,但韩非又承接老子,借用"无为"之说,改造为如何让君主通过"无为"来驾驭臣下之术。汉武帝"独尊儒术"之后,道家的无为政治思想并没有被赶出历史舞台。一方面,那套君人南面之术被统治者不加张扬地全力信奉,以保持自己的权势地位,无数龌龊血腥的宫廷斗争就是明证;另一方面,它的政治哲学又被包容在被奉为正统的儒家学说中,继续发挥作用。

实际上,儒家区别于其他学派的基本特征,不在于哲学理论和政治主张,而在于伦理思想。就哲学理论而言,它可以采纳老子的思想,可以采纳阴阳家的思想,也可以采纳佛教的思想。就政治主张而言,它可以采纳法家的思想，可以采纳墨家的思想，也可以采纳道家的思想。在二千多年的历史发展中，儒家始终没有形成一套定型的哲学理论和政治主张，而是适应不同历史时期的需要，不断地吸收其他各家的思想而改变自己的思想形态。因此，《老子》的政治哲学就成为儒家思想的重要补充，常常被后世的思想家明引暗用。

老子思想对先秦以后封建地主阶级的政治实践和统治理论产生了重要影响。一是所谓君人南面之术，作为一种统治谋略，为各代君主奉为圭臬，沿用不辍；二是一些历经战乱后建立的新王朝，为了巩固政权，往往打出老子"清静无为"的思想旗帜，并采取一些开明的政策，来使人民休养生息、专心生产，以收"无为而无不为"之效。后者尤以汉唐之初最为典型。

2. "国之利器不可以示人"

老子治道的主调是无为政治，即所谓君主"无为而无不为"。但这应该有一个前提，即君主必须具有至高无上的权势地位，或者说对臣民握有生杀予夺的绝对权力。《老子》说："鱼不可脱于渊，国之利器不可以示人。"（三六章）"利器"即国家权力。全句的意思是说，鱼的生存离不了水，君主也应握有权势而不能大权旁落。

司马迁在《史记》中把"老、庄、申、韩"四人同列一传应该说颇具眼力,道法两家有一种思想体系上的近缘关系。战国秦汉的"黄老之学"实际是"道法家",以道为主大量汲取法家思想;而法家的大人物韩非也大讲君主无为,并有《解老》《喻老》之作,用一些史实来阐发《老子》的思想。

《韩非子·喻老》说:

> 势重者,人君之渊也。君人者,势重于人臣之间,失则不可复得也。简公失之于田成,晋公失之于六卿,而邦亡身死。故曰:"鱼不可脱于深渊。"赏罚者,邦之利器也。在君则制臣,在臣则胜君。君见赏,臣则损之以为德;君见罚,臣则益之以为威。人君见赏,而人臣用其势;人君见罚,而人臣乘其威。故曰:"邦之利器,不可以示人。"

韩非用春秋末年齐国田常和晋国韩、赵、魏、范、中行、智六家卿大夫以下凌上、夺取政权的史实,来说明君主的"势"是须臾不可旁落的,不然就会造成身死国亡的严重后果。赏罚大权为国之"利器",也只能由君主一人亲自掌握。假如这些权力落到大臣手中,他们趁机收买人心,显示自己的威势,君主就完了。

《老子》说:"重为轻根,静为躁君,是以圣人终日行不离辎重……轻则失本,躁则失君。"(二六章)在这里,圣人指的是精通于治道的君主，轻重和静躁本来也是老子使用很宽泛的两组哲学概念。应用到政治生活中，韩非也有自己的解释。

《韩非子·喻老》说：

> 制在己曰重，不离位曰静。重则能使轻，静则能使躁。故曰："重为轻根，静为躁君。故曰君子终日行不离辎重也。"邦者，人君之辎重也。主父生传其邦，此离其辎重者也。故虽有代、云中之乐，超然已无赵矣。主父万乘之主，而以身轻于天下。无势之谓轻，离位之谓躁，是以生幽而死。故曰："轻则失臣，躁则失君。"主父之谓也。

战国时赵武灵王传国给儿子，自称为主父。但不到四年，由于政治变乱，他被公子成和大臣李兑兵围三个月，活活饿死于沙丘宫。韩非借此说明，君主有权势地位，就是重和静，反之就是轻和躁。有权势地位才有君主的命根，即使对儿子也不能轻易让出，更何况他人！

法家强调君主要法、术、势三者结合，缺一不可，其中术和势的理论都可溯源于道家。战国时期，高举"贵势"大旗的是赵国人慎到。关于慎到的思想历来有不同看法。《史记·孟子荀卿列传》说："慎到，赵人。……学黄老道德之术……故慎到著十二论……"所以从哲学上看，他属于道家。《汉书·艺文志》又把《慎子》一书列入法家类，在政治思想上他又是法家的重要代表人物。慎到长期游学于齐国的稷下学宫，他是最早把道法思想结合起来的人物。

慎到的"势"，包括君主的权力、地位，还有其本人驾驭政治权力的能力。他认为，政治上谁服从谁，不是凭才能、道德或是非，而是看权势大小。他说："贤而屈于不肖者，权轻也；不肖而服于贤者，位尊也。尧为匹夫，不能使其邻家。至南面而王，则令行禁止。由此观之，贤不足以服不肖，而势位足以屈贤矣。"（《慎子·威德》）他认为君臣之间的关系也是由权势决定的，"君臣之间犹权衡也。权左轻则右重，右重则左轻。轻重迭相橛，天地之理也"（《慎子·逸文》）。为了确保权势的威力，最忌讳二元化或多元化，"两则争，杂则相伤"（《慎子·德立》）。

慎到这种权力崇拜和独头政治的理论，符合中国古代权力结构和政治体制的发展趋势。君主想要主操大权，就必须对所有人临之以尊高之势，然后"荦然独行恣睢之心而莫之敢逆"（《史记·李斯列传》）。政治上的需要导致理论的昌盛。《管子·明法解》说："人主之所以制臣下者，威势也。故威势在下，则主制于臣；威势在上，则臣制于主。……威势独在于主而不与臣共。"《尹文子·大道上》说："势者，制法之利器，群下不可妄为。"《荀子·正名》说："明君临之以势，道之以道，申之以命，章之以论，禁之以刑,故其民之化道也如神……"《吕氏春秋·慎势》也说:"位尊者其教受,威立者其奸止,此畜人之道也。故以万乘令乎千乘易,以千乘令乎一家易,以一家令乎一人易。"

在中国古代,君主的南面养威,权势独操,不仅表现在法令赏罚上,也物化在其日常的宫室、宗庙、衣冠、器用上,尽量与众不同,贵多、贵大、贵高、贵文饰色彩,壮其观瞻,养其威重,"以示天子之尊"。

刘邦"不阶尺土之资",由布衣而徒步为天子,不太懂得这些道理。汉初萧何治未央宫,刘邦嫌太壮丽,十分恼火,说:"天下匈匈,劳苦数岁,成败未可知,是何治宫室过度也!"萧何说:"天下方未定,故可因以就宫室。且夫天子以四海为家,非令壮丽亡以重威,且亡令后世有以加也。"(《汉书·高帝纪》)萧何很精通"不极其尊高,则下不知敬上"的帝王之道,这一点拨,刘邦就高兴了。所以,天子建国,无不盛其文物典章,使天下知所畏而不敢犯。

刘邦初登皇帝之位,"悉去秦仪法,为简易。群臣饮争功,醉或妄呼,拔剑击柱,上患之"。儒生叔孙通为他制定群臣朝见之仪,还率领弟子百余人专门在野外演练一个多月。果然在以后的朝会中,通过种种烦琐的程序和礼仪,"自诸侯王以下莫不震恐肃敬","无敢谨哗失礼者"。于是刘邦感叹说:"吾乃今日知为皇帝之贵也!"(《史记·刘敬叔孙通列传》)

帝王宫室高大，藩卫众多，声色华美，不仅是其个人生活的穷奢极欲，也带有明显的政治色彩。《庄子·天道》说："夫尊卑先后，天地之行也，故圣人取象焉。"《荀子·富国》说："为人主上者不美不饰之不足以一民也，不富不厚之不足以管下也，不威不强之不足以禁暴胜悍也。"贾谊给汉文帝上疏说："人主之尊譬如堂，群臣如陛，众庶如地。故陛九级上，廉远地，则堂高。陛亡级，廉近地，则堂卑。高者难攀，卑者易陵，理势然也。故古者圣王制为等列，内有公卿大夫士，外有公侯伯子男，然后有官师小吏，延及庶人，等级分明。而天子加焉，故其尊不可及也。"(《汉书·贾谊传》) 明贵贱之等级以厚天子之势，正是中国君主政治的需要，所谓："王者居四海之上，宜为四海所畏服，故礼须自多厚显德于外，于外亦以接物也。"(《礼记·礼器》，孔颖达疏)

帝王要使人敬畏，其个人的举止形象也很重要。《老子》反复讲君主要"不出户，知天下"（四七章）；"塞其兑，闭其门，终身不勤"（五二章）；"治人事天莫若啬"（五九章）。虽是从"无为政治"的角度而发，但也含有君主自身要养生保养、藏神固基之意。循此，古代的思想家都主张君主要深居而简出。《管子·形势解》说："人主，天下之有势者也，深居则人畏其势……人主去其门而迫于民，则民轻之而傲其势。"董仲舒也认为，君主"深居隐处，不见其体，所以为神也"（《春秋繁露·天地之行》）。

另外，君主在与臣下接触时，必须正其衣冠，尊其瞻视，俨然使人望而畏之。《管子·形势解》说："衣冠不正，则宾者不肃"，"进退无仪，则政令不行"，"且怀且威，则君道备矣"。孟子见梁惠王后，出来对人说："望之不似人君，就之而不见所畏焉。"（《孟子·梁惠王上》）君主仪象不肃，就会使人轻视，就不能令行威立。君主与臣下问答之辞，贵能简要。唐人刘洎说："皇天以无言为贵，圣人以不言为德。老君称大辩若讷，庄生称至道无文，此皆不欲烦也。"（《谏诘难臣寮上言书》）唐代名相李德裕写《王言论》说："夫帝王与群臣言，不在援引古今，以饰雄辩，惟在简而当理。雄辩不足以服奸臣之心，惟能塞诤臣之口。"他举出西汉两个例子，一是丞相田蚡仗着太后势力，要侵占少府之地扩大自家住宅，刚即位不久的汉武帝发怒说："遂取武库！"意思是你干脆把国家藏兵器的武库占了算了。二是大将军卫青为游侠郭解说情，言郭解家贫不应迁徙茂陵，汉武帝说："布衣权至使将军至此，其家不贫。"意思是一个老百姓能搬动大将军，我看他家不贫。李德裕说："此谓简而当理，足使奸臣夺心，邪人破胆矣。"

"国之利器不可以示人"，威重先施，君权可立。这就是老子传授给后代帝王的为君之道。

3. "静观弱用"的君人南面术

"无为"的政治思想是老子最先提出来的,并且作为其理论体系的核心内容。此后,除道家外,法、儒、杂各家都从不同角度接受或采用这一命题,形成战国秦汉一股势力不小的思潮,还对后代的君主政治产生了广泛影响。

老子的"无为",大用有二:存于人君自身则虚心弱志,不为物先;施于天下则简政省事,我好静而民自正。这里先谈第一个层面。

(1)"静观弱用":老子的君人之术

《老子》说:"反者道之动,弱者道之用。"(四〇章)这里虽指对立面的互相转化,但作者似乎更偏爱柔弱的一方。老子认为弱是道最根本的属性,而刚强、进取则与道对立。他的君主统治术主要表现在静观弱用上。刘泽华在《先秦政治思想史》(刘泽华:南开大学出版社,1984)中把它归结为以下几点:

第一,不先言,不先动,静观待变。

老子认为人们面对变和动,不可急躁,要静观待变。《老子》说:"致虚极,守静笃。万物并作,吾以观复。夫物芸芸,各复归其根。归根曰静,是谓复命。复命曰常,知常曰明。不知常,妄作凶。知常容,容乃公,公乃王,王乃天,天乃道,道乃久,没身不殆。"(一六章)这就是说,君道以守静为要，万物的动和变都是暂时的，最终都要回复到静这个老根上，因此能守静而不妄动，有容人之量，有公天下之心，才会终身不出乱子，才可以统治天下。

君主的静观，表现在好恶藏于胸中，不先言，不先动。《老子》说，"圣人处无为之事，行不言之教"（二章）；"我有三宝，持而保之：一曰慈，二曰俭，三曰不敢为天下先"（六七章）；"多言数穷"（五章）。这样后发制人，才能"牝常以静胜牡"（六一章），最终雌弱以静定而胜雄强。

第二，守弱用柔，委曲求全，不争为争。

一般人总认为强胜弱，刚胜柔，所以爱持刚争强。老子却认为，刚强是促使事物迅速走向死亡之途，君主要守弱用柔。

守弱用柔在政治上的表现就是不争。"善者，吾善之；不善者，吾亦善之"（四九章），宽容和迁就对方，即使遇上蛮横无理的对手，也要"报怨以德"（六三章）。这样"处众人之所恶……夫唯不争，故无尤"（八章），委曲反而可以求全，使自己没有灾祸。

但君主决不是奉行好人主义的慈善家。老子的不争只是一种守拙的方式和手段，而是以不争为争，"以其不争，故天下莫能与之争"（六六章），目的是创造条件使对方失败，最终靠迂回战略争胜取强。所以《老子》说："将欲歙之，必固张之；将欲弱之，必固强之；将欲废之，必固兴之；

将欲夺之，必固与之。是谓微明。"（三六章）后人评说老子的谋略全在一个"装"字，确不为过。

第三，知盈处虚，居上谦下。

老子从物极必反的道理出发，认为君主由盈而溢是十分危险的事。《老子》说，"揣而锐之，不可长保。金玉满堂，莫之能守；富贵而骄，自遗其咎"（九章）；"多藏必厚亡"（四四章）。怎么办？一是"保此道者不欲盈，夫唯不盈，故能蔽不新成"（一五章），即保持旧的，不求新的，知足常乐。二是"损有余而补不足"（七七章），防止量变引起质变，就可保持政权的稳定和安全。

知盈处虚体现在君臣关系上，就是居上而谦下。虚就是虚其心，君只有虚其心才能使群臣为君所用。《老子》一一章分别以车轮、陶器、房屋为例，说明只有中空的东西，才能"有之以为利，无之以为用"。君主要虚空，像插轴的车毂；大臣要实有，各司其职，像环绕轴心的30根车辐，这样才能作为一个整体产生车的功用。《老子》又申说，"善用人者为之下"（六八章）；"贵以贱为本，高以下为基，是以侯王自谓'孤''寡''不穀'"（三九章）。君主自谦，才能容人，才能不竭、不灭、不蹶。

知盈处虚体现在邦国关系上，就是"大国以下小国，则取小国；小国以下大国，则取大国"，"两者各得其所欲，大者宜为下"（六一章）。一个"取"字，暴露了老子的真实意图，因为居上而不谦下，就把自己置于众矢之的的位置，发展将不利于己。处上而谦下，不但可以麻痹对手，使之安上，还可以最终取人之国。老子确实是讲谋略的大手笔，"圣人终不为大，故能成其大"（六三章）。

第四，深藏不露，知微治弱。

《老子》说："知我者希，则我者贵，是以圣人被褐怀玉。"（七〇章）这也就是说，君主要掩藏自己的锋芒，不让人知道自己的实力和底细，以防别人窥测。弱用之术是君主的法宝，只能自己用，而不能让对手袭我之道而效仿。老子主张防患于未然，"其安易持，其未兆易谋，其脆易泮，其微易散。为之于未有，治之于未乱"（六四章）。要趁对方还弱小的时候，将其扼杀于摇篮之中。事情太晚了，"民不畏死,奈何以死惧之"？但是,以常情论,"若使民常畏死，而为奇者，吾得执而杀之，孰敢？"（七四章）杀一儆百，这就是治之于未乱。后来朱熹说"老子心最毒"（《朱子语类》卷一三七），道理正在这里。

如果说《老子》一书是智慧和权诈混杂的话，在后世政治生活中则多半被君主作为权术取用。

（2）道家对君人之术的发挥

战国时期的道家直接承继了老子衣钵，但它并不是一个有严密组织的学术团体。在对老子思想的阐扬上，庄周一派和黄老一派又有很大不同。

庄子认为,人的本性就是自然性或原生性,而人的社会性恰恰破坏了它,从黄帝以后的全部历史都是违反人性的。圣主贤君的"治人"造成了"乱人之性",而"圣人已死,则大盗不起,天下平而无故矣"(《胠箧》)。但庄子并不是无君论者,如果"君子不得已而临莅天下,莫若无为"(《在宥》),即所谓"古之畜天下者,无欲而天下足,无为而万物化,渊静而百姓定"(《天地》)。

庄子认为君主无为就是顺从自然。无为,首先就表现在统治者要"无欲",把天下不看作自己的私有物,"为而不有"。不要贪多欲胜造成天下贫困,这样"无天怨,无人非,无物累,无鬼责",就能"一心定而王天下","万物服"(《天道》)。

其次是帝王应具备势而不骄的品性,"势为天子而不以贵骄人,富有天下而不以财戏人。计其患,虑其反,以为害于性,故辞而不受也"(《盗跖》)。庄子虽是从人性论出发,但还是发挥了老子的守柔处虚、居上谦下思想。

再次是帝王应去"有余"而保"平"。庄子提出一种"平均"思想,认为从福、祸的转化来看,"平"与"有余"会产生不同后果。它说:"平为福,有余为害者,物莫不然,而财其甚者也。"(《盗跖》)如果主动与众物"平",则会长保"福"位;反之,"有余"会招来他人嫉妒,大祸降临,身家性命都不可保。这和老子"去甚，去奢，去泰"的知盈守虚思想是相通的。

最后是庄子主张君用天道，臣用人道；君无为，臣有为；君静而臣动。它说："无为而尊者，天道也；有为而累者，人道也。主者，天道也；臣者，人道也。"（《在宥》）道家认为，君主靠一己之聪明劳于治事不但治理不好国家，而且会伤损形体精神，不如尽量利用臣下的才智，垂拱而治，这是君主临驭天下的最高原则。《庄子》说："上无为也，下亦无为也，是下与上同德，下与上同德则不臣；下有为也，上亦有为也，是上与下同道，上与下同道则不主。上必无为而用天下，下必有为为天下用，此不易之道也。"（《天道》）这里的关键是君主要虚其心意，收敛聪明，"故古之王天下者，知虽落天地，不自虑也；辩虽雕万物，不自说也；能虽穷海内，不自为也。天不产而万物化，地不长而万物育，帝王无为而天下功"（《天道》）。尽量利用臣下的才智，督责百官分职任事，也就是君静臣动，"静则无为，无为也，则任事者责矣"（《天道》）。

君主守静无为，决不是无所用心，而只是不亲理庶务，专心于控制群臣，这就是守本持要。《庄子·天道》说："本在于上，末在于下，要在于主，详在于臣。"要指纲要枢纽，详指烦琐冗务，不同职能的区分正是道家"南面君人之术"的核心。这里需要提一下"内圣外王"，此四字首见于《庄子·天下》,反映道家的理政方要。儒家也高倡"内圣外王",但两者的内涵并不相同。儒家后学所标榜的是内以圣人的道德为体,外以王者的仁政为用,体用兼备,各尽极致。《庄子·天下》却说:"是故内圣外王之道,暗而不明,郁而不发,天下之人各为其所欲焉,以自为方。""内圣"就是掩其聪明,深藏而不可测;"外王"就是显其度数,尊高而不可逾,主旨在于阐明老子君主无为之术,是对老子为君之道的一种发展。

战国道家除庄周外,还有以齐国稷下学宫为中心形成的黄老学派。这一派同时尊崇黄帝和老子,要比庄周更热心于政治,并强调在顺从自然的前提下发挥人的能动作用。《管子》一书不出春秋管仲之手,是汇集众家学说、长期形成的一部丛书,其中《心术》上下、《白心》《内业》四篇可看作黄老道书。另外,马王堆汉墓出土的《十六经》《经法》《道原》《称》等四篇古佚书也是战国道家著作。

《管子·心术上》认为,"静因之道"是君主统治术的根本,"有道之君,其处也若无知,其应物也若偶之,静因之道也";"因也者,无益无损也","过在自用,罪在变化"。"自用"指自以为是,"变化"指随意干预事物的发展过程。

君主静因则"因其能言所用也",发挥群臣之智之能,自己掩聪偎智,好恶藏于内,使人难测。《管子·九守》说:

"以天下之目视，则无不见也；以天下之耳听，则无不闻也；以天下之心虑，则无不知也。辐凑并进，则明不塞矣。"听群臣所谈，也有大学问："听之术，曰勿望而距，勿望而许。许之则失守，距之则闭塞。高山仰之，不可极也；深渊度之，不可测也；神明之德，正静其极也。"君主不可随意表态，既不称许也不拒谏，因为"圣人之憎恶也内，愚人之憎恶也外"（《管子·霸言》）。

君主静因的目的是以静制动、以阴制阳。《管子·心术上》说："毋先物动，以观其则；动则失位，静乃自得。"君主先言先动就会性躁心摇，就无法细心观察群臣和局势，动则暗，作则倦，反而被臣下所制。只有漠然内藏机锋，事来而制，物至而应，纷然其若乱，静之而自治。这正是《老子》的静观之术。

君主还要以虚制实。君主虚而无藏，首先指无欲望，有欲望会造成"上离其道，下失其事"。所以君主要戒于持满，要"慎贵""慎民""慎富""慎出""慎入"（《枢言》）等。君主持虚的另一层含意是深藏不露，"不出于口，不见于色，言无形也。四海之人，孰知其行，言深囿也"（《心术上》）。君主越神秘，臣下越难测度，越使众人不敢对君主轻易触犯。《管子》说，"人主不可不周，人主不周则群臣下乱"（《九守》）；"周者，不出于口，不见于色，一龙一蛇，一日五化之谓周"（《枢言》）。

《管子》还提出以心制窍之术,即君无为而臣有为。君为心,可以指挥制动全身,"君之在国都也,若心之在身体也"(《君臣下》)。臣为窍,像眼鼻耳口一样各司其职,"心处其道,九窍循理","心之在体,君之位也;九窍之有职,官之分也"。所以君主之职在督责大臣,而不是代替臣下,"毋代马走,使尽其力;毋代鸟飞,使弊其羽翼"(《心术上》);"君不为五官,五官治。为善者,君予之赏;为非者,君予之罚。君因其所以来,因而予之,则不劳矣"(《九守》)。大臣是任劳任事,君主是任虚任心,"心术者,无为而制窍者也"(《心术上》),即君无为而臣有为。《老子》在七四章中说过,杀人应由专职官员去执行,君主"代司杀者杀",就如同代替木匠去砍木头一样,很少有不砍伤自己手的。

《管子》的君主无为是与大臣相对而言的,反过来君主需要独明独断的最终决策权,不能让群臣染指。它说:"权者,神圣之所资也;独明者,天下之利器也;独断者,微密之营垒也。此三者,圣人之所则也。"(《霸言》)赖此使群臣恐惧,不敢不效忠,这是不能与臣共有的君道。

马王堆古佚书强调政治中应配合使用文武、德刑、刚柔等两手政策。老子过分排斥刚,古佚书主张刚柔并用,"人道曰柔,刚不足以,柔不足寺"(《十六经·三禁》)。不过作者侧重的还是柔,《雌雄节》说持雄节者凶,尊雌节者吉。柔雌的基本点是不争,"柔节先定,善予不争"(《称》)。柔并非绝对柔,而是"以刚为柔"(《经法·名理》);不争也不是绝对不争,而是"常后而不失体"(《十六经·顺道》)。先争者固然凶,但"不争亦无成功"(《十六经·五正》)。所以这里柔是一种谋略,"柔身以寺之时",一旦时机成熟,"当天时,与之皆断;当断不断,反受其乱"(《十六经·观》)。黄老道家学派的这些思想,为汉初的无为政治奠定了理论基础。

(3)法家对君人之术的系统化发展

法家极力倡导君主集权,但作为君主的一种工作方式,在权力高度集中之后,也需要借用老子的"无为之术"来督责和驾驭群臣,既使国家机器高效率运转,又使君主不致大权旁落。老子的人君南面之术在这里被改造和发展为系统的君主统治术。

法家强调法、势、术相结合,缺一不可。法就是公开的法律制度,必须人人遵奉。势指君主的权力地位,是实行君主专制的前提。术就是君主实行统治的方法和手腕。据说"术"的理论是战国时与商鞅同时的申不害强调提出的。申不害是郑国京人,曾被韩昭侯任为相,十五年中兵强国治。《史记·老子韩非列传》说:"申子之学本于黄老而主刑名。著书二篇,号曰《申子》。"申不害认为,如果只注重成文法令,而君主不操统治官吏之"术",就不能防止大臣发展个人势力,对君主专制不利。他说,"君设其本,臣操其末;君治其要,臣行其详"(《大体》)就可以"操杀生之柄,课群臣之能"。这种重"术"理论着眼于巩固君主既得利益,防止大臣篡夺,从一个角度为君主专制提供了思想工具。

韩非是法家思想的集大成者,他主张法、术、势并重。他说:"君无术,则弊于上;臣无法,则乱于下。此不可一无,皆帝王之具也。"(《韩非子·定法》)他继承了申不害关于"术"的思想,说:"术者,因任而授官,循名而责实,操杀生之柄,课群臣之能者也,此人主之所执也。"(《韩非子·定法》)从申不害到韩非,法家关于"术"的思想,都是从老子那里继承下来的。

法家的无为之术主要有以下几点内容:

一是大臣定法分职,君主任人用法。众大臣各有明确的职守界限,不得失职,更不能越职。《慎子》说:"士不得兼官,工不得兼事"(《威德》);"职不得过官"(《知忠》)。《韩非子》说:"明主之道,一人不兼官,一官不兼事"(《难一》);"官有一人,勿令通言,则万物皆尽"(《主道》)。这主要因为官员兼事越职则容易擅权,形成尾大不掉之势,会威胁君主之势。每个大臣只能是国家机器的一个部件,君主才可以把握全体,"事在四方,要在中央。圣人执要,四方来效"(《韩非子·扬权》)。君主不能管事，只要通过察言、观行、考功对大臣分而治之，就可以"垂拱而治"。大臣按照分工劳于事，君主只要任人用法，就可以安然"处佚乐，驰骋弋猎，钟鼓竽瑟……养寿命"(《管子·任法》)，这就是无为而治。

二是尽臣之能，循名责实。法家反对君主用事务主义的方法处理政务，而主张尽量发挥臣下的才智，并用督责之术，使他们把事情干好。这叫作臣子尽力，君收其利，"仰成而已"。

《慎子》认为，君主恃才傲物，事必躬亲，不是聪明，而是低能，"人君自任，而务为善以先下，则是代下负任蒙劳也，臣反逸矣"(《民杂》)。这样做的坏处是臣子不敢"与君争为善以先君"，只好把智慧收藏起来，不但事情干不好，而且君主一有过错，"臣反责君"，有损君主威信。特别是君主平庸无能乱指挥，势必酿成大乱；即使贤德之君，"以一君而尽赡下则劳，劳则有倦，倦则衰，衰则复反于不赡之道也"。所以，君主的职责是用臣，而不是越俎代庖，代臣办事是"君臣易位也，谓之倒逆，倒逆则乱矣"(《民杂》)。

《韩非子》也主张君主要坐收成功，君无为而臣有为。它说："使物者有所宜，材者有所施"；"使鸡司夜，令狸执鼠，皆用其能，上乃无事"(《扬权》)；"下君尽己之能，中君尽人之力，上君尽人之智"(《八经》)。但君主并不是无所事事，"毋失其要，乃为圣人"(《扬权》)，指出君主的首要事情是用人和考课臣下，即所谓循名责实。《申子》说："为人臣者，操契以责其名。名者，天地之纲，圣人之符。张天地之纲，用圣人之符，则万物之情无所逃之矣。"(《大体》)万物指群臣，君主凡事都有明确具体的规定，作为臣下办事的依据。君主进行检查，遵从规定有赏，不执行或超出规定有罚，以此来控制臣下。

三是静因深藏，潜御群臣。法家认为，臣是君和民的中间环节，"明主治吏不治民"，"术"就是君主治吏的专门理论。道家是发明"术"的宗主，法家的研究却最为透彻。申不害继承了老子以静为本的思想，认为"刚者折，危者覆，动者摇，静者安。名自正也，事自定也"(《大体》)。运用于无为之术，就是君主要深藏好恶，不要率先表现出自己的看法，以防臣下钻空子捉弄君主。韩非引他的话说："上明见，人备之；其不明见，人惑之。其知见，人惑之；不知见，人匿之。其无欲见，人伺之；其有欲见，人饵之。"(《韩非子·外储说右上》) 君主最好是假装糊涂，使人莫测，"善为主者，倚于愚，立于不盈，设于不敢，藏于无事"(《大体》)。这是装给人看的，在关键时刻的关键问题上，君主还要大权独揽，决断一切。申不害说："独视者谓明，独听者谓聪。能独断者，故可以为天下主。"(《外储说右上》)

《韩非子》对君主阴谋之术作了进一步阐发。《难三》说："人主之大物，非法则术也。"法是"设之于官府，而布之于百姓者也"，所以越显明越好；而术是君主"藏之于胸中，以偶众端，而潜御群臣者也"，就要隐蔽而不能让人知道。《老子》说："古之善为士者，微妙玄通，深不可识。"（一五章）《韩非子》更认为，君主"道在不可见，用在不可知。虚静无事，以暗见疵"（《主道》）。人主处于静暗，才能了解群臣的忠奸智愚，才不会被大臣所蒙蔽和捉弄。

君主在大臣面前要装得糊涂无知，"听言之道，溶若甚醉。唇乎齿乎，吾不为始乎；齿乎唇乎，愈惛惛乎。彼自离之，吾因以知之"（《扬权》）。君主如酒醉，无知无觉，不言不语，昏昏沉沉使人莫测高深，而骨子里却藏有厉害的手段，使群臣畏之。这样，一方面君主遇事只向臣下要办法，不先言不先动，"任人而不任智"；另一方面，不使臣下窥测到君主的好恶，或投其所好，或掩盖自己，或抓住君主之弱借机图进。否则，由于"人臣之情非必能爱其君也，为重利故也"，所以"君见恶则群臣匿端，君见好则群臣诬能。人主欲见，则群臣之情态得其资矣"（《二柄》），于是"主失其神，虎随其后；主上不知，虎将为狗"（《扬权》），君主反为大臣吞噬，那就太危险了！

君主无为，君主自静，好恶深藏，不先言不先动，这是法家从老子那里借来的法宝。《韩非子·解老》说："所谓治人者，适动静之节，省思虑之费也"；"不敢为天下先，则事无不事，功无不功，而议必盖世。欲无处大官，其可得乎？"

在中国古代君主专制之下，宫廷阴谋权术有极大的市场，常常在权力的再分配上发挥突出作用。但靠"术"驾驭群臣可以奏一时之效，难于从根本上治理好国家。秦二世曾经向李斯学习督责大臣之术，却反而被赵高玩弄，身死国亡，可见人君南面术不是灵丹妙药。

（4）其他思想家论君人之术

诸子百家既然皆归于治道，君臣关系就是他们必然关注的中心问题。君主如何用人，各家尽管具体主张五花八门，但道家主张的因材命职，各司一事，君逸而臣劳的无为之术却为诸家共宗之。除庄、管、申、商外，杂家如《吕氏春秋》"以道德为标的，以无为为纲纪"，连语言都与《老子》雷同之处甚多。即使儒、墨、名诸家，对老子无为之术也无大的异议。所以在中国古代，凡习帝王之术者，则谓之修道德。《汉书·艺文志》说："此君人南面之术也，合于尧之克攘，《易》之嗛嗛。"由于儒家也讲无为，这一旗号就被历代统治者所利用，于是"道德之论，譬犹日月也。江南河北，不能易其指；驰骛千里，不能易其处"（《淮南子·齐俗训》)。

《吕氏春秋》和《淮南子》是道、法、阴阳、儒家思想大合流的产物,故被视为杂家。在"主静""无为"的君人南面术上,它们明显承袭了《老子》。

它们都主张君、臣不同道。《吕氏春秋·任数》说:"古之王者,其所为少,其所因多。因者,君术也。为者,臣道也。为则扰矣,因则静矣……故曰:君道无知无为,而贤于有知有为,则得之矣。"《淮南子·主术训》也说:"主道员者,运转而无端,化育如神,虚无因循,常后而不先也。臣道员者,运转而无方,论是而处当,为事先倡,守职分明,以立成功也。是故君臣异道则治,同道则乱。"

既然君主以虚静为本,把具体事务分别交给臣下去做,但又决不能无所用心,要重视对臣下的督责考核。《吕氏春秋·审分》说:"有道之主其所以使群臣者,亦有辔。其辔何如?正名审分是治之辔也。故按其实而审其名,以求其情;听其言而察其类,无使放悖。"此外在《论人》篇中,作者还提出考核群臣的"八观""六验"之术。《淮南子·要略》对此也有论述:"主术者,君人之事也。所以因作任督责,使群臣各尽其能也。明摄权操柄以制臣下,提名责实,考之参伍,所以使人主秉数持要,不妄喜怒也。其数直施而正邪,外私而立公,使百官条通而辐凑,各务其业,人致其功,此主术之明也。"

对群臣仅有督责还不够，君主还要有深藏不露之术以防奸。《吕氏春秋》认为，君主要无智、无识、无能、无事，不为先，去爱恶之心，用虚无为本。《审应》篇说："人主出声应答，不可不审。凡主有识，言不欲先，人唱我和，人先我随……则说者不敢妄言，而人主之所执其要也。"不然，"人主好以己为，则守职者舍职而阿主之为矣"(《君守》)，这样很容易为臣下所欺骗。《淮南子》也说，"无为者，非谓其凝滞而不动也，以其言莫从己出也"(《主术训》)；"圣人内藏，不为物先倡"(《诠言训》)。遇事"以不知为道，以奈何为宝"(《主术训》)，只向臣下要办法，这正是君人"南面术"的核心内容。

一般认为，墨子带着小生产者的意识，主张君主都要像大禹一样劳苦耗瘁。实际上，墨子不但不反对劳力与劳心的分工，而且也主张君主行无为之道。《墨子·所染》说："善为君者，劳于论人，而佚于治官；不能为君者，伤形费神，愁心劳意，然国逾危，身逾辱……以不知要故也。"立论也不外于道家。

《尹文子》被《汉书·艺文志》列入名家著作，其学说出入于黄、老、申、韩之间，主张统治者应自处于虚静，减省情欲，对事物要剔除成见，综名核实。作者尹文为齐宣王时人，是稷下学士，与宋钘齐名。《尹文子》主张君无为而臣有为，继承《老子》无为而治的口号并加以改造。

它说:"天下万事不可备能。责其备能于一人,则贤圣其犹病诸!"它认为君主兼事会使治道有缺,要想全治而无缺,只有让群臣"大小多少,各当其分"。君主要虚静无为,就要手执术和势两件利器:"术者,人君之所密用,群下不可妄窥;势者,制法之利器,群下不可妄为。"(《大道上》)尹文的这种理论与后来韩非的思想是一致的。

儒家从孔子开始就不排斥君主无为。汉武帝把儒家定为正统之后,道家、法家的君人南面之术更被吸收到儒学理论体系之中,继续渗透和影响中国古代的君主政治。

孔子在《论语》中说:"无为而治者,其舜也与?夫何为哉?恭己正南面而已矣。"(《卫灵公》)舜这位圣人被儒家奉为无为而治的楷模,因为他言莫从己出,但察群下之议,择其可施于民者用之,所以"昔者舜左禹而右皋陶,不下席而天下治"(《大戴礼记·主言》)。因为舜善于用人,故无为。

孔子又说:"为政以德,譬如北辰,居其所而众星共之。"(《为政》)他认为君主就像北极星一样,众星环绕而动,实行无为而治。后代"垂拱而治"就成为君无为而臣有为的同义语。

《大戴礼记·少间》说:"孔子曰:'天子昭有神于天地之间,以示威于天下也。'"可见孔子也主张君主应如鬼神一样让人不可测度,以使群臣畏惧。

荀况是战国时期的儒学大师，也是引道、法各家学说入儒的重要人物，他传承老子的君人之术也是没有疑问的。晚期法家的两位代表人物李斯、韩非都是他的学生。史载，李斯、韩非"从荀卿学帝王之术"，他们后来都成为精通君主南面统治术的大师。

董仲舒是儒学发展史上的阶段性代表人物，他不但为秦汉之后的大一统帝国构建了一个庞大的思想体系，而且在他设计的官僚行政体制中有机地揉进了道、法帝王之术。董仲舒在《春秋繁露》中十分明确地阐明了帝王如何统治天下臣民。他说："为人主者，法天之行。是故内深藏，所以为神；外博观，所以为明也；任群贤，所以为受成；乃不自劳于事，所以为尊也；泛爱群生，不以喜怒赏罚，所以为仁也。故为人主者，以无为为道，以不私为宝，立无为之位，而乘备具之官。足不自动，而相者导进；口不自言，而摈者赞辞；心不自虑，而群臣效当。故莫见其为之，而功成矣。"（《离合根》）君主任群贤而行无为，关键是以不测之度控驭大臣，这样才能立于不败。"为人君者，其要贵神"，就是让大臣弄不清君主为什么进止、为什么发号令，弄不清君主的清浊曲直，这样"不见不闻，是谓冥昏。能冥则明，能昏则彰。能冥能昏，是谓神人"，"则其功不可得而败"（《立元神》）。

君主要无为而治，还需让大臣分职而治，君主循名考实，督责以赏罚。董仲舒说，"为人君者，居无为之位，行不言之教"；"虚心静处，聪听其响，明视其影，以行赏罚之象"；"揽名考质，以参其实。赏不空施，罚不虚出。是以群臣分职而治，各敬而事，争进其功，显广其名，而人君得载其中，此自然致力之术也。圣人由之，故功出于臣，名归于君也"。(《保位权》)

董仲舒之后的学者或理政者，也多能吸纳老子"无为而无不为"的精髓，以应用于君道。刘向说道家"秉要执本，清虚无为，及其治身接物，务崇不竞，合于六经"(《列子叙录》)。他著《说苑》以明人君清静无为之意，说："治国譬若张琴，大弦急则小弦绝矣。故曰：急辔衔者，非千里御也。有声之声，不过百里；无声之声，延及四海。"(《说苑·政理》)

扬雄务于表彰儒学，然论及大道则曰："吾于天，见无为之为矣。老子之言道德，吾有取焉耳。"(《法言·问道》)

桓谭主张君主任人而不任智，"君无材德，可选任明辅，不待必躬能也"(《新论·求辅》)。他以汉高祖为知大体，而王莽不明大体，卖弄智术，所以失败。

王充认为至德之人能则天，自然无为；不肖者"不似天地，不类圣贤，故有为也"；而历史上"贤之纯者"是黄帝和老子，"黄老之操身恬淡，其治无为。正身共己，而阴阳自和。无心于为，而物自化。无意于生，而物自成"

(《论衡·自然》)。其论治源,直入老子之室。

魏晋玄学勃兴,何晏、王弼祖述老庄,但把清静无为变成遁世避隐的工具,已失《老子》人君南面之术本旨。唐朝开国,唐太宗君臣以老子"无为"来总结隋朝灭亡的教训。唐太宗论隋文帝说:"此人性至察而心不明,不肯信任百司,每事皆自决断。虽则劳神苦形,未能尽合于理";"以日继月,乃至累年,乖谬既多,不亡何待?岂如广任贤良,高居深视,法令严肃,谁敢为非?"(《贞观政要·政体》)孔颖达也主张君主清虚自守,任人而不任智。他说,"帝王内蕴神明,外须玄默,使深不可知";"若其位居尊极,炫耀聪明,以才陵人,饰非拒谏,则上下情隔,君臣道乖。自古灭亡,莫不由此也"。(《贞观政要·谦让》)

中国的君主政治,表面上是儒家的矫情仁爱,视下如赤子,内里却不排斥用各种阴谋诡计来保持自己的权势地位,是一种冷若冰霜的利己主义。所以,对于《老子》《韩非子》所讲的君人南面之术,能够"宜写一通,置之坐侧"的或许不多,但笃行不渝的帝王却比比皆是。这正是《老子》对君主政治潜在而深远的影响所在。

4."治大国若烹小鲜":无为之政的历史影响

老子"无为"的第二个层面,是用于施政天下,主张无为之政。前文已经论及,《老子》提出了一个"治大国若烹小鲜"的著名论题,对中国古代君主政治的理论和实践都产生了广泛而深远的影响。

(1)无为之政的理论影响

老子清静无为的政治理论,被后世思想家继承和发扬。庄子讲君主无为,认为治民之要在于顺形率情。《庄子·则阳》说"君为政焉勿卤莽,治民焉勿灭裂",并举种庄稼的例子说,卤莽而耕则灾,灭裂而芸则灾,都会得到报应,治民也要顺其性而深耕细耘。为了使民"安性命之情",庄子认为最重要的是"无擢其聪明"(《在宥》),否则会使民心动荡,而民心动荡是一切变化之因。为了不使民心摇动,对君主来说要把握一个"静"字,"古之君天下,无为也,天德而已矣"(《天地》);还要绝圣弃智,"圣人已死,则大盗不起,天下平而无故矣"(《胠箧》)。当然,庄子主张毁弃一切科技文化等人类文明,是把老子的"无为"思想推向了极端。

道家的黄老学派继承了老子的无为思想,又纠正了《庄子》绝对自然主义的消极倾向,认为无为之政不是君主无所事事,而是顺天合人,既遵从客观规律,又不窒息人的主观能动作用。《经法·道法》说:"万民之恒事:务农女工。贵贱之恒位:贤不肖不相妨。畜臣之恒道:任能毋过其所长。

使民之恒度:去私而立公。"恒就是常规,君主循理用当,顺从规律,就是无为。否则"过极失当",必遭祸殃,是人主之大忌。在无为政策上,《经法·君正》说:"人之本在地,地之本在宜,宜之生在时,时之用在民,民之用在力,力之用在节。知地宜,须时而树,节民力以使,则财生。赋敛有度则民富,民富则有耻,有耻则号令成俗而刑罚不犯,号令成俗而刑罚不犯,则守固战胜之道也。"在中国古代,顺天无为最重要的就是不误农时,取民有度,民富而礼义兴。

陆贾是秦汉之际的黄老思想家,所著《新语》指导了汉初六十年的政治实践。他总结了秦朝二世而亡的深刻教训,说:"秦始皇设为车裂之诛……征大吞小,威震天下,将帅横行,以服外国。蒙恬讨乱于外,李斯法治于内。事逾烦,天下逾乱;法逾滋而奸逾炽,兵马益设而敌人逾多。秦非不欲治也,然而失之者,举措太众,用刑太极故也。"(《无为》)因此,陆贾设计的理想政治应是"君子之为治也,块然若无事,寂然若无声,官府若无吏,亭落若无民。闾里不讼于巷,老幼不愁于庭。近者无所议,远者无所听。邮驿无夜行之吏,乡闾无夜召之征。犬不夜吠,乌不夜鸣。老者息于堂,丁壮者耕耘于田"(《至德》)。这里并不是不要政府、官吏和法律,而是要考虑人民的承受力,轻刑薄敛,使之安居乐业,即"设刑者不厌轻,为德者不厌重,行罚者不患薄，布赏者不患厚，所以亲近而致远也"(《至德》)，由此达到天下大治，表面上漠然寂然，实际上"无为者乃有为者也"(《无为》)。

成书于西汉中期的《淮南子》又补充和发展了从《老子》一直到陆贾的"无为"观念，认为这不是无所作为，而应是因势利导的积极行为。《修务训》说："夫地势，水东流，人必事焉，然后水潦得谷行。禾稼春生，人必加功焉，故五谷得遂长。听其自流，待其自生，则鲧、禹之功不立，而后稷之智不用。"既然水利和农业都要有人力参预，政治上也不应一味消极："若吾所谓无为者，私志不得入公道，嗜欲不得枉正术。循理而举事，因资而立功，推自然之势，而曲故不得容者。故事成而身弗伐，功立而名弗有，非谓其感而不应，攻而不动者。"只要按客观规律，不违反自然，正当的志、欲、事、功还是要有的，这仍然是"无为"。这种主张反映了汉武帝时期地主阶级的政治要求已与汉初不同。《淮南子》承接《老子》余绪，也主张"治国之道，上无苛令，官无烦治，士无伪行，工无淫巧，其事经而不扰，其器完而不饰"(《齐俗训》)。

借用老子"无为"口号的思想家还大有人在。《韩非子·解老》说："事大众而数摇之，则少成功。藏大器而数徙之，则多败伤。烹小鲜而数挠之，则贼其宰。治大国而数变法，则民苦之。是以有道之君贵虚静而重变法，故曰：'治大国者若烹小鲜。'"这主要是韩非为他的君道无为、臣道有为思想作注脚。

汉儒毛亨在解释《诗经》"谁能烹之，溉之釜鬵"一句时说："烹鱼烦则碎，治民烦则散，知烹鱼，则知治民矣。"唐儒孔颖达又疏曰："烹鱼治民，俱不欲烦。知烹鱼之道，则知治民之道，言治民贵安静。"儒家从仁政爱民的角度发挥了老子思想。

唐承隋弊，李世民碰到了与刘邦极为相似的局面。这二人的高明之处，都在于主动以老子清静无为之旨施之于政。李世民说："往昔初平，京师宫中美女珍玩无院不满。炀帝意犹不足，征求无已。兼东西征讨，穷兵黩武，百姓不堪，遂致亡灭。此皆朕所目见，故夙夜孜孜，惟欲清静，使天下无事，遂得徭役不兴，年谷丰稔，百姓安乐。夫治国犹如栽树，本根不摇，则枝叶茂荣。君能清静，百姓何得不安乐乎？"（《贞观政要·政体》）李世民将治国之本归之于重农简法，与民休息，衣食丰足，最终必须君无为，君抑欲，君简静。大臣魏徵也说："隋氏以富强而丧败，动之也。我以贫穷而安宁，静之也。静之则安，动之则乱。"（《贞观政要·刑法》）

至于老子清静无为的思想对中国君主政治实践的影响，也当以汉初和唐初两时期最为典型。

(2)"清静无为"与汉初政治

西汉初年,由于刘邦君臣大都或直接或间接受到老子思想的影响,如张良、陈平、陆贾诸臣都是受过老子思想熏染的,而继萧何为汉相国的曹参则是一个倡行黄老学说的人,所以老子思想对于他们的施政治国产生了重要影响。

例如,曹参,军人出身,一生多攻城夺地之功,出生入死,身被七十创。孝惠元年(公元前194年)为齐举荐黄公,用黄老之术,齐国安集,大称贤相。晚年代萧何为相国,谨守萧何约束,是一位推行黄老之术最有力的人物。兹举两件事,以明曹参的"清静治术"所受老子思想的影响。

第一件事是惠帝二年(公元前193年)汉相国萧何病逝。曹参听说后,风趣地告诉家人:"我将继任汉相国。"没过多久,真的有使者来召请曹参。临行时嘱托后相:"以齐狱市为寄,慎勿扰也。"这里是以比喻的说法,说明奉行清静无为之道的道理。"狱"是监禁犯人的地方,"市"是买卖交易的场所。这两种地方大都是作奸犯科之徒出入之处,治理国家,应当妥善安置这些寄身"狱市"的人,免得他们破坏社会秩序,造成社会的危害。曹参以"狱市"寄后相,正是运用了老子的"治大国若烹小鲜"的道理。河上公注此句云:"烹小鲜,不去肠,不去鳞,不敢挠,恐其糜也。"这就是说,治国要以保持清静安宁为原则,不可扰动,因为一扰动,就破坏了整个社会的秩序。这正是老子主张清静无为的原因。

第二件事是说曹参到了长安,继任了汉相,"举事无所变更,壹遵萧何约束"。在曹参看来,萧何所制定的法律及政策都已相当完善了,他不需要再对它们作修改,因此,他可以日日饮酒而不事事。这就是历史上有名的"萧规曹随"。从这件事可以看出,曹参遵行无为之治,不妄为,不干预,一切顺任自然。萧何根据当时的客观形势所制定的法规和政策,曹参因循而用之,这也是"无为",只不过这不是什么也不作为的消极的无为,而是一种因循式的积极的无为。这种无为仍然是老子所主张的。在老子看来,圣人当"处无为之事,行不言之教"(二章)。这是说圣人应按照无为的原则办事,实行不言的教化。曹参不徒增政教法令,而是因循萧规而用之,表明也是实行不言教化的清静无为之治。

汉初无为政治的推行,使国家在脱离了战乱之后,上下内外都能相安无事,生产得到发展,人民逐渐富裕,为文景之盛世的到来奠定了基础。因此,曹参死后,百姓歌颂他说:"萧何为法,觐若画一。曹参代之,守而勿失。载其清静,民以宁一。"(《史记·曹相国世家》)这是当时老百姓的切身感受,应该说是真实而又公正的。太史公曾评论曹参说:"参为汉相国,清静极言合道。然百姓离秦之酷后,参与休息无为,故天下俱称其美矣。"(《史记·曹相国世家》)正因汉初奉行与民休息的清静无为之治,才使人民由穷而致富,国家由弱而变强,也才有尔后的文景之盛世。

到了文景(公元前179—前141年)的时候,力倡黄老之术的是文帝的皇后窦氏,她不仅自己好黄老之术,而且还强迫别人爱好。《史记·外戚世家》云:"窦太后好黄帝、老子言,帝(景帝)及太子、诸窦,不得不读黄帝、老子,尊其术。"窦太后不仅是喜好黄老之言,有时甚至像迷信宗教一般,达到了狂热的程度。例如,她不准别人对黄老之言有不同的特别是不好的评价。有一次窦太后召见辕固生,问他对老子书的评价如何。辕固生回答,老子之言只不过是下人所说的不登大雅之堂的话。窦太后听后大怒,随即将辕固生置入圈内让他刺杀野猪。野猪有非常尖利的獠牙,能够致人于死地。要不是景帝念其直言无罪,假以利刃,辕固生十之八九要丧命于猪牙之下了。

汉初统治者的"清静无为"集中表现在以下几个方面:

轻徭薄赋 《老子》说:"民之饥,以其上食税之多,是以饥。"(七五章)百姓之所以饥馑,正是由统治者苛捐杂税繁重所致。汉高祖刘邦即位以后,社会上最大的问题是人民没有饭吃。《汉书·食货志》云:"汉兴,接秦之敝,诸侯并起,民失作业而大饥馑,凡米石五千,人相食,死者过半。"由此足见当时人民生活是何等困苦。刘邦用降低租税的办法以减轻人民的负担。秦时本收"泰半之赋",

刘邦则规定全国"什五税一",而且下令自天子以至各级封君,都要在自己的汤沐邑中筹措自己的用度,不得再向天子请领经费(《汉书·食货志》)。文帝即位后的第二年(公元前178年)就提出了"务省徭费以便民"(《汉书·文帝本纪》)的规定,并减天下田租之半。文帝十二年(公元前168年)接受晁错建议,下诏减去当年租税之半。次年,文帝又下诏"除田租之税"。景帝即位(公元前156年),"令田半租",将高祖刘邦以来实行的"什伍税一"改为"三十税一"。从此,"三十税一"成为汉朝的定制。

除烦去苛 惠帝、吕后统治时期,继承了高祖约法省禁的政策,以无为化天下,颁布了一系列废除严刑酷法的政令。惠帝四年(公元前191年)废除挟书律。高后元年(公元前187年),除三族罪、妖言令。汉文帝继位后,进一步宽刑简政。文帝二年(公元前178年),下令废诽谤、妖言之罪;十三年(公元前167年)废除肉刑、宫刑。景帝元年(公元前156年),下令减笞刑;景帝中元六年(公元前144年)再减笞刑。这些政令的实施,使人们在较大程度上脱离了严刑峻法之苦。史称惠帝、高后时"刑罚用稀";文帝时"平狱缓刑,天下莫不说喜",从而使"吏安其官,民乐其业"。

敦朴节俭 为了不扰民、不烦民,汉初统治者还比较注意节俭敦朴。汉文帝在这方面做得比较突出。据《史记·孝文本纪》记载，文帝"即位二十三年，宫室苑囿、狗马服御无所增益，有不便，辄驰以利民……所幸慎夫人，令衣不得曳地，帏帐不得文绣，以示敦朴，为天下先"。在建筑自己的陵墓时，他嘱咐"皆以瓦器，不得以金银铜锡为饰，不治坟"，"欲为省，毋烦民"。他曾打算修建露台，召来工匠计算需费百金，相当于十户中等人家之产，于是便取消了这一计划。这些都被作为崇尚俭朴的范例而为后人所称道。

（3）唐初"清静无为"的政治实践

公元618年，李唐王朝建立了。开国初期，李唐君臣在经历了隋末急风暴雨式的战争之后，首先面临的是百废待兴的残局。为了巩固政权，发展生产，唐初统治者不仅利用道教大肆崇奉神化老子，而且运用老子的治国之术安人理国。特别是唐太宗李世民和他的臣僚魏徵，善于遵循和运用老子治国安邦的政治思想，清静无为，与民休息，抚外安内，终于迎来了"贞观之治"的盛世。

抚民以静的施政方略　经过隋末唐初的战乱，"百姓凋弊"的现象几乎随处可见："黄河之北，则千里无烟；江淮之间，则鞠为茂草"(《隋书·杨玄感传》)；"率土之众，百不存一，干戈未静，桑农咸废，凋弊之后，饥寒重切。"(《全唐文》卷二《申禁差科诏》)无数饱尝丧乱的人们，生活在危困之中，挣扎在死亡线上，非常渴望得到休养生息的机会。唐初统治者以隋亡于扰民废业为鉴，并顺应"百姓欲静"的历史趋势，提出了"抚民以静"的施政方针。

尚清静是老子思想的一个重要原则。《老子》说，"重为轻根，静为躁君"（二六章），"清静为天下正"（四五章），"我好静，而民自正"（五七章）。据此，唐初统治者提出了"为国者要在安静"的主张。唐高祖李渊早就提出了"安人静俗"的方针，不久又强调："新附之民，特蠲徭赋，欲其休息，更无烦扰，使获安静，自修产业。"（《全唐文》卷二《申禁差科诏》）唐太宗登基伊始，北方突厥发言以"将兵百万"相威胁，颉利可汗侵犯至渭水之北。唐太宗与之订立了"便桥之盟"，突厥才撤退回去。事后，唐太宗对大臣们说："我新即位，为国者要在安静。"（《新唐书·突厥传》）因为"国家未安，百姓未富，且当静以抚之"（《资治通鉴》卷一九一）。

可以说，静以抚外、慎动兵革是唐太宗安静政策的主要内容。贞观四年（公元630年），附属国林邑对唐朝的"表疏不顺"，有人上书建议发兵征讨，唐太宗没有采纳。他说："兵者凶器，不得已而用之……自古以来，穷兵极武，未有不亡者也。"（《贞观政要·征伐》）终未出兵征伐。对外不进行战争，不仅使老百姓减少了兵役负担，而且给了他们休养生息的时机。

轻徭简政也是唐太宗安静政策的重要内容。贞观初年,唐太宗和群臣商议止盗对策,有人提出"重法以禁之"。李世民否定了这种主张,并指出民为盗的原因说:"民之所以为盗者,由赋繁役重,官吏贪求,饥寒切身,故不暇顾廉耻耳!"这与《老子》的"法令滋彰,盗贼多有"(五七章),"民之饥,以其上食税之多,是以饥"(七五章)如出一辙。唐太宗提出的止盗措施是:"去奢省费,轻徭薄赋,选用廉吏,使民衣食有余,则自不为盗?安用重法邪?"(《资治通鉴》卷一九二)贞观前期,统治者比较注意减轻老百姓的经济负担,如唐太宗曾下诏免除关内及蒲、芮、虞、泰、陕、鼎六州两年租调,其他地区也予免除一年的租调。

唐太宗不但自己不滥征劳役,还运用法律手段对官吏滥用人力加以限制。在《唐律》中就专门有对"非法兴造"的处罚,规定:"诸非法兴造及杂徭役,驱使十庸以上者,以坐赃罪论处。"

鉴于隋朝烦法酷刑的严重后果,唐初统治者采取了轻刑简政的做法。早在唐高祖李渊于晋阳起兵时,为了争取民众,便"布宽大之令"。唐太宗刚一即位,即下诏:"有隋御宇,政刻刑烦,自今以后,宜改革前弊。"(《大唐新语》卷二二)贞观元年(公元627年),唐太宗又指出"用法务在宽简",贞观十年还提出"国家法令,惟须简约,不可一罪作数种条"的立法宗旨。唐太宗还强调法令的稳定性,他说:"法令不可数变,数变则烦,官长不能尽记,又前后差违,吏得以为奸。"(《资治通鉴》卷一九四)这就是说,法令繁苛多变,就会为奸吏鱼肉百姓、贪赃枉法提供便利,更使人民动辄得咎,无所适从,天下自然难得太平。

抑情损欲的修身之道 少私寡欲、俭约去奢是老子所提倡的修身处世之道。《老子》曾说:"祸莫大于不知足,咎莫大于欲得。"(四六章)贪欲是一切罪咎和祸患之源,因此,要使天下安定,人民生活富足,统治者自身首先必须做到抑情损欲,去奢省费。唐初统治者清楚地认识到这一点,唐太宗就曾对他的臣下说:"夫欲盛则费广,费广则赋重,赋重则民愁,民愁则国危,国危则君丧矣。"这就是说贪欲可以导致国亡君丧。所以他"常以此思之,故不敢纵欲也"(《资治通鉴》卷一九二)。他还说:"君多欲,则人苦,朕所以抑情损欲,克己自励耳。"(《贞观政要·务农》)

唐太宗因此十分强调去奢省费,躬行节俭。例如,贞观元年(公元627年),他想营造一座宫殿,材料都准备好了,但一想到秦亡的教训,就不再兴建了。贞观二年(公元628年)秋,群臣再三建议营造一座高燥的台阁,以改善宫中"卑湿"的条件,唐太宗坚决不采纳这项建议。贞观四年(公元630年),唐太宗对大臣们说:"崇饰宫宇,游赏池台,帝王之所欲,百姓之所不欲……劳弊之事,诚不可施于百姓。"(《贞观政要·俭约》)他还引《老子》的话教育臣下:"古人云:'……不见可欲,使民心不乱。'固知见可欲,其心必乱矣。至如雕镂器物,珠玉服玩,若恣其骄奢,则危亡之期可立待也。"(同上)为此,他规定,"自王公以下,第宅、车服、婚嫁、丧葬"等都要注意节俭,切忌奢华。由于唐初统治者能够节欲崇俭,并身体力行,因而上行下效,"由是二十年间,风俗简朴,衣无锦绣"(同上)。

在封建社会的条件下,统治者的嗜欲是关系国计民生的大事。如果统治者穷奢极欲,必将耗费大量的社会资财,给人民带来贫困、饥饿、灾难和死亡,严重阻碍社会生产力的发展。唐初统治者以隋朝的灭亡作为殷鉴,抑情损欲,知止知足,客观上减轻了人民的负担,促进了社会经济的恢复和发展。

谦下纳谏的诚信之道 在对待上下、尊卑、贵贱等社会关系上,老子反对的是居上示尊、以贵傲贱,提倡的是居上而谦下,贵以贱为本。老子的这些原则,就是要求统治者要做到谦下不争,虚怀若谷,不自以为是,不自高自大,不自我夸耀,宽宏大度,以诚信待下。

作为中华民族历史上屈指可数的杰出的政治家,唐太宗有雄才大略却能从谏如流,位及人主而能兼听纳下。他所实践的正是老子的"贵以贱为本,高以下为基"(三九章),

"信者，吾信之；不信者，吾亦信之"（四九章）的谦下诚信之道。

贞观二年（公元628年）正月，唐太宗提出一个发人深省的问题：什么叫明君、暗君？他的智囊魏徵回答说："兼听则明，偏信则暗。"紧接着魏徵又列举秦二世、梁武帝、隋炀帝"偏信"则亡的历史教训，证明"人君兼听广纳，则贵臣不得拥蔽，而下情得以上通也"（《资治通鉴》卷一九二），指出对于君王来说，"兼听"就会有"天下大治"，"偏信"则会造成"天下大乱"。唐太宗听了"甚善其言"，完全赞同。

唐太宗也和魏徵一样，认识到任何人的才智都是有限的，即使皇帝也不例外。贞观四年（公元630年）七月，他对臣萧瑀说，像隋文帝那样，不肯信任臣下，"每事皆自决断，虽则劳神苦形，未能尽合于理"；"以天下之广，四海之众，千端万绪……岂得以一日万机，独断一人之虑也"（《贞观政要·政体》）。

正因为唐太宗不把自己当作"尽善"的完人，因而能兼听谦下，集思广益。他曾对大臣们说："朕既在九重，不能尽见天下事，故布之卿等，以为朕之耳目。"（同上）他深知，作为帝王，如果炫耀聪明，傲视臣下，就会有亡国的危险。隋炀帝不就是一面镜子吗？这位"好自矜夸"的暗主，护短拒谏，以至于身死而国亡。为了避免重蹈亡隋的覆辙，唐太宗鼓励极言规谏。由于他的积极倡导，谏诤曾风行一时，以至于上自宰相御史，下至县官小吏、旧部新进，乃至宫廷嫔妃，都有人敢于直言切谏。这种开明的政治局面，在封建社会是罕见的。

唐太宗之所以能够谦下纳谏，贞观群臣之所以敢于进谏、直谏，关键在于君臣上下能够以诚信相待。敢于直谏的魏徵认为，诚信是处理君臣关系的重要原则，他说："夫君能尽礼，臣得竭忠，必在于内外无私，上下相信，上不信则无以使下，下不信则无以事上，信之为道大矣。"（《贞观政要·诚信》）唐太宗不仅接受了魏徵的主张，而且在实际政治生活中，他确实做到了以诚信待下。例如，他大胆地选拔和重用原曾是仇敌的建成、元吉的旧属，魏徵、王珪、韦挺等人的被重用就是突出的例子。由于唐太宗采取了诚信待人的态度，因而争取了人心，稳定了局势，君臣上下同心协力，为贞观时期政治上的安定局面奠定了基础。

从以上所述，我们可以看出，唐初统治者不管是采取抚民以静的施政方略，还是推行抑情损欲的修身之道和谦下纳谏的诚信之道，都和老子的一系列思想主张一脉相通。因此，从一定意义上可以说，唐代"贞观之治"是与当时的统治者成功地运用老子"无为而治"的政治思想分不开的。

以上我们仅以汉、唐为例，说明新王朝在开国创业的时候，往往都遵行老子的清静无为之治道。这首先是由于当时的客观形势所致。当旧王朝败亡、新王朝建立之际，由于连年的战争，人口流散，生产遭到破坏，社会经济凋敝，此时，人民亟待安定，经济急需恢复。其次，更重要的是由于新王朝的统治者都能以旧王朝统治者骄淫奢侈、赋税徭役繁重、刑罚严酷而导致败亡作为殷鉴。因此，他们能够奉行老子的清静无为的治术，通过轻徭薄赋而与民休息，轻刑简令以安民，崇俭去奢以成大业。所以，清静无为的治国之术，对安定人民生活，减轻人民负担，促进社会经济的恢复和发展，巩固新王朝的统治，都具有非常积极的意义。

通过以上对老子无为而治思想对古代君主政治的理论和实践影响的分析，我们可以看出：

第一，后世不同时代的思想家对"无为而治"思想的发展，虽然都是围绕现实所迫切需要解决的问题来展开的，反映了那个时代思想家们对社会政治问题的深刻反思；但是，他们都或直接或间接地以老子无为而治的政治思想作为出发点来建构其理论，表现出对老子思想积极的继承关系。

第二，无为而治作为一种治国方术，在封建国家重建时所起的积极作用也是显而易见的。不过，我们也必须看到，历史上的封建统治者往往也利用老子"无为"智慧中所包含的权谋思想，使之成为愚弄人民、维护和巩固封建统治的思想工具，这是需要予以明确的。

三 《老子》与士大夫人生修养

在本书第一部分中曾谈到"老子的理想人格与人生实践",介绍了老子的人生哲学。由于老子的智者地位,以及他的理论充满了理性思辨色彩,所以,他的人生哲学为广大士人所接受,对中国古代知识分子的人格修养产生了巨大的影响作用。

1. 儒道互补,身名两全

老子的人生哲学提出了一个和儒家伦理哲学完全不同的理想境界和人生态度,从而填补了儒家思想遗留下来的精神空间;儒道互补奠定了中国传统文化的基本结构,使中国古代士人在儒道互补的旗帜之下,成就了完满的人生。李泽厚认为:"儒道互补是两千年来中国思想的一条基本线索。"(李泽厚:《美的历程》,文物出版社,1981)他还指出："老庄作为儒家的补充和对立面，相反相成地在塑造中国人的世界观、人生观、文化心理结构和艺术理想、审美兴趣上，与儒家一道，起了决定性的作用。"(《美的历程》)

（1）儒道互补，进退有据

那么，儒道怎么可以互补，又如何互补呢？

我们知道，儒家学说是中国二千多年封建社会中占统治地位的意识形态，是一种积极进取的入世哲学，刚健有为、生生不息是这种哲学的重要特质。儒家经典《大学》所讲的"正心、修身、齐家、治国、平天下"，是这种思想特质的集中表述。近代学者胡适曾写过一首小诗，来表达他对孔子思想的理解。诗曰："知其不可而为之，亦不知老之将至。识得这个真孔丘，一部《论语》都可弃。"诗的前两句是《论语》中孔子用来勉励自己的话，也是后世儒家用来激励人们进取向上的一种非常积极、非常现实的入世精神。人要关心现实，为理想为真理而奋斗，只要所作所为合乎正义，明知其不可也还是要干，干到不知老之将至的程度。

然而，不少士人读书、明志、报国的理想却并不一定能够实现，人生之艰难，世事之多变，昏君奸相之当道，总是会造就一批批落魄失意的士人，他们在遭受了命运的打击之后要寻找安身立命之处，寻找精神理想的归宿，而儒家思想则使他们感到失望和厌倦。如果中国传统意识形态中只有儒家之一端，这大批失意士人则必然遁入空门，皈依宗教，成为既远离现实又寄生于现实社会的赘疣。而老子所开创的道家哲学，则正好为这类失意士人指出了一条人生的去向。

与儒家的入世哲学相反，老子道家提倡的是一种"离世""逃世"的哲学，即主张远离现实，但又不像后世佛教所宣扬的到人生彼岸寻找归宿的出世哲学。《老子》说："名与身孰亲？身与货孰多？得与亡孰病？甚爱必大费，多藏必厚亡。"（四四章）译成现在的话说，即荣誉和生命哪一个可爱？生命和财货哪一个重要？获得和丢失哪一个有害？过分的吝惜、爱名必将付出重大的损耗，过多的收藏必造成严重的损失。在老子看来，荣誉、财货都是身外之物，都不如生命更重要、更宝贵，为获得名利而丧生是不值得的。因而，名利不可强求，在官场失意、社会衰败、命运不济的情况下，应该隐身苟生，避世而不强争。正是基于这样的思想，老子本人在看到周王朝衰败而无可挽回的时候，便弃官而去，做了"隐君子"。《史记·老子韩非列传》中说："老子修道德，其学以自隐无名为务。居周久之，见周之衰，乃遂去……莫知其所终。""其学以自隐无名为务"一语，可以说是抓住了老子人生哲学的一个基本特质。

老子淡泊名利、隐身苟生的思想,被庄子继承和发展了。庄子本人即是一个隐士,他鄙薄世俗的人生,看不起那些为追逐名利而丧失本性的人,主张养生保身,逍遥自适,全身避辱,不贪功名。《庄子·秋水》篇载有两则庄子拒不做官的小故事:

故事一 庄子在濮水旁钓鱼,楚威王派了两个大夫去传达他的旨意。这两个大夫见到庄子,说:"我们大王要把楚国的事托付给您。"庄子手执鱼竿,头也不回地说:"听说楚国有个神龟,已经死了三千年了,楚王用布把它包着放在匣子里,藏在庙堂之上。那么请问,这只龟是宁可死了留下一把骨头让人尊贵呢?还是愿意活着拖着尾巴在泥巴里爬呢?"两个大夫回答说:"当然是愿意拖着尾巴在泥巴里爬。"庄子说:"那么请回吧!还是让我拖着尾巴在泥巴里爬吧。"

故事二 庄子的朋友惠施做了梁惠王的宰相,庄子要去看他。于是,有人对惠施说:"庄子来,是想取代你的相位。"惠施听了很害怕,便在国内搜寻庄子,搜了三天三夜。第四天,庄子去见惠施,对他说:"你知道南方有一种名叫鹓鶵的鸟吗?它从南海飞到北海,一路上不是梧桐它不休息,不是竹子的果实它不吃,不是甜美的泉水它不饮。一只猫头鹰找到了一只腐烂的老鼠,正在得意的时候,忽然发现鹓鶵从它头上飞过,猫头鹰怕鹓鶵夺走自己的老鼠，便仰起头来大喊一声：'吓！'惠施呀，你现在也想用你的梁国来'吓'我吗？"

这两则故事很好地表明了庄子淡泊功名的态度。庄子认为，士人处在"昏上乱相之间"，在恶劣的环境之中，不能不采取超世、遁世或顺世的态度。《庄子·人间世》中说：天下有道，圣人可以成就事业；天下无道，圣人只能保全生命；今天这个时代，只求避免遭受刑害。庄子认为，在社会动荡不安、是非纷杂淆乱的时代，一切都谈不上，能避免罪祸刑罚就不错了，任何企图有所作为的匡世之举都是不切实际、没有意义的。这种理论观点虽然说不上高尚、积极，但却很符合经受了重重挫折之后的士人的心理，很自然地为他们所认同。

很显然，老庄哲学与儒家哲学提供的是两种完全不同的人生观。一个追求社会的、伦理的道德完成，一个追求自然的、个人的精神超脱；一个塑造积极入世，先天下之忧而忧、后天下之乐而乐的志士仁人，一个塑造超然尘外、睥睨万物的仙客和甘于寂寞陆沉的隐士。这样的两种人生观当然是相互对立的，但它们又确有相同之点，即它们都把人生的追求和人生价值的实现，按照自己的方式放在了今世，放在了当生。于是，它们的人生态度就组成了统一的现世生活的不同方面。它们不仅体现了人世间不同境遇下的不同人的不同心境，同时也可以体现同一个人在不同境遇下的不同心境。这样,老庄哲学与儒家哲学所提供的人生哲学,就形成了既相互对立又相互补充的关系,使得中国文化很早就有了一个范围周延、层次完整、性质属于现世的人生观思想体系。在这样的文化土壤上生存的中国古代知识分子,得志于时而谋天下,则好孔孟儒术;失志于时而谋其身,则好老庄之学。"穷则独善其身,达则兼善天下",亦进亦退,颐养天年,全其一生。

儒道两家在学术思想、文化性格上的互补,反映了现实生活中某种社会心理的需要。中国封建时代的士人,一直有在朝和在野之分,并且随着唐宋以后科举制的发展,朝野之间的流动性不断加大,每个人随时都面临着所谓"穷达""出处"及跻身庙堂或退处山林的不同命运。儒道两种立身处世态度和价值观念,正好给不同命运、不同处境的士人提供了现实的、可取的价值取向,满足了人们在不同境遇中的精神需要,使人们在突如其来的处境变化中尽快获得心理平衡。正因为如此,在先秦诸子百家之学中,儒道两家最具生命之活力,并在后世逐步形成了以儒道为主体的文化结构。南朝思想家刘勰就清楚地看到了这样的文化格局。他说:

> 道者玄化为本,儒者德教为宗;九流之中,二化为最。夫道以无为化世,儒以六艺济俗;无为以清虚

为心,六艺以礼教为训。若以教行于大同,则邪伪萌生;使无为化于成康,则氛乱竞起。何者?浇淳时异,则风化应殊;古今乖舛,则政教宜隔。以此观之,儒教虽非得真之说,然兹教可以导物;道家虽为达情之论,而违礼复不可以救弊。今治世之贤,宜以礼教为先;嘉遁之士,应以无为是务,则操业俱遂,而身名两全也。(刘勰:《刘子集校》,上海古籍出版社,1985)

刘勰对秦汉以后中国文化格局的分析是精辟的。"九流"二字表明中国文化的多元性,"二化为最"是指以儒、道为主体结构,这的确是中国民族文化的基本特色。确如刘勰所说,中国古代士人只要操儒、道二术,即可以"身名两全",进退有据,刘勰可以说是"儒道互补"说的最早发明者。

(2) 宦海受挫,皈依老庄

老庄的人生哲学,是对孔孟儒学的重要补充,中国古代的不少士人,即是在它的旗帜下成就了完满的人生。像东汉思想家仲长统,就是在涉足宦海、遭受挫折之后,转向了老庄之学。他曾这样抒发自己的理想:

使居有良田广宅,背山临流,沟池环匝,竹木周布,场圃筑前,果园树后。舟车足以代步涉之艰,使令足以息四体之役。养亲有兼珍之膳,妻孥无苦身之劳。良朋萃止,则陈酒肴以娱之;嘉时吉日,则亨羔豚以奉之。蹰躇畦苑,游戏平林,濯清水,追凉风,钓游鲤,弋高鸿。讽于舞雩之下,咏归高堂之上。安神闺房,思老氏之玄虚;呼吸精和,求至人之仿佛。与达者数子,论道讲书,俯仰二仪,错综人物。弹《南风》之雅操,发清商之妙曲。消摇一世之上,睥睨天地之间。不受当时之责,永保性命之期。如是,则可以陵霄汉,出宇宙之外矣。岂羡夫入帝王之门哉!(《后汉书·仲长统传》)

仲长统"思老氏之玄虚","求至人之仿佛",愿自己"陵霄汉,出宇宙","消摇一世之上,睥睨天地之间",这种逍遥而游,不为物累,全生保真,"永保性命之期"的人生理想,与老庄的理想境界何其相似!他即是从老庄哲学中找到了思想归宿,是老庄哲学给了他旷达超世、自由洒脱的情怀。

古代士人中,体认、践履老庄哲学最著名者,莫过于东晋时期隐居田园农舍的诗人陶渊明。陶渊明曾做过彭泽县令。一天,郡督邮到县,命他"应束带见之",陶氏不愿"为五斗米折腰",随解绶去职,退隐民间。他蔑视功名利禄,"宁固穷以济意,不委曲以累己",追求的不是外在的轩冕荣华、功名学问,而是内在的人格和不委屈以累己的生活。

他在老庄哲学中找到了自己的人生道路，找到了生活快乐和心灵慰安的较为现实的途径。陶渊明的田园生活自然质朴，恬淡寡欲，而平淡无华中却也充满着盎然生意。本书"《老子》与文学艺术"一章，还将征引他《归园田居》中"少无适俗韵，性本爱丘山……久在樊笼里，复得返自然"的优美诗章，这里我们先来欣赏另外几首反映他田园生活的诗篇：

归园田居（五首之三）

种豆南山下，草盛豆苗稀。

晨兴理荒秽，带月荷锄归。

道狭草木长，夕露沾我衣。

衣沾不足惜，但使愿无违。

庚戌岁九月中于西田获早稻

人生归有道，衣食固其端。

孰是都不营，而以求自安？

开春理常业，岁功聊可观。

晨出肆微勤，日入负耒还。

山中饶霜露，风气亦先寒。

田家岂不苦，弗获辞此难。

四体诚乃疲，庶无异患干。

盥濯息檐下，斗酒散襟颜。

遥遥沮溺心，千载乃相关。

但愿长如此，躬耕非所叹。

读山海经（十三首之一）

孟夏草木长，绕屋树扶疏。

众鸟欣有托，吾亦爱吾庐。

既耕亦已种，时还读我书。

穷巷隔深辙，颇回故人车。

欢然酌春酒，摘我园中蔬。

微雨从东来，好风与之俱。

泛览周王传，流观山海图。

俯仰终宇宙，不乐复何如？

乞食

饥来驱我去，不知竟何之。

行行至斯里，叩门拙言辞。

主人解余意，遗赠岂虚来。

"性本爱丘山""复得返自然"，陶渊明尊崇的自然是老庄哲学。他"逃禄而归耕"，淡泊功名利禄，追求的是完全不同于孔孟儒学的人生价值取向。陶渊明少习儒经，深受孔孟思想的影响，青年时期即有"大济苍生"的壮志。但他生当乱离之世，仕途多不顺意，不愿为五斗米而折腰，最终选择了隐士道路，从思想上转向了老庄之学。虽然隐居之后他思想上经常处于矛盾之中，也曾为不能践履孔孟之道入世匡时而感受精神上的痛苦，如他在《读史述·屈贾》中说："进德修业，将以及时。如彼稷契，孰不愿之！"他依然认为，一个人学习儒经，进德修业，应该是入世匡时的，他也希望自己能成为像商朝始祖契和周朝始祖稷那样一类有功于历史的人物；然而，以上征引的诗可作说明，陶渊明思想的基本格调，确实属于老庄一派。他退出政治生活之后，主要的精神安慰寄托于农村田园生活的饮酒、读书、作诗及田园劳作上，而且，他的隐士生活不仅没有任何空漠之感，反倒还生活得那样丰富、充实。"晨兴理荒秽，带月荷锄归"；"晨出肆微勤，日入负耒还"；"不乐复何如"，"躬耕非所叹"，完全是一种现实而可取的生活方式。那种将老庄式的隐士生活完全贬为悲观厌世、消极颓废、空虚绝望的没落阶级生活情趣的说法，应该说是一种偏见。在陶渊明的上述诗作中，我们看不到悲观厌世的消极情绪，甚至连《乞食》诗都写得没有任何厌世、颓唐之感。迫于生计去借粮借债，他却没有失落和绝望，而是写出了"遗赠岂虚来"这样多少带有惬意之情的诗句。陶渊明是隐士的代表，是老庄哲学塑造出来的士人形象，是对老庄学说补充儒学的重要性的证明。正是有了老庄哲学，中国传统文化给人们提供的人生价值选择，才显得更充实、现实而多样化，从而使它本身具有了更强大的生命力。

2."知足不辱，知止不殆"

《庄子·山木》篇中有这样一个小故事：

有一天，庄周到雕陵果园游玩，看见一只怪异的鹊鸟从南方飞来。这鸟翅膀有七尺宽、眼睛直径有一寸长，它从庄周的头前擦过，停落在栗树林中。

庄周说："这是什么鸟呀？翅膀大却不能远飞，眼睛大却目光迟钝？"于是，他便提起衣裳快步追了过去，并握着弹弓准备射它。就在这时，一幕景象从他眼前掠过：一只躲在树荫下的蝉，只顾得着美叶荫蔽，贪图舒适，而没有注意到在它身后有只螳螂已举起臂膀要来捉它；而螳螂只顾着捕蝉，竟没有觉察到背后的鹊鸟正在窥伺着，准备乘机将它捕获；同样，鹊鸟为了贪利，也忽视了尾随它而来准备弹射而捕捉它的庄周。这一刹那，庄周忽然明白了一个道理：物类都是只顾眼前的利欲，而忽视了身后的祸害；人身之害，都是过分贪图所致。想到这里，他抛掉弹弓，掉头就走。管果园的人看见了，以为他要偷栗子，就追赶着大声责骂他。

庄周回家后，接连三天都不愉快。学生蔺且问他说："先生这几天为什么这样不愉快呢？"

庄周说："我只顾和外物接触，竟忘掉了自己所处的环境。我曾听老子说过：'到哪个地方，就要守哪个地方的风俗习惯。'前日我到雕陵玩,忘了身处的环境,追着一只怪鹊到栗林里,没想到竟受到管理员的侮辱,他把我当成了小偷,所以我感到很不愉快。"

这则故事中,庄周发现物类都是只顾眼前的利益,而忽视了身后的祸害,而他本人也因要捕射一只鹊鸟而受到了侮辱。这个故事想要说明的道理,就是为人处世要"知足""知止",不可助长自己的感性欲望。而"知足""知止",则正是《老子》书中反复强调的人生哲理。

(1)"知足""知止"

老子关于"知足""知止"的思想,主要表现在以下几个方面。

首先,提倡"少私寡欲",反对无止境地追逐名利财货。如《老子》写道:

"天长地久。天地所以能长且久者,以其不自生,故能长生。"(七章)天地是长久存在着的。天地为什么能长而且久呢?因为它不为自己追求生存,无私,所以能长久生存。

"见素抱朴,少私寡欲,绝学无忧。"(一九章)外表平凡,保持质朴;减少私念,削弱欲望;绝学弃智,消除忧愁。

"圣人去甚,去奢,去泰。"(二九章)圣人不过分安乐,不过分享受,不过分行事。

"益生曰祥。"（五五章）贪求生活享受，就会遭殃。

"五色令人目盲，五音令人耳聋，五味令人口爽，驰骋畋猎令人心发狂，难得之货令人行妨。是以圣人为腹不为目，故去彼取此。"（一二章）过分追求色彩的享受，会使视觉迟钝，视而不见；过分追求声音的享受，会导致听觉不灵，听而不闻；过分追求味道的享受，会造成味觉丧失，食而不知其味；过分纵情于骑马打猎，会使人心神不宁，放荡不安；过分追求金银珍宝，会诱惑人失去道德，身败名裂。所以圣人的生活，只求饱腹，不求享受，主张摒弃一切贪欲，抵御外物的诱惑，以保持本性的淳朴和天真。

老子主张少私寡欲，也是从养生保身的目的出发的。七情六欲，饮食男女，是人的正常生理需要，但若要过分追求，放纵感性欲望，则很可能走上邪路，即"难得之货令人行妨"，"益生曰祥"，最终身败名裂，其身难保。所以，老子总是劝人"甘其食，美其服，安其居，乐其俗"（八〇章），满足于自己的物质生活状况，不去过分地追求那些名利财货、身外之物。

与"少私寡欲"相联系的，是老子主张尚俭，要人们衣食朴素节俭，爱惜财物。《老子》六七章中说："我有三宝，持而保之：一曰慈，二曰俭，三曰不敢为天下先。慈，故能勇；俭，故能广；不敢为天下先，故能成器长。"老子把节俭看作是他的三大法宝之一。

其次，老子讲为人处世之道，强调"知足"，倡导"不争之德"。如《老子》中说：

"知足者富，强行者有志。"（三三章）知道满足的人富有，坚持前行的人有志气。

"知足不辱，知止不殆，可以长久。"（四四章）知道满足不会遭到侮辱，知道休止不会遇到危险，这样就可以长久保持下去。

"祸莫大于不知足，咎莫大于欲得。故知足之足，常足矣。"（四六章）没有比不知道满足更大的祸患，没有比想掠夺别人更大的灾难。所以，只有知道满足的富足，才是永远的富足。

人知道了满足，不滋生非分的欲望，才会具有"不争之德"。老子把"不争之德"看作是人的最高尚的道德，或者说是道德之极致。如《老子》中说：

"圣人之道，为而不争。"（八一章）圣人的为人，是只施给而不与人争夺的。

"是谓不争之德，是谓用人之力，是谓配天古之极。"（六八章）不和人争的道德，是合乎"道"的极致的。

"上善若水，水善利万物而不争"；"夫唯不争，故无尤。"（八章）最高的德行好像水，水最能便利万物而又不和它们相争；正因为与物无争，所以没有过失。

"夫唯不争，故天下莫能与之争。"（二二章）正因为不和别人争，所以天下没有哪个人能和他相争。

人要知道满足，知足就会无争；不和别人相争，不敢为天下先，就不会招致祸端，于是也就保持了自己生命的长久。知足和不争，正是全生保身的根本之道。这就是老子为人处世的辩证法。

最后，从"少欲寡欲""知足""不争"的基本观点出发，老子强调那些对社会作出了贡献而占有了一定历史地位的人，应该功成不居，功遂身退。《老子》说：

> 圣人处无为之事，行不言之教。万物作焉而不辞，生而不有，为而不恃，功成而弗居。夫唯弗居，是以不去。（二章）

圣人做事，顺应自然，崇尚无为，实行不言的教诲。任万物生长而不加干预，生长万物而不据为私有，作育万事而不自恃其能，大功告成而不自居其功。正因为他有功而不居功，所以他永远无所谓失去。《老子》中说：

"功遂身退，天之道。"（九章）功成引退，不骄傲，不居功，收敛自己，才符合自然的法则。

"大道泛兮，其可左右。万物恃之而生而不辞，功成而不名有……以其终不自为大，故能成其大。"（三四章）大道之广泛，可以左右逢源。它任万物赖以生长，而不加以干预；任万物赖以成就，而从不居其功。因为它始终不自以为伟大,所以能够成就它的伟大。

"圣人为而不恃,功成而不处。"(七七章)圣人作育了万物却不自恃已能,大功告成却不自居。

在老子看来,"为而不恃",功成身退,既是一种高尚的品德修养,也是全生保身的需要。当一个人作出了重大历史业绩之后,如果不能及时收敛自己,还要继续有所作为,实际上就是一种不"知足"、不"知止"的表现,而"祸莫大于不知足",不及时引退,将会招致祸端,危及生命。

(2)少欲知足,全生保身

《老子》说:"知足不辱,知止不殆。"(四四章)老子的这一处世哲学,对后世士人产生了广泛而深刻的影响,从一个侧面塑造了中国古代知识分子的文化性格。

强调少私寡欲,知足知止,可以说已经成为古代士人相当普遍的心理素质。西汉宣帝时人疏广与其侄儿疏受同作太子师傅,广为太傅,受为少傅,荣耀之至。疏广精通儒学,但亦深受《老子》影响。他任太傅五年,在太子年满十二岁,学通《论语》《孝经》之后,对侄儿疏受说:"吾闻'知足不辱,知止不殆','功遂身退,天之道'也。今仕〔官〕至二千石,宦成名立,如此不去,惧有后悔,岂如父子相随出关,归老故乡,以寿命终,不亦善乎?"疏受赞成叔父的意见,于是叔侄二人移书告病,最后承蒙宣帝恩准，辞归故里。史载，二人告归离京时，"公卿大夫故人邑子设祖道，供张东都门外，送者车数百辆，辞决而去。及道路观者皆曰：'贤哉二大夫！'或叹息为之下泣"（《汉书·疏广传》）。

疏广是深通老子之学的。他不仅知足知止，急流勇退，而且深知老子关于"去甚，去奢，去泰""益生曰祥"的教诲。疏广归乡之后，每天都在家里摆设酒食，请族人故旧宾客共相娱乐，意欲将做官数年的积蓄及皇帝的赏赐，与乡人共同享受以尽。疏广的子孙们托乡里老人劝疏广节省开支、广置田宅，为子孙们作些安排，广对曰："吾岂老悖不念子孙哉？顾自有旧田庐，令子孙勤力其中，足以共衣食，与凡人齐。今复增益之以为赢余，但教子孙怠惰耳。贤而多财，则损其志；愚而多财，则益其过。且夫富者，众人之怨也；吾既亡以教化子孙，不欲益其过而生怨。又此金者，圣主所以惠养老臣也，故乐与乡党宗族共飨其赐，以尽吾余日，不亦可乎！"疏广不给子孙们留下过多的财富，即是怕后世子孙太甚、太奢，最后招致怨祸。

北齐黄门侍郎颜之推，从小受儒家思想的熏陶，并终生服膺儒学，但从他的《颜氏家训》中也可以清晰地看出《老子》的影响。如他写道：

> 宇宙可臻其极，情性不知其穷，唯在少欲知足，

为立涯限尔。……

天地鬼神之道,皆恶满盈。谦虚冲损,可以免害。人生衣趣以覆寒露,食趣以塞饥乏耳。形骸之内,尚不得奢靡,己身之外,而欲穷骄泰邪?周穆王、秦始皇、汉武帝,富有四海,贵为天子,不知纪极,犹自败累,况士庶乎?(《颜氏家训·止足》)

夫养生者先须虑祸,全身保性,有此生然后养之,勿徒养其无生也……而以贪溺取祸,往世之所迷也。(《颜氏家训·养生》)

颜之推认为,大自然的法则,都是憎恶满溢的,谦虚淡泊,少欲知足,可以免除祸患;人生在世,衣服只要能够御寒,饮食只要能够充饥,也就行了,秦皇、汉武因为不知满足,到头来都遭到了败损;为人应该懂得"全身保性"的道理,要时刻提防有祸患加于身,而过去的许多人都不能深明此理,迷恋于追逐钱财美女,结果招致了杀身之祸。所以,他一再强调不要"贪欲以伤生""以贪溺取祸"。这和《老子》中讲的"益生曰祥","祸莫大于不知足,咎莫大于欲得"何其相似!不仅如此,颜氏在思维方法上都承袭了《老子》。老子讲少私寡欲,首先将其归之于天地的品格,说天地所以能长且久者,是因为天地无私,所以才能长久生存,即"以其不自生,故能长生";而颜氏主张"少欲知足"也首先归之于天地自然的法则，然后让人们去仿效，强调"少欲知足"是"天地鬼神之道"。颜之推这个饱学儒术之士，受《老子》的影响竟如此之深！

明代小说《警世通言》中有一则"赵春儿重旺曹家庄"的故事。穷监生曹可成以钱谋官，官至广东潮州府通判。正在官运亨通之时，妓女出身的妻子赵春儿劝他说："当初坟堂中教授村童，衣不蔽体，食不充口。今日三任为牧民官，位至六品大夫，太学生至此足矣。常言'知足不辱'，官人宜急流勇退，为山林娱老之计。"可成听从妇人之言，托病辞官，衣锦还乡，终其天年。"知足不辱"出自妇人之口，更可见这一思想影响之广泛；曹可成不加思索便接受了妻子的劝言，说明"知足不辱"完全符合这位士大夫的文化心理。

老子的尚俭思想也有相当深远的影响，古代士人多把节俭作为治家之良方。诸葛亮所说"静以养身，俭以养德，非澹泊无以明志，非宁静无以致远"（《诫子书》），传为千古名句，被许多士人奉为座右铭。司马光也曾这样告诫其子："有德者皆由俭来"；"君子多欲则贪慕富贵，枉道速祸；小人多欲则多求妄用，败家丧身"。（《训俭示康》）《曾国藩家书》中关于劝俭的信有几十封之多，他写道："余兄弟无论在官在家，彼此常以'俭'字相勖，则可久矣"；"余欲上不愧先人，下不愧沅弟，惟以力教家中勤俭为主"；

"吾兄弟欲为先人留遗泽,为后人惜余福,除却'勤''俭'二字,别无做法";"近日家中内外大小,'勤''俭'二字做得几分?门第太盛,非此二字,断难久支,务望慎之";"居家之道惟崇俭可以长久,处乱世尤以戒奢侈为要义"。(《曾国藩家书》,中华书局,2017)这些论述表明,从诸葛亮、司马光到曾国藩,他们都是从养身养德、全生保身、"可以久矣"的角度,接受了老子崇尚节俭的思想,深得老子思想之真谛。

(3)功成不居,急流勇退

老子功成不居、急流勇退的思想,在后世也逐渐发展为一种古代文化的传统观念,其所高扬的不贪求名利地位的高洁志节为历代士人所崇仰。所以,在中国古代,这一类的故事流传极广,很为人们所津津乐道。

春秋末年帮助越国强盛复兴而报亡国之恨的范蠡,就是一个功成身退的典型。范蠡原是楚国人,在吴越相争、越国几亡于吴之际来到越国,帮助越王勾践行韬晦之计,卧薪尝胆,振兴了越国,最后一举灭吴,对越国的复兴立下了头功,致使越王勾践感到对范蠡的功绩无法封赏报答,扬言要与范蠡分国而治。然而,就是在越王战败吴王夫差,最终灭掉吴国的时候,范蠡却没有接受越王的任何封赏,独自驾着一叶扁舟,浮于江湖,不知所终。范蠡临走时派人送给大夫文种一封书信，信中说：我已经离开越国了，但我还不能忘情于你。我们知道天有四时，春生冬伐，人有盛衰，泰终必否。能够知道进退存亡之机的人才是贤人。我虽然并非贤人，但对于进退之机我是明白的。鸟尽弓藏，兔尽狗烹，这是相传已久的古话。越王这人心情阴鸷，残刻寡恩，长颈鸟喙，鹰视狼步，是可以共患难，而不可以共安乐；可以履危，而不可以处安的！您若不早作准备，蒙害之日不远矣！文种是范蠡的好朋友，他们共同辅佐越王成就了霸业，范蠡在走之前，曾劝过文种一起逃走，但文种不懂得进退之道，对越王抱有幻想，还贪恋着未来的富贵、封赏，不肯随范蠡同去。后来不出范蠡所料，不懂"功成身退"的文种，死于越王勾践之手。当文种接到越王勾践派人送来的毒药和短剑，知道是赐他以死的时候，后悔不听范蠡之言，然已晚矣！

汉朝开国功臣张良，也是深知进退之机的典型。张良，字子房，楚汉战争期间辅佐刘邦，为之运筹帷幄，出谋划策，为刘邦建立帝业立下殊功。刘邦刚坐天下总结他战胜项羽的原因时曾说："夫运筹帷幄之中，决胜千里之外，吾不如子房；填国家，抚百姓，给饷馈，不绝粮道，吾不如萧何；连百万之众，战必胜，攻必取，吾不如韩信。三者皆人杰，吾能用之，此吾所以取天下者也。项羽有一范增而不能用，此所以为我擒也。"（《汉书·高帝纪》）刘邦承认张良为他的帝业建立了特殊的功绩，要封张良三万户食邑；而张良则不敢居功，谢绝了刘邦的封赏。几年后，扫除了异姓诸王，汉家天下已定，张良就上书辞官："家世相韩，及韩灭，不爱万金之资，为韩报仇强秦，天下振动。今以三寸舌为帝者师，封万户，位列侯，此布衣之极，于良足矣。愿弃人间事，欲从赤松子游耳。"(《史记·留侯世家》)张良从此辞却官职，学神仙之术，"学辟谷，道引轻身"，以享天年。

和张良不同的那位"连百万之众，战必胜，攻必取"的韩信，他不仅不懂"功成身退"的道理，而且自以为功多，终被刘邦所擒。当他被刘邦所缚之后，才明白了这个道理，他说："果若人言，'狡兔死，良狗烹；高鸟尽，良弓藏；敌国破，谋臣亡'，天下已定，我固当烹！"(《史记·淮阴侯列传》)不过，这次刘邦并未杀他，只是将其由楚王贬为淮阴侯。韩信并不从中汲取教训，仍然居功自处，不将他人看在眼里，甚至对刘邦也并不敬畏。人们都熟知他与刘邦的一段对话：

刘邦："像我这样能指挥多少军队？"

韩信："不过十万。"

刘邦："你能指挥多少军队？"

韩信："多多益善。"

刘邦笑曰："多多益善，而我才不过十万，那你为何成了我的臣下呢？"

韩信说："陛下不会用兵，而善于用将，所以我为陛下所擒。而且陛下是靠着天命，并非人力所及也。"

韩信的居功自傲，终于使他走上谋反的道路，被吕后以计擒杀。司马迁评论说："假令韩信学道谦让，不伐己功，不矜其能，则庶几哉！于汉家勋可以比周、召、太公之徒，后世血食矣。"(《史记·淮阴侯列传》)司马迁也是依据老子学说去评论韩信的。

"功成，名遂，身退"，前有老子传其道，后有范蠡、张良示其范，遂使这种处世之道逐渐成为一种很普遍的士人心理，即使儒学通人也服膺这一哲理。南怀瑾《论语别裁》中说："古代的诸侯立国的大原则，是要谦让就位，最后又功成不居，所以老子就说：'功成，名遂，身退，天之道也。'这是上古文化的传统思想，后来儒道两家都奉为圭臬。"确实如此，功成身退也为后世儒家所接受了。宋代欧阳修《渔家傲》词云："定册功成身退勇。辞荣宠，归来白首笙歌拥。""定册功成"实现了儒家立德立功的宏愿；急流勇退，保持名节，又享天伦之乐，更能全身保性，避开杀身灭族之祸。所以，功成身退可以看作是士大夫们的身名两全之道，它逐渐演变为一种普遍的文化性格是很自然的。

3. 返朴归真,名士风度

(1)"见素抱朴",赤子之德

老子讲人生修养,多次提到"返朴归真"的问题,如《老子》说:

> 见素抱朴。(一九章)
> 人法地,地法天,天法道,道法自然。(二五章)
> 常德不离,复归于婴儿……常德乃足,复归于朴。(二八章)

老子认为,人生修养的最高境界,是效法道的自然法则,保持人的真朴的本性,像婴儿那样无思无虑,无知无欲,任性而发,率性而为,永远保有淳朴自然的天性。一个人获得了这种真朴之德,即是达到了与道合一的最高修养境界。老子的这一修养理论,最集中的论述见于下边两段话:

> 载营魄抱一,能无离乎?专气致柔,能如婴儿乎?涤除玄览,能无疵乎?爱民治国,能无为乎?天门开阖,能无雌乎?明白四达,能无知乎?生之畜之,生而不有,为而不恃,长而不宰,是谓玄德。(一〇章)

意思是说:你能专一心志,使精神和形体永不分离吗?你能聚结真气达到柔和的境界,像婴儿一样地纯朴天真吗？你能洗净尘垢、邪恶，使心灵光明澄澈而永无瑕疵吗？你爱民治国，能做到自然无为吗？宇宙天地间的巨大变化，你能宁静对待吗？你能大彻大悟，忘形无知，不用心机吗？如果这些你都能做到，生万物，畜养万物，蓄生了而不据为私有，作育了而不自炫其能，长养万物而不自以为主宰，这就是最深厚的品德了。

含德之厚，比于赤子。蜂虿虺蛇不螫，猛兽不据，攫鸟不搏。骨弱筋柔而握固。未知牝牡之合而朘作，精之至也。终日号而不嗄，和之至也。知和曰常，知常曰明，益生曰祥，心使气曰强。（五五章）

意思是说：含德深厚的人，好比是婴儿，他不识不知，无心无欲，完全是一团天理的组合。所以，毒虫不螫他，猛兽不伤他，鸷鸟不害他。他骨软筋柔，但握起小拳头来却是很紧。他不知两性交合之事，但小生殖器却常常勃起，这是因为他的精气极为充足；他终日哭叫但喉咙并不沙哑，这是因为他的和气极为旺盛。认识和气就懂得了生命的永恒规律，认识了生命的永恒规律就是明智，不遵循生命规律而贪求生活享受就会遭殃，欲念主使和气就不能养身保生。

以上两段话说明，老子养生哲学的基本点，就是保持人性的淳朴、率真，无私无欲，顺从自然，永保婴儿状态的那种赤子之德。深得老子之道的庄子，曾构思了一段老子与南荣趎的对话，有助于我们理解老子关于返朴归真的修养理论。《庄子·庚桑楚》载：

南荣趎说："我希望听听护养生命的道理。"

老子说："护养生命的道理，能使精神和形体合一吗？能不分离吗？能不占卜便知吉凶吗？能像婴儿吗？婴儿整天号哭而喉咙不沙哑，这是和气纯厚的缘故；整天握拳而手不松脱，这是拱守本性的缘故；整天瞪眼而目不转动，这是不驰心向外的缘故。行动时自由自在，安居时无挂无碍，顺物自然，同波共流。这就是护养生命的道理。"

南荣趎说："这就是至人的境界了吗？"

答曰："不是的，这只是执滞之心的消释。要是至人，求食于天地而与天同乐，不以人物利害而受搅扰，不立怪异；不图谋虑，不务俗事，无拘无束而去，纯真无知而来。这就是护养生命的道理。"

返朴归真，按照人的自然性情生活，不为物累，不为利诱，不受外在行为规范、纲常名教的束缚限制，不受制于世人所沿袭的伦理原则、传统观念，一切行为唯在顺应自然，任情率性，不加雕琢，纯真无知而来，无拘无束而去，这样的人就可以全身保性，延长生命以至久远。老子的这种人生哲学与后世儒家的修养理论针锋相对。在儒家思想占统治地位的二千多年的封建社会中，它不占主导地位,然其影响还是存在的。它影响了一部分知识分子的文化性格,并造就出一种特殊类型的封建士人。

(2)"越名教而任自然"

魏晋时期是中国思想史、文化史上一个特殊的时代,也是老庄哲学在湮灭几百年后第一次被作为旗帜而高扬的时代。

老庄学说盛行于魏晋之际,似乎是一种历史的必然,是汉魏思想变迁合乎逻辑的发展。自西汉董仲舒提出"罢黜百家,独尊儒术"之后,以阐发儒家经典的微言大义为宗旨的经学就占据了学术界、思想界的统治地位。视"六经"为载道之书,恪守古训,一时成为封建君臣和一般文人学士的主要思维方法,"通经术"成为两汉选拔官吏的主要标准。这种学风繁衍到后来,不但荒诞,而且烦琐,一经之说,繁冗至百余万言。学者注经,三五字经文,可解说到几万言、十几万言,直到后人难以为继的地步,穷毕生之精力,不能通一经。单是经学的烦琐腐朽,就已将自身推上了绝路。

另一方面,以经学为本的"名教",与经学的烦琐腐朽相伴随,也发展到了荒诞、虚伪、不近人情的地步。汉代以孝治天下,有举孝廉制度,一个人不管怎样的不才无能,只要孝得出奇,就可以举为孝廉而踏入仕途。这种制度行之既久，弊端丛生，一些人为了做官，就在"孝"的花样上做文章，要孝得出奇、出众，出类拔萃，以致违背孝的本义，将其完全变成一种虚伪荒诞的行径。史书上记载，有个叫许武的人，曾被举为孝廉，但是他的两个弟弟却找不到出名的机会。一日，许武对两个弟弟提出分家的要求，将财产分割成三份，自己选取了肥田广宅和强壮的奴婢，两个弟弟所得到的产业却少而劣，很不相称。但是，两个弟弟对他们的哥哥却没有丝毫抱怨。于是，乡亲们都称赞许武的弟弟克让有礼，是"悌"的典范，而责骂许武的贪婪，这两个弟弟也因此被举为孝廉。当两个弟弟被推举之后，许武则召集宗族众人说："我当初之所以占取好的田宅奴婢，霸占家产，只是为了给弟弟们创造一个出名的机会。现在两个弟弟已经成名，我就要将财产还予他们。而且经过这几年的理财，我占的财产已经增值三倍，一概还给两个弟弟，一无所留。"于是，郡中翕然，远近称之，许武也终于连升官秩，位至长乐少府。这种孝悌的行为，实在虚伪得很。

更有甚者，一位大孝子竟然为他的父母守孝二十余年。父母死后，他在父母坟旁挖洞，住进洞中守孝。按当时制度，父母之丧，大孝三年，守孝期间不能娶妻生子，非丧事不言，不能有任何欢愉的行为。这已经有些不近人情，而这位孝子却还要再设法出奇，他住进洞中守孝，一守就是二十多年。这位孝子一时名重乡里,传为佳话。后来一位新太守上任,闻听此事后亲自登门拜访,谁知这位孝子竟从洞中带出一群儿女来。所谓"守孝",竟成笑谈。汉代的名教、孝道就是发展到了如此荒诞不经、不近人情、极端虚伪的地步。这样,纲常名教就彻底暴露了它反人性的本质,人们再也不愿接受、继承这一套虚伪骗人的说教,对之产生了严重的逆反心理。于是,在两汉之后的魏晋时期,思想意识形态领域出现一场重大的变革,人们要摆脱世事之累,要挣脱纲常名教的精神束缚,追求符合人的本性的行为规范,就成为一种自然而然的趋势。

老子关于保持人的淳朴自然天性的人生哲学,一下子就征服了极端厌恶汉儒学风、极力挣脱纲常名教束缚的士人的心灵。再加上老子思想的传人庄子从老子哲学中发展出来的社会批判思想,如他对君主权势的批判,对儒家忠孝仁义等仁学信条的批判,对名利的批判等,在汉代儒学走向极端化之后,相比较更显示出生机与活力,对士大夫们产生了极大的吸引力。所以,在两汉之后,以老庄思想为核心的魏晋玄学就应运而生了。

魏晋玄学的出现,还有更直接的社会历史原因,这就是当时异常严峻的历史环境。东汉黄巾起义之后,社会日渐动荡,战祸不已,疾疫流行,死亡枕藉,大批上层贵族也不能幸免。及至魏晋,门阀士族内部的斗争又极其激烈。

当此之时，曹氏、司马氏两个集团互相残杀，鲜血淋淋，当权人士得失变化急骤，生死无常。如《晋书·阮籍传》所说："魏晋之际，天下多故，名士少有全者。"在这样大动荡的年代，旧的社会秩序崩溃，传统的伦理道德受到亵渎，高扬名教伦理的人依靠强权肆意地践踏着名教的原则，传统的一切都变成虚假的、骗人的、毫无价值的东西，再也不值得人们去信仰、去尊崇，而人们还时常处于争朝不保夕的忧虑之中。对生的渴望，对生命的珍视，对纯朴真实的人性的向往，就成为人们唯一需要关注的问题，而这也就自然将士人的注意力引向了老庄的养生哲学、生命哲学。

魏晋玄学是以老庄思想为骨架，糅合儒家经义以代替烦琐的两汉经学的一种哲学思潮。玄学家注重《老子》《庄子》《周易》这三部书，并尊老子和庄子为玄学家之师祖。魏晋玄学经历了三个发展阶段。以王弼、何晏为代表的正始玄学（约公元240—249年），是玄学发展的第一阶段；以嵇康、阮籍为代表的竹林玄学（约公元255—262年），是玄学发展的第二阶段；以裴頠、郭象为代表的西晋玄学（约公元263—316年），是玄学发展的第三阶段。而完全被老庄思想所支配的，是竹林玄学时期。

以嵇康、阮籍为代表的玄学名士，完全以老庄学说为指归，阐发他们的社会思想和人生哲学。嵇康的《难自然好学论》对儒家的仁义礼乐等名教伦理进行批判，认为名教是纯朴亏散的产物，目的在于以名位利禄来束缚人们的身心，它远不如人类的自然状态完美。他说：

> 洪荒之世，大朴未亏，君无文于上，民无竞于下，物全理顺，莫不自得……若此，则安知礼义之端，礼律之文？及至人不存，大道陵迟，乃始作文墨，以传其意，区别群物，使有类族；造立仁义，以婴其心；制其名分，以检其外；劝学讲文，以神其教。

意思是说，儒家的仁义礼乐等名教是衰世的产物，是"至人不存""大道陵迟"的结果，它和"大朴未亏"的自然社会相比，实有天壤之别。因此，从人类的本来状态说，不能不"越名教而任自然"，废除仁义道德、纲常名教。可以说，嵇康的上述思想，完全是《老子》"大道废，有仁义；智慧出，有大伪。六亲不和，有孝慈；国家昏乱，有忠臣"（一八章）一段话的翻版。和这种社会思想相联系的玄学家的生命哲学、人性论，也完全是对老子"返朴归真""见素抱朴""赤子之德"思想的继承。阮籍、嵇康等竹林名士都强调人的自然本性，强调对人的个体生命的重视。阮籍认为"人生天地之中，体自然之形"（《达庄论》），因此，自然的原生性就是人的根本属性，人一经成为人，就必须尊生、养生、全形、全身，必须逃避一切殃及自身的东西；人应该顺其本性，过自由自在的生活，而儒家六经宣传的名教，恰恰是对人的自然本性的束缚，扰乱压抑了人性，是钳制人性的枷锁；要坚持自然人性论，人的行为必须率性任情，体现人的本性的纯朴、天真。因此，玄学名士们公开打出了"越名教而任自然"的旗帜。

（3）名士风度

在"越名教而任自然"的旗帜下，魏晋名士多不顾身份、名教，抛弃了一切纲常伦理，一切行为都顺其性情，放达不羁，甚至嗜酒如命，放浪形骸。

阮籍本人的行为即是如此。有一位兵家之女颇有姿色，未嫁而死，阮籍并不认识此女，与该女的父兄也无交往，但却跑到该女家中，坐在灵前大哭一场，尽哀而起，拂袖而去，使众人莫名其妙。阮籍邻家妇有美色，当垆酤酒。阮籍经常到这位妇人家里饮酒，喝醉了，便宿在妇人家里，挨着妇人睡下。开始时引起这位妇人丈夫的怀疑，经过一段时间的观察，才知道阮籍并无歹意。

阮籍的侄儿阮咸，也是竹林七贤之一的大名士。一次，阮咸与家人围着一个大盆喝酒，突然跑来一群小猪，都拱到酒盆里去喝。阮咸见小猪喝酒不用杯觞碗勺，甚是随意自得，于是便将手中的酒器一扔，一头扎入盆中，与小猪们一起共饮起来。

竹林七贤中的另一位名士刘伶，号称酒仙，更是放浪洒脱。刘伶外出，常乘鹿车，携酒一壶，命一家人扛着铁锹跟随身后。刘伶对随从的家人说："我死到哪里，就地掩埋。"其妻劝他戒酒，藏起了他的酒肉器具，刘伶就发誓要戒，并让妻子摆设酒坛，对天地鬼神盟誓。妻子摆供桌，放上酒肉，刘伶跪下祝曰："天生刘伶，以酒为名。一饮一斛，五斗解酲。妇人之言，慎不可听！"说罢抢过酒肉，又吃得大醉。

东晋名士谢鲲，旷达不拘礼法，能歌善鼓琴，是当时所谓"八达"之一。邻家高氏有美女，他挑逗其女，女用织布的梭子投他，打掉了两颗牙齿。人们用"任达不已，幼舆折齿"两句话来讥讽他，但谢鲲并不以为羞耻，听到后却傲然笑道："犹不废我啸歌。"

魏晋名士的放达不羁，大多如此。这些人可以说是在一定程度上实践了老子返朴归真的修养理论，任何行为都是率情任性，兴之所至，为所欲为。就像阮籍，经常一人独自驾车出外野游，而且不走正路，随处行车，走到实在无法行走的绝境的时候，则停下来大哭一场，然后返回。魏晋名士的行为说明，他们确实挣脱了传统礼教的束缚，挣脱了功名利禄的枷锁，不为物累，不为利诱，崇尚自然，高扬自我，使人的本性得到了自由自在、无拘无束的发展。在经过了两汉几百年间儒学对人的愚昧、奴化之后，玄学家们再次提出"越名教而任自然"的口号，提出尊重人的自然本性。尊重人的感性欲望的正当性、合理性的要求，在中国思想史、文化史上确实具有极其重要的意义。这是一场个体独立与社会理性、精神解放与思想专制的对抗，对后世进步思想的发展，具有一定的启迪意义。

但是也应指出，老子思想在这个被扭曲的时代被当作旗帜，予以发扬，也是他的一大不幸。玄学家们对抗纲常名教，并非完全出于人的纯朴本性。在那极端放浪的行为背后，隐藏着对当时黑暗现实的愤怒和不满，也可以说他们是故意用这些过激的行为来亵渎那个残忍的时代，以实际行动与统治者宣扬的名教对抗。这些人貌似超脱任达，实则忧愤郁闷，是对现实极度不满而又无可奈何的表现。阮籍的儿子想加入名士的行列，一任放达之气，而阮籍却不允许，他说后辈人中已有一阮咸入"吾此流，汝不得复尔"。阮籍拒绝其子像他那样放浪不羁，说明他对自己的行为有着清醒的认识。也正因为玄学名士是故意与名教对抗，所以其行为就难免过激，而非完全出于"自然"。他们的许多行为在一定程度上违背了老子的思想，并不都是人的纯朴本性的表现。而且更为严重的是，玄学家们极端放荡的行为被世人所模仿，造成了两晋时代的病态社会。在一个时期内，嗜酒荒放，袒胸裸体，吃药行散，戏弄女性，赌博斗富，一些惰性的甚至是丑恶的现象，蔓延于整个社会。老子思想是魏晋名士的旗帜，但魏晋名士却在一定程度上扭曲了老子的形象。

当然，魏晋名士那样的放荡作风，是不可能在历史上长久保持的；然而，由此开始，确也发展出一种特殊的士人风格，即现代人也时常提及的名士风度。"名士"按字面意义理解，即士之有名者。在汉代，所谓名士，即指社会上公认的名教典范，是按照名教的要求修养起来的。而到了魏晋时期，著名士人的任性放荡，改变了名士的传统内涵，名士观念发生了根本性的变化。隋唐以后，名士多是指那些才学出众而又不为官禄所诱的独行特异之人。他们虽然也读孔孟圣贤之书，但不应科举，淡泊名利，不追求荣华富贵，不苟于世俗之见，不拘小节，自适其性，坦荡豪放，豁达疏狂，保持着人性的纯朴与真实，有自己独特的个性特征。这类人虽不占士人中之多数，却也是历代皆有。在二千多年的封建社会中，儒家思想一再强化灌输，特别是宋代理学提出"存天理，灭人欲"的命题，要彻底泯灭人的感性欲望，窒息人的感性生命，在这样的社会背景中，也只有那些保有名士风度的人，还算是有点独立的个性。也只是在他们身上，还可以看到一些人性的真实和纯朴。老子思想在人性论上最突出的特点，就是要人们保持人性的天然、纯朴、真实。中国的文人名士，真正有点个性、能够活得洒脱豪放一点的，多是老庄的信徒。

4. 知雄守雌,大德若谷

老子从他特有的"柔弱胜刚强"的哲理出发,提出了一套以"守柔处弱"为特征的处世方法,对中国古代士大夫的性格修养产生了深刻影响。

(1)自是者不彰,自矜者不长

《老子》说:

> 自见者不明,自是者不彰,自伐者无功,自矜者不长。(二四章)
>
> 果而勿矜,果而勿伐,果而勿骄,果而不得已,果而勿强。物壮则老,是谓不道,不道早已。(三〇章)
>
> 曲则全,枉则直,洼则盈,敝则新,少则得,多则惑。是以圣人抱一为天下式。不自见,故明;不自是,故彰;不自伐,故有功;不自矜,故长。夫唯不争,故天下莫能与之争。
>
> 古之所谓曲则全者,岂虚言哉!(二二章)

在老子看来,为人处世,不能自以为是("自是")、自我炫耀("自伐")、自尊自大("自矜")。这些都是人易犯的毛病,是阻碍人建功立业,甚至危及人的生存的。人要保全自己,发展自己,应该具备不争之德,懂得委曲则能保全的道理。不固执己见,方能看得明白;不自以为是，方能分清是非；不自我夸耀，方能有所成就。相反，自是、自伐、自矜、傲气十足的人，则不能看清是非，不能有所建树，不能有所长进。委曲反而可以保全，弯曲反而能够伸直，低下反而可以充盈得益，破旧反而可以生新，少取反而可以多得，若是贪多反而弄得迷惑，自是者必败，自矜者必亡。老子的这些论断可以说是充满了辩证的智慧。

不要自是、自伐、自矜，实际上讲的是一个戒骄戒躁、谦虚谨慎、谦恭自处的问题。这在二千多年的封建社会中，已经成为士大夫们崇尚的一种美德。随刘秀南征北战、为东汉建国立下卓越功勋的冯异，就是一个深得老子之道的人。史载："异为人谦退不伐，行与诸将相逢，辄引车避道。进止皆有表识，军中号为整齐。每所止舍，诸将并坐论功，异常独屏树下，军中号曰'大树将军'。"（《后汉书·冯异传》）正因为冯异不自矜自伐，不与人争功，才博得了军士的爱戴和光武帝的器重。三国魏时士大夫官吏王昶在《诫子书》中说："欲使汝曹立身行己，遵儒者之教，履道家之言"；"夫人有善鲜不自伐，有能者寡不自矜；伐则掩人，矜则陵人。掩人者人亦掩之，陵人者人亦陵之"。（《三国志·魏书·王昶传》）王昶认为，一般人有什么长处很少有不自夸的，有才能的很少有不骄傲自大的；自夸，必然看不见别人的长处；骄傲自大，必然不会平等待人；

看不见别人的长处,别人也不会尊重你的优点;不会平等待人,别人也会以同样的态度欺侮你。王昶要他的后人记住这个由老子所阐明的道理。唐代进士皮日休也曾讲过:"勿恃己善,不服人仁。勿矜己艺,不敬人文。"(《耳箴》)强调人不要总自以为有才能、了不起,而看不到别人的长处。古代士人认为,谦虚谨慎是人的美德,是立言、立功、立德的起码条件。否则,连自身都站不稳,何谈事业的成功?所以,"满招损,谦受益"一直是不少士大夫们的座右铭。至今,"虚心使人进步,骄傲使人落后"的格言,仍为人们所遵奉。而这些格言、思想都是与老子的教诲相关联的。

(2)知雄守雌,知荣守辱

《老子》说:

> 圣人方而不割,廉而不刿,直而不肆,光而不耀。(五八章)
>
> 知其雄,守其雌,为天下溪……知其白,守其黑,为天下式……知其荣,守其辱,为天下谷。(二八章)
>
> 大成若缺,其用不弊。大盈若冲,其用不穷。大直若屈,大巧若拙,大辩若讷。(四五章)

这几段话的意思是说:圣人的品德,应该是方正而不戕人,锐利而不伤人,直率而不放肆,光亮而不刺耀。人要能够收敛自己的锐气、锋芒。知道雄的道理，却不与人争雄，反甘心守处雌的一方，那就如天下的溪壑，必然众流归注，得到天下人的归服。知道光明的一面，却不与人争光明，而甘守黑暗，才能成为天下的典范。知道光荣的一面，却不与人争光荣，而甘居耻辱，才可以得天下人的归服。所以，为人处世，必须懂得沉默蓄藏，锋芒太露则会败亡。就像那一般的事物，最完美的好像有残缺，但它的作用不会衰竭；最充实的犹如空虚，而其作用也不会穷尽。最正直的好似弯曲，最灵巧的好似笨拙，最雄辩的好似口讷。"守柔处弱"合乎事物发展变化的道理，也是为人处世的良方。

知雄守雌，知荣守辱，是一种很高的修养境界，后世文人多崇尚此道，而又难能达到。孔夫子似乎也有这样的感慨。在《论语·公冶长》中，孔子说："宁武子，邦有道则知，邦无道则愚。其知可及也，其愚不可及也。"他赞扬卫国大夫宁武子，在国家政治清明时表现出聪明才智，在天下无道的乱世则大智若愚，装作糊涂。孔子认为，宁武子的聪明别人可以做到；而他的大智若愚，别人则不容易做到。可见，一个人要做到像老子说的那样知雄守雌、知白守黑、知荣守辱、大巧若拙是不容易的，需要很深的修养工夫。

然而，人确实应有这样的品质修养。人在得意之时，聪明才智很容易外露，而"枪打出头鸟""出头的椽子先烂"。一个人才华横溢，锋芒太露，是很容易遭人忌妒和打击的。即使从全生保身的角度说，修炼这种品德也是非常重要的。明人洪应明的《菜根谭》中说："淡薄之士，必为浓艳者所疑；检饬之人，多为放肆者所忌。君子处此，故不可少变其操履，亦不可露其锋芒"，"完名美节不宜独任，分些与人可以远害全身；辱行污名不宜全推，引些归己可以韬光养德"。洪应明即是从避免遭受他人的嫉妒、猜疑的角度，从远害全身的角度，强调"不可露其锋芒"的。

但是，大智若愚，心里十分明白，却要装出糊涂，自甘处于雌、黑、辱的地位，是不容易做到的，正所谓聪明容易糊涂难。清代君士郑板桥有句名言："聪明难，糊涂亦难，由聪明而转入糊涂更难。"古来许多人都欣赏"难得糊涂"这句话，这是人们对老子思想的认同，它显示了老子处世哲学对古代士人的深刻影响。

（3）上德若谷，以德报怨

《老子》说：

> 明道若昧，进道若退，夷道若颣。上德若谷，大白若辱，广德若不足，建德若偷，质真若渝。（四一章）
> 古之善为士者，微妙玄通，深不可识。夫唯不可

识,故强为之容……敦兮其若朴,旷兮其若谷,混兮其若浊。(一五章)

圣人常善救人,故无弃人;常善救物,故无弃物。是谓袭明。(二七章)

报怨以德。(六三章)

老子这些话,是讲为人处世应当有宽广的胸怀,有宽容之心,豁达大度,宽宏大量。他认为"上德若谷",高尚的德就像低下的山谷,能容纳百川;"广德若不足",广大的德就像不足的样子,总觉得自己还缺少什么,谦卑自处。所以,古代的有道之士,其淳厚质朴,好像未经雕琢的素材;心胸开阔,好像空旷的山谷;浑朴纯和,好像混浊的大水。有这样的品德,才是真正得道的人。这样的人由于胸怀宽广,任何人他都能使用,在他那里没有被废弃的人;也善于使物尽其用,没有被废弃的物,对待任何人和物都极为明智。有道之士,对待怨恨他的人也表现出胸怀的坦荡,能够用恩德去报答怨恨。

古往今来,许多文人学士都很欣赏这样的人格修养。应该说,老子在这个问题上表现出了比孔子更大的胸怀和气量。《论语·宪问》篇载,有人问孔子,对老子讲的"以德报怨"该如何看待,孔子说:"何以报德?以直报怨,以德报德。"孔子的话是说,如果以德报怨,那将用什么来报答恩德呢？所以，只能是用正直报答怨恨，用恩德报答恩德。看起来孔子是不如老子更宽宏大量的。古代士人虽然都服膺儒学，但对老子的修养理论也很赞赏，并尽力去躬行实践。唐朝人娄师德是世家大族出身，他家几代做大官，声望很高，自己也在京城里做大官。他弟弟到代州去当太守，上任前来向他辞行。娄师德说：我们娄家受国家、朝廷的恩惠太大，我们兄弟俩又都做官，一般人会批评我们世家公子比较骄傲，你出去做官，千万要明白这一点，多多忍耐，不要为我们娄家丢人。他弟弟说：这点我懂，要是有人向我脸上吐口水，我就自己擦掉，决不和人计较。娄师德说：这样做并不好啊！你把它擦掉，还是违其怨，让人家难堪。弟弟说：我懂了，就让它在脸上自己干了。娄师德点头称是,这大概就算是"以德报怨"了。"以德报怨"的思想是被古代士人所认同的。洪应明的《菜根谭》中说："我有功于人不可念,而过则不可不念；人有恩于我不可忘,而怨则不可不忘。"这样的话,在古代家训家书中经常见到,已成为读书人普遍的思想观念。

上德若谷，宽宏大量，还影响了我们的整个社会、整个民族。中国古代有许多反映这一美德的格言、俗语，如：严于律己，宽以待人；谦虚的人常思己过，骄傲的人只论人非；打人不打脸，揭人不揭短；你敬我一尺，我敬你一丈；大人不见小人怪，宰相肚里能行船；等等。这些俗语,都是对"上德若谷"思想生动、通俗、形象的说明。可以说,老子的人生修养理论,对古代士人的人格修养起了很大的作用,并已深深积淀于中华民族的灵魂深处,成为中国文化传统的重要组成部分。

最后,我们还要特别强调,老子思想对中国士人的影响作用应辩证地去看。它所强调的"知足不辱,知止不殆""知雄守雌""知荣守辱""上德若谷""功成身退"等人生信条,一方面对传统农业社会的安定谐和、慰藉失意士人的心灵起到了一定的积极作用,不失为传统社会的美德,即使在今天也有某种程度的积极意义;但另一方面,这些人生修养理论在长期的传承中,和儒家"存天理,灭人欲"的伦理原则一起,也严重地扼杀了人们的竞争意识和进取精神。它过于忽视人的感性欲望的正当性、合理性,使人失去奋发向上、积极进取、大有作为的生命活力。在传统农业社会向现代工业社会过渡时期,在需要高扬竞争意识的时代,老子人生信条的副作用会更显突出。事实上,对传统文化中的许多因素,我们都应该这样辩证地去看,哪怕是我们当作是纯粹的美德的成分,也需要一分为二。譬如谦虚,它无疑是传统的美德,然而看待它也可以有另外的角度。马克思曾经说过:"谦逊是使我寸步难行的绊脚石";"歌德说过,只有叫花子才是谦逊的"。(马克思、恩格斯:《马克思恩格斯全集》第一卷,人民出版社，1956）马克思的话不也提供了一个看待谦虚品格的特有角度吗？即便不是要完全客观地描述老子思想的历史影响，而是立足于借鉴，我们对它的认识也需要更辩证些、更全面些。

四 《老子》与哲学

在中国哲学史上,老子有着极其重要的地位和影响。他的以天道自然为核心的宇宙论,以玄鉴、静观为特征的认识论,以"反"为中心的辩证法思想,以虚静淡泊、返朴归真为特色的人生理论,形成了中国哲学史上第一个比较完整系统的哲学体系。老子是中国哲学史上第一位哲学家。在先秦诸子百家因互相争鸣而不断融合的过程中,道家继承发展了老子哲学自不用说,其他各家也程度不同地接受了老子学说的影响。此后,老子哲学有时被正统儒学所吸取而成为其理论基础(如宋明道学),有时取代儒学而居于统治地位(如魏晋玄学),它还影响到中国土生土长的宗教——道教和外来最大的宗教——佛教两大宗教思想的发展。下面就老子哲学对各个时代哲学思想的影响作一简要评述。

1.《老子》与先秦哲学

《老子》对先秦各家的影响,就道家而言,它直接开启了杨朱、列子、庄子、稷下黄老学等;就儒家而言,老子哲学影响了思孟学派的天道观和荀子的自然观及认识论;就法家而言,韩非的天道观、辩证法和认识论思想等也源自《老子》。

(1)老子与庄子

庄子,姓庄,名周,宋国蒙(今河南商丘县)人。约生于公元前369年,卒于公元前286年。他曾在家乡做过管理漆园的小官,可是没干多久就归隐了。当时的庄子家境贫寒,不仅向地方官吏借过米,而且曾一度靠编卖草鞋过活。据《史记》记载:楚威王得知庄子很有才能,便派使者以厚币礼聘,请他作卿相,被他拒绝。庄子对楚国的使者说:千金、卿相,这的确是重利、尊位,但是,君不见太庙里祭祀用的牛吗?小牛养大了,便给它披上绣缎送到太庙作祭品;此时,它即使想做一只自由自在的小牛,也不可能了。你赶快走吧,不要玷污了我!我宁愿像一条鱼在污泥浊水中自得其乐,也不要做官受约束:我不想当官,也就是要图个心境愉快。

庄子的学术思想比较完整地保存在《庄子》一书中。今本《庄子》有三十三篇,分为内篇七、外篇十五、杂篇十一。其中，内篇一般被认为是庄子所著，外、杂篇是庄子后学所作。因此，《庄子》一书就是庄子及其后学的著作汇集。

庄子是继老子之后的又一道家巨擘，虽然"别为一宗"，但他与老子之间却有明显的思想渊源关系。司马迁说，庄子"其学无所不窥，然其要本归于老子之言"（《史记·老子韩非列传》），指出了老庄思想的继承关系。

首先，庄子继承并发展了老子的道论。《庄子》中的"道"不仅是自本自根的，无所不在的，而且它还是产生天地万物的根源以及万物存在的依据。《庄子》说："夫道……神鬼神帝，生天生地"（《大宗师》）；"形非道不生，生非德不明"（《天地》）；"泰初有无，无有无名，一之所起，有一而未形，物得以生"（《天地》）。显然，这里的"道"或"一"就是指世界万物的最后根源，这是源自老子"道"生万物的思想。另外，《庄子》还说："道者，万物之所由也。庶物失之者死，得之者生；为事逆之则败，顺之则成"（《渔父》）；"天不得不高，地不得不广，日月不得不行，万物不得不昌，此其道与"（《知北游》）。其中"道"的意思，就是指万物以其固有的那种形态和性质存在的依据。这也与老子的"道"相同。庄子的"道"还具有超越性，如《庄子》中说："夫道……在太极之先而不为高，在六极之下而不为深，先天地生而不为久，长于上古而不为老。"(《大宗师》)这是说"道"作为世界万物的总体或整体具有超越时空囿限的性质。既然"道"不具有时空形式，因而它就成为超越感性的对象，不能为我们的感觉器官所感知，也不能为我们的理智所认识。《庄子》中"夫道……可传而不可受，可得而不可见"(《大宗师》)，"大道不称"(《齐物论》)，"道不可闻，闻而非也；道不可见，见而非也；道不可言，言而非也……道不当名"(《知北游》)等等，都是对"道"的这种超越性质的明确描述。这也是直接源自老子的"道""不可道""道隐无名"之说。

庄子在发挥老子"万物负阴而抱阳，冲气以为和"思想的基础上，发展了老子的道论，提出"气"论的万物生成理论。庄子"气"论的内容可归纳如下：第一，气是至微无形的物质，在天地之先原是一气，天地即本始于气；第二，万物由气构成，气聚则为有形之物，物散复归于气；第三，气分为阴阳，所以能聚散往来，聚而成物，散而为气；第四，处于天地之间的人，也由气发展变化而来，故人之生死，亦气之聚散：聚则为生，散则为死。总之，"气"是弥漫宇宙的普遍的存在，正是它生生不息的运动构成了世界万物生成、发展、灭亡的全过程。庄子这种以虚无的、变动不居的"气"为万物基始的观点，不仅在一定程度上克服了先秦那种以固定的、可感的水或土为万物基础观点的直观性，而且对老子的"道"是宇宙本体、万物本源的思想，也是一个补充、丰富和发展。

其次，庄子继承了老子社会批判的立场和返归自然的社会理想。

庄子所生活的战国中期，是中国历史上一个充满变革的时代。当时诸侯为争夺霸主地位，相互之间不断爆发攻城略地的战争。统治者为富国强兵，争夺权位，对老百姓巧取豪夺，人民生活在一个非常险恶、残酷的社会政治环境中。面对这样一个天崩地坼、天下大乱的严酷的社会现实，庄子痛心地认识到：正是伴随着物质文明的进步和发展，人的欲望在不断地增长，赤裸裸的剥削、掠夺、压迫在日益加剧，与此俱来的是"人间世"充满着横暴与贪婪、欺骗与狡黠、罪恶与堕落……对此，庄子发出了强烈的抗议，并从自然主义的理论立场出发，对当时不合理的、堕落中的社会进行了激烈的批判。

庄子继承了老子"无为而治"的政治主张，认为"无为"是君主及一切有道德修养的人的根本的、最高的行为准则。因为在庄子看来，天地万物在其本性上都是无为的。《庄子》说："天地有大美而不言，四时有明法而不议，万物有成理而不说。"（《知北游》）这就是说，无为是天地万物的存在方式。无为也是天地万物的生成方式："万物职职，皆从无为殖。"（《至乐》）而作为万物之一的人，其存在方式、行为方式也应该是无为的："圣人者，原天地之美而达万物之理，是故至人无为。"(《知北游》)据此，庄子将批判的锋芒指向当时施行暴政的统治者，以及为统治者所盗用的仁义之道。在庄子看来，正是统治者的贪欲及其残暴的行径，造成了"殊死者相枕也，桁杨者相推也，刑戮者相望也"(《在宥》)的悲惨景象。庄子也看到了在那样一个争权夺利、道德堕落的社会中，"仁义"已成为人们盗取权位、图谋名利的手段："爱利出乎仁义，捐仁义者寡，利仁义者众。"(《徐无鬼》)因此庄子认为，推行仁义之说不但不能救世，反而造成了虚伪："仁义之行……假乎禽贪者器"(《徐无鬼》)，"吾未知……仁义之不为桎梏凿枘也"(《在宥》)。"仁义"实际上成了贪婪者攫取名利的工具，成了统治者窃国称侯和束缚人民的工具。庄子这些凝聚着深刻智慧的论断及其所体现的强烈的批判精神，显然是沿承了老子的思想。它不仅与老子斥责当权的统治者是强盗头子，认为民众的痛苦、社会的动乱都是统治者的种种暴虐行径带来的思想是一致的，而且也与老子抨击"礼"是"忠信之薄而乱之首"，主张"绝圣弃智""绝仁弃义""绝巧弃利"的思想一脉相承。

庄子站在诸侯纷争、战争频繁的乱世回顾历史，展望未来，他所看到的是一幅人类历史从古至今道德水平、政治生活和人性本身全面衰颓的景象。伴随着物质文明的进步,人却日益被"物"所统治,被自己所创造的财富、权势等所统治,并由此而发生争夺、残杀、欺骗,给社会带来了罪恶和苦难。如何医治社会的这种病态呢?庄子在抨击现实社会的基础上,主张返回原始的、素朴的自然状态,恢复人的自然本性。为此他提出了"至德之世"和"建德之国"的社会理想。庄子是这样描绘他的理想社会的:盛德的时代,人们行为质重,朴拙无心。在那时候,人们安居家中而不向外追逐,所以,山上不曾有路径通道,河水上也不曾有船只和桥梁;万物众生,比邻而居;禽兽众多,草木滋长。因而禽兽可以牵引着游玩,人也可以攀缘而上观看鸟鹊的窠巢。在这样的盛世,和鸟兽同居,与万物并聚,不必区分君子和小人。上不尚贤使能,民众也不知仁义忠信,但其行为却能做到端正、慈爱、朴实和恰当。(《马蹄》)那时候,人们结绳记事,觉得自己的饮食可口、衣服美观,习俗可乐,起居安适;因为人们安土重迁,所以,即使国与国紧邻,可以互相听到鸡狗的叫声,人们也一辈子都不相互往来。(《胠箧》)

这是一个人人劳动,人人饱暖,人人无知无欲,人人素朴,没有剥削压迫,没有君子、小人之分,人人生活安宁、快乐的美好社会。与老子"小国寡民"的理想社会相比,庄子的"至德之世"物质生活更原始,精神状态更蒙昧,所处时代更古远。但是,从中我们可以看出:庄子对一种人与自然、人与人尚无任何对立的远古社会的深情的憧憬，表现了他对"相轧相盗""弃生殉物""人为物役"的现实社会的鄙视和不满；虽然庄子所希望的无道德约束、无政治倾轧、生活安闲的自然、美好的社会具有明显的远离实际的幻想性，但却充分体现了庄子积极的社会批判精神。

（2）老子与稷下黄老学

先秦典籍中没有"黄老"这一名称，"黄""老"连称是汉代人的说法。黄老指的就是黄帝和老子。据《汉书·艺文志》记载，属于道家类的黄帝之书有《黄帝四经》《黄帝铭》《黄帝君臣》《杂黄帝》等。这说明在先秦道家中，除了有老子之学外，尚有黄帝之学。因为黄学与老学思想相近，所以汉代就以"黄老之学"连称了。

所谓稷下黄老学，指的是在齐国稷下学宫中主黄老思想的那些学者所创立的学说，代表人物主要有宋钘、尹文等，其代表著作是齐国推崇管仲的学者依托管仲而写的著作的汇集即《管子》一书。下面通过对《管子》中《白心》《内业》《心术》上下四篇哲学思想的讲述，看一看稷下黄老学对老子学说的改造和发展。

首先，《管子》四篇继承了老子关于"道"是宇宙万物本源的思想，并明确提出"道"即"精气"的气论思想。老子曾把"道"当作一种混沌未分的原初物质，例如他讲

"道"有"物"、有"精"、有"信",并且认为阴阳之和气构成了万物("万物负阴而抱阳,冲气以为和")。但是老子对此讲得都很笼统而不确定。稷下黄老学对老子的这些思想加以改造,把老子的"道"明确说成是一种"气",一种精气。《内业》篇说,作为物质的精气,结合起来就能产生万物。五谷、星辰,甚至鬼神都是精气的产物,将气怀藏于胸中就能成为圣人。由于气的运转不息,因而充满于天空、深渊、高山和大海。《内业》篇还进一步把人们的思想和智慧归结为"精气"运动的产物,认为有了气的运化(精气和形气的结合),才有人的生命,再进而产生思想、智慧,这叫作"德成而智出"。这也是唯物地解释形、神关系所作的最初的尝试。总之,稷下黄老学把整个世界的统一性归结为物质性的"气",不仅发展了老子的道论,而且奠定了我国古代气一元论的哲学传统。

其次,《管子》四篇批判地继承了老子"静观"的思想。在认识论上,老子主张"静观",否认感觉经验,提出了具有神秘直觉倾向的"玄鉴""静观"的认识方法。《管子》四篇在改造老子"静观"思想的基础上,提出了"静因之道"的认识原则。什么是"静因之道"呢?所谓"静",就是要人心保持虚静。人心是认识的主体,要获得正确的认识,就要修养认识主体。在《管子》四篇的作者看来,"道"是"虚"的,人心也应该是"虚"的。"虚者无藏也"(《心术上》),"无藏"就是指"心"中不要先有所藏,即不要预先藏有主观成见,这样就可以按照事物的本来面貌去认识事物。否则,如果心中有了成见,就会妨碍对事物的认识。因此,他们又提出了"去智与故"的思想,就是在认识事物时,要抱客观态度,不能带有半点主观的想法。所谓"因",就是要因物之实,"以物为法",如实地认识客观事物。"因也者,舍己而以物为法者也","因也者,无益、无损也"。(《心术上》)总之,稷下黄老学的"静因之道"的认识论,虽然与老子反对"前识"的思想有一致之处,而且所讲的"去智与故""虚静"观念也与老子有相通的地方,但实际上已有了根本不同的内容,是不可混为一谈的。

(3)老子与荀子

荀子(约公元前313—前238年),名况,字卿,又称孙卿子,战国末期赵国人。他博学善辩,年轻时便到齐国的文化中心稷下学宫讲学,曾三次担任"祭酒"(学宫领袖),享有很高的声望。他曾经两度做楚国兰陵(今山东兰陵县兰陵镇)的地方官,又曾西游入秦,议兵于赵。晚年罢官居兰陵著书,直至去世。他遗留下来的著作,后人整理成《荀子》一书。

荀子以儒家自居,推崇孔子。但是,作为综合先秦诸子百家之长而集其成的学术大家,他对先秦诸子的思想采取了批判继承的态度。因此，荀子对于老子的哲学，也是既有吸收又有批判的。

首先，荀子继承并发展了老子天道自然的思想。《老子》中有"天之道"与"人之道"的区分，认为天道（道）是自然无为的，人应当取法自然之道，无为而治。荀子批评老子是"有见于诎，无见于信"（《天论》）。荀子在考察了先秦诸子（包括老子）关于天人关系学说的基础上，明确提出了"明于天人之分"的论点。意思是说，天（自然界）和人各有不同的职分和规律：产生万物和人类社会的是自然之天，而治理万物和人类社会的则是有为的人；自然规律可以不依人的意志为转移，人则能够利用自然规律以控制自然，获得自由。因此，在天道观上，荀子认为万物的生成和变化都是天地合气、阴阳交接而引起的（"天地合而万物生，阴阳接而变化起"），而且认为"天行有常""天有常道"，这里的"常""常道"都是自然界所固有的法则、规律性。荀子在《天论》中说："天行有常，不为尧存，不为桀亡。应之以治则吉,应之以乱则凶。"这与老子的"知常曰明""知常容……没身不殆""不知常，妄作凶"（一六章）的观点如出一辙。所不同的是，荀子反对老子道家无为的消极态度，而强调人类具有掌握自然规律、改造自然的主观能动性。他说：

> 大天而思之，孰与物畜而制之；从天而颂之，孰与制天命而用之；望时而待之，孰与应时而使之；因物而多之，孰与骋能而化之；思物而物之，孰与理物而勿失之也；愿于物之所以生，孰与有物之所以成。故错人而思天，则失万物之情。（《天论》）

这段充满智慧和激情的话，意思是说：与其把天看得非常伟大而思慕它，不如把天看作物来控制它；与其顺从天而歌颂它，不如掌握自然规律来利用它；与其空望天时而坐待恩赐，不如适应季节而使天时为生产服务；与其听任万物自然增多，不如发挥人的智能促使其变化繁殖；与其想役使万物，不如按规律来调理万物而不使丧失；与其指望万物自然生长，不如用人力创造条件来帮助它成长。因此，要放弃人的作为而去仰慕天道，那就失去了自然万物的本性了。

荀子在此提出了著名的"制天命而用之"的观点，即"人定胜天"的思想。荀子在正确地阐明天与人、自然与人为的相互关系的基础上，主张尊重客观规律，积极肯定人的主观能动性，显示了他的思想的伟大和可贵。

其次，荀子提出了"虚壹而静"的认识原则。这个原则的提出，也是他积极吸收和改造老子道家认识论思想的重要成果。

"虚壹而静"作为认识方法,是直接渊源于稷下黄老学的"静因之道";而"静因之道"又是稷下黄老学对老子"致虚""守静"认识方法的继承和发挥。因此可以说,在认识论上,荀子也是间接受到老子思想影响的。

荀子在《解蔽》中提出了"虚壹而静"的思想。他说:"人何以知'道'?曰:心。心何以知?曰:虚壹而静。"这就是说,人心是可以认识"道"的,但是,人心怎样才能认识"道"?这就必须使人心做到"虚壹而静"。

什么是"虚"呢?"人生而有知,知而有志;志也者,臧也;然而有所谓虚,不以所已臧害所将受谓之虚。"(《解蔽》)意思是说:人生来就有认识能力,将获取的知识记忆下来,这就是"臧";但同时必须虚心,不能以已经获得的知识为成见妨碍接受新知识,这就是"虚"。什么是"壹"呢?"心生而有知,知而有异,异也者,同时兼知之。同时兼知之,两也;然而有所谓一,不以夫一害此一谓之壹。"(《解蔽》)这就是说,心能辨别差异,同时兼知各种事物,这就是"两";但同时必须专一,不要因为见他物而分心,妨碍认识此物,这就是"壹"。何谓"静"呢?"心卧则梦,偷则自行,使之则谋;故心未尝不动也,然而有所谓静,不以梦剧乱知谓之静。"(《解蔽》)这就是说,心一直在活动,既可以有意识地思考,也可以在松弛时胡思乱想,如人睡着了就做梦,这就是动;但又必须安静,不要让胡思乱想来扰乱正常的思维活动,这就叫"静"。在荀子看来,心是藏与虚、两与一、动与静的统一,而"虚壹而静"就是主张在认识活动中,要做到虚心、专心和静心,如此便可以达到认识上完全透彻、无所偏蔽的"大清明"的境界。荀子"虚壹而静"的认识方法,突出了认识的全面性和能动性,是对老子"玄鉴""静观"和稷下黄老学"静因之道"积极扬弃的理论成果,在认识论史上写下了光辉的一页。

(4)老子与韩非

韩非(约公元前280—前233年),战国末期韩国人,是法家学派的思想代表。他因痛感韩国变法不彻底,政治腐败,而自己又不能见用,于是就从事著述。他的著作传到秦国后,受到了秦始皇的赞赏。公元前233年韩非被派遣出使至秦,还没来得及与秦始皇见面,就遭到李斯等人的妒害,死于狱中。

韩非是荀子的学生,他的思想受到荀子的影响是显而易见的。不过他又"喜刑名法术之学",其"学本黄老",因此,与老子的思想又有着密切的渊源关系。韩非作有《解老》《喻老》两篇,他是我国历史上第一个给《老子》作注解的人。

韩非是集先秦法家思想之大成者。下面仅从天道观、辩证法、认识论方面,谈谈老子与韩非的关系。

首先，韩非继承并发展了老子的道论。在老子那里，道是"先天地生"的最高实体，呈现出"恍兮""惚兮"的虚无特性；韩非对它进行了改造，使其具有客观物质性的内容。他说："道者，万物之所然也，万理之所稽也。"（《解老》）这就是说，万物之所以成为万物就在于"道"，而"道"也是各种具体事物的规律的总和。因此，在韩非这里，"道"是存在于天地万物之中并与客观事物相始终的总的规律。在韩非看来，天地、日月、五常、列星、四时及社会人事的特性和运动变化都受"道"的支配和制约。"道"不仅成就了天地，和化了雷霆，而且宇宙内的一切事物都依赖它得以完成。韩非不仅强调"道"是客观事物的普遍法则，而且以"理"论"道"："理者，成物之文也"；"凡理者，方圆、短长、粗靡、坚脆之分也。"（《解老》）这里，"理"是指事物的特别规律，亦即一事物区别于它事物的具体法则。事物各有其长短、大小、方圆、白黑等形象和轻重、坚脆等性质。因此，"道"是"理"之总，"理"是"道"之分。"道"寓于理之中，"理"又离不开道，并体现了道。因此，韩非的"道"就是可以被认识的："今道虽不可得闻见，圣人执其见功以处见其形。"（《解老》）这就是说，道虽然宏大无形，但圣人却可以通过道在具体事物中表现出来的功用去认识和掌握它，这就克服了老子所称的道的神秘性。

其次，韩非继承、改造了老子的辩证法思想。老子的辩证法的特点是讲"中"，讲"和"，即注重对立双方的统一，而强调"不争"；韩非则强调了对立双方的斗争，提出了"凡物不并盛，阴阳是也"（《解老》）的思想，认为阴阳消长总是一方克服另一方的。他还说过，"法术之士与当途之臣不相容也"（《人主》），"智法之士与当途之人不可两存之仇也"（《孤愤》）。韩非虽然强调矛盾的斗争性，但他也并不否认对立面的统一性。就君臣、上下的关系而言，虽然"君臣之利异"，"故臣利立而主利灭"，（《内储说下》）但是，如果"君操其名，臣效其形，形名参同"，君臣、上下也能达到"和调"。（《扬权》）

韩非还进一步发挥了老子关于矛盾转化的思想。《老子》说："祸兮，福之所倚；福兮，祸之所伏。孰知其极？"（五八章）老子在此并没有明确指出祸福转化的条件，而韩非则强调祸福发生转化的条件性。祸为什么能转化为福呢？这是因为，人遭到祸患就产生恐惧之心，于是行为就谨慎端正，深思熟虑，这样就可以免除灾祸，化祸为福，这叫"福本生于有祸"；反之，人在福中就容易骄傲自满，行为邪辟，举动违理，这样就必然遭到祸患，这叫"祸本生于有福"（《解老》）。韩非把人的谨慎端正和骄傲邪辟作为祸、福转化的条件，这一思想就比老子深刻得多，具体得多。

最后，在认识论上，韩非像老子一样是反对所谓先知先见的"前识"的。《老子》说："前识者，道之华而愚之始。"（三八章）韩非发挥了老子这一合理的认识论思想，认为"前识"就是"无缘而妄意度"，是"先物行，先理动之谓"，也就是主观的妄想和臆测。他举了一个"詹何猜牛"的事例：一天，道术家詹何和他的弟子们坐在屋里，听到外面有牛叫声，都争着猜测这头牛是白的还是黑的，争论了半天，还是不能证明谁猜对了，于是叫人到外面一看便真相大白了。由此可见，主观猜测是无济于事的。韩非还改造了老子的"虚静"说，提出："因天之道，反形之理，督参鞠之，终则有始，虚以静后，未尝用已。"（《扬权》）这就是说，认识要依据自然界的客观规律，联系具体事物的形状、特性，对其全过程进行反复的考察，排除主观成见，这种认识方法就更具有客观性和真理性。

2.《老子》与两汉哲学

两汉时期，老子的思想仍具有很强的生命力和影响力。自秦始皇尊法排儒之后，先秦的百家争鸣即告结束，然而暴秦的法家统治是短命的。秦朝灭亡、汉朝兴起之后，深受老子思想影响的黄老学便替代法家而居于统治地位。以后，汉武帝罢黜百家，独尊儒术，儒家又逐步取代黄老学而成为统治思想。在当时道法互黜、儒道互黜的变动中，一些思想家如盖公、司马谈、王充、刘安等人，积极提倡并发展了老子学说及稷下黄老思想，王充等人对中国古代哲学的发展作出了可贵的贡献。同时，老子思想对汉代道教和佛教也产生了不同程度的影响。下面仅对汉初黄老学与王充的哲学思想作一简要分析。

（1）汉初黄老学

秦代"以法为教"，黜道又坑儒，终于败亡。汉初统治者吸取教训，并依据当时国家需要安宁、经济需要恢复和发展、人民需要休养生息的现实，采取了黄老学的无为思想，并奉之为"治国安民"的指导方针。

汉初黄老学"无为"思想的重要代表有陆贾、贾谊、盖公和司马谈。

陆贾（公元前240—前170年）和贾谊（公元前200—前168年）都是西汉初年著名的思想家。虽说两人都尊崇儒家，但是他们思想中已融有黄老学思想的成分。为了缓和社会矛盾，为了治国安民，他们都要求统治者不扰乱民事，与民休息，于是大力宣扬黄老学清静无为而治的思想。他们说：

> 夫道莫大于无为，行莫大于谨敬。何以言之？昔虞舜治天下，弹五弦之琴，歌南风之诗，寂若无治国

之意,漠若无忧民之心,然天下治。(《新语·无为》)

明主者,南面而正,清虚而静,令名自命,令物自定。(《新书·道术》)

这就是说,清静无为就是统治者不苛扰民众,并与民众相安无事,这显然是符合汉初政治需要的,所以黄老学当时得到了统治者的支持和大力提倡。统治者中首先用黄老无为思想治国的是汉相国曹参。司马迁盛赞说:"参为汉相国,清静极言合道。然百姓离秦之酷后,参与休息无为,故天下俱称其美矣!"并记录了当时百姓赞美"无为"方针的一首颂歌:"萧何为法,顜若画一。曹参代之,守而勿失。载其清静,民以宁一。"(《史记·曹相国世家》)可见,黄老学的"无为"思想在汉初实际政治生活中起过重要的历史作用,如一向为后人所称颂的"文景之治",即是无为政治的杰作。《史记》称:"文帝时,会天下新去汤火,人民乐业。因其欲然,能不扰乱,故百姓遂安。"(《史记·律书》)参与文、景两朝朝政的窦太后也尊崇黄老学,史书称:"窦太后好黄帝、老子言,帝及太子、诸窦,不得不读黄帝、老子,尊其术。"(《史记·外戚世家》)总之,黄老清静无为的思想不仅对当时政治起着主导作用,并且在黄老之学风行的数十年内,社会上逐渐形成了具有汉初特色的道家思潮。

（2）老子与《淮南子》

《淮南子》又名《淮南鸿烈》，是西汉淮南王刘安（约公元前179—前122年）与其门客合作编著的一部理论著作。全书以老庄道家思想为宗，兼采儒、墨、名、法、阴阳诸家之长，形成了独具特色的较为完备的理论体系。它既是汉初黄老之治的系统的理论总结，又是汉初黄老学的继续和发展。高诱在其序目中说《淮南子》"其旨近老子，淡泊无为，蹈虚守静，出入经道……其义也著，其文也富，物事之类，无所不载。然其大较，归之于道"。这是对《淮南子》以老子道家为主旨的说明。

老子哲学讲"道"化生万物的宇宙生成论，但讲得既简单，也不够明晰。《淮南子》不仅对"道"作了系统的说明，而且详细地阐发了宇宙演化的问题，形成了系统的宇宙观。《淮南子》认为，"道"在空间上包容一切，在时间上亦无穷尽，所以"道"是无限的存在；自然万物依赖"道"而正常运行并发挥自己的功能，所以"道"又是事物运动变化的源泉和依据；"道"是宇宙的原初状态，由它自然化生天地万物。关于宇宙演化，《天文训》说：

> 天地未形，冯冯翼翼，洞洞灟灟，故曰太昭。道始于虚霩，虚霩生宇宙，宇宙生气，气有涯垠，清阳者薄靡而为天，重浊者凝滞而为地。清妙之合专易，

重浊之凝竭难，故天先成而地后定。

这就是说，天地的产生是有一个过程的。最初天地未形之前，有一个无形无象、混而不可分的"虚霩"状态，道就始于此；随之从虚霩状态中又生出"宇宙"；接着又从宇宙中生出"气"；最后气之清阳者形成天，气之重浊者形成地。显然，这里讲的从"无"中产生宇宙、气、天地的观点，是对老子"无中生有"说的进一步发挥。《天文训》还说：

> 天地之袭精为阴阳，阴阳之专精为四时，四时之散精为万物。积阳之热气生火，火气之精者为日。积阴之寒气为水，水气之精者为月。日月之淫为精者为星辰。

这里进一步说明了自然演化的过程，日月、星辰、阴阳、水火、四时等，都是自然演进的产物。不仅如此，《精神训》还进一步讲到人类的形成：

> 古未有天地之时，惟像无形。窈窈冥冥，芒芠漠闵，澒濛鸿洞，莫知其门。有二神混生，经天营地……于是乃别为阴阳，离为八极，刚柔相成，万物乃形，烦气为虫，精气为人。

这里是将宇宙演化分成两大阶段：第一阶段为天地产

生之前，虽无形体之物，但包含着阴阳二气的萌动；第二阶段中，天地生成，万物乃形，气之粗者为虫，气之精者为人。可以看出，从宇宙、天地到万物、人类，《淮南子》向我们提供了一个比较具体而详尽的宇宙演化图景，说明《淮南子》的宇宙生成论与老子相比，是更为完备、更为系统了。

《淮南子》的"无为"论与老子的"无为"论也有着密切的关系。老子认为，"道"是无为的，"道"的存在是自然的（"道法自然"），它虽长养万物，但并不主宰万物，因此体"道"的"圣人"也应行无为之治。在老子看来，只有圣人做到了无为、好静、无事、不欲，老百姓才能自化、自正、自富、自朴。显然，老子的"无为"有顺应客观态势、以柔克刚的含义，而就其尚自然、轻人事看，又具有消极性。《淮南子》则与此不同，它不仅批判了那种"无所作为"的消极无为观点，而且提出了一个积极进取的无为思想。

《淮南子》与《老子》一样，认为"道"是无为的，圣人应当循道无为而无不为。不过《淮南子》强调的"无为"不是无所作为，而是指人的行动要因顺自然而为。《原道训》说：

> 所谓无为者，不先物为也；所谓无不为者，因物之所为。所谓无治者，不易自然也；所谓无不治者，

因物之相然也。

意思是说，"无为"不是不为，而是要顺应自然，不要超越于物先而为；"不治"不是不治，而是要因顺万物之相宜，不要改变自然的本性而治。因此，《淮南子》反对那种把无为看成是"寂然无声，漠然不动，引之不来，推之不往"的说法，认为如果这样来看待"无为"，那么古代的圣人神农、尧、舜、禹、汤等都不能称其为无为而治了。神农尝百草之滋味，尧立教化，舜作家室，大禹治水等，他们都是"劳形尽虑，为民兴利除害"，没有一点空暇的时间；然而这些古代的圣王却都是实行无为而治的典范，因为他们都是因顺着自然而为的，所以他们的无为可以说是积极的无为。《修务训》提出了关于"无为"的新观点：

> 若吾所谓无为者，私志不得入公道，嗜欲不得枉正术，循理而举事，因资而立权，自然之势，而曲故不得容者。事成而身弗伐，功立而名弗有，非谓其感而不应，攻而不动者。

这里，"无为"的基本要求就是去私去欲、循理而动，亦即循自然之理而作为，如"水之用舟，沙之用鸠，泥之用辅，山之用蔂，夏渎而冬陂，因高为田，因下为池"（《修务训》），这些生产活动能做到因时因事因地制宜，所以叫作"无为"。相反，违背自然任意妄为才是"有为"。显然，《淮南子》所提倡的"无为"，是在尊重自然规律的前提下承认并容纳了人的主观能动性，从而将老庄道家的无为思想发展到了一个新的高度。

（3）老子与王充

王充（公元27—约97年），字仲任，会稽上虞（今浙江上虞）人，出身于"细族孤门"的微贱阶层，自称祖辈"以农桑为业""以贾贩为事"。王充青年时曾游学洛阳（在洛阳上太学），因无钱购书，便到书铺里披阅自修，"一见辄能诵忆，遂博通众流百家之言"，他的学问主要是靠这种刻苦自学的方式获得的。成年后曾在县、郡、州里做过几任小官，受到排斥，晚年居家，"闭门潜息"，从事教书和著作。他先后写了《讥俗节义》《政务》《论衡》《养性》四部书，其中《论衡》一书费时最长，前后达30余年。这部凝结了王充几十年心血的巨大理论成果，使他成为一代思想伟人。

王充是尊儒的，虽说他也批评了孔子和孟子的一些思想，但总的来说是尊孔的，他甚至称孔子为"百世之圣"，这是问题的一个方面；另一方面，王充在《论衡》中曾宣称自己的哲学是依老子道家而立论的，"虽违儒家之说，合黄老之义也"（《自然》）。王充创立的元气自然论以及在此基础上对神学目的论的批判和对谶纬迷信的斗争,其思想基础就是从黄老道家学派那里继承而来的。

王充认为"天"是自然物体,不具有任何意志。他说:"夫天者,体也,与地同。天有列宿,地有宅舍,宅舍附地之体,列宿着天之形。"(《祀义》)他发挥了稷下黄老学和汉代新道家的元气论,用气、气化来说明万物与人的产生。他说:

> 天地,含气之自然也。(《谈天》)
>
> 天地合气,万物自生……天覆于上,地偃于下,下气蒸上,上气降下,万物自生其中间矣。(《自然》)
>
> 万物之生,皆禀元气。(《言毒》)
>
> 有血脉之类,无有不生,生无不死,以其生,故知其死也。天地不生,故不死;阴阳不生,故不死。(《道虚》)
>
> 未生,在元气之中;既死,复归元气。(《论死》)

这就是说,气(元气)是宇宙本源,是构成天地万物(包括人在内)的基本的物质元素;天地万物的生是元气的凝结,死灭则复归于元气,这是一个自然发生的过程。这种用气(元气)解释万物的生成、运动变化、灭亡和转化的元气自然发生论,是对古代的元气论学说的创造性发展。王充正是用元气自然论批判了当时流行的天命王兴、吉凶有天、天能谴告、人能感天等神学观点。

在形神关系问题上，王充也力图贯彻自己的气一元论。他继承以往的无神论传统，利用当时医学等科学成就，进一步发展了稷下黄老学关于精气的学说，对人及其形体、生命和精神的关系作出了比较科学的解释。

王充基于自然发生论的立场，把人看作自然的产物，他说："天地合气，人偶自生"，"人生于天地"（《物势》）；"人，物也，万物之中有知慧者也。其受命于天，禀气于元，与物无异"（《辨祟》）。意思是说，人只是万物之一，是禀元气而生的有智慧的最高生物。王充进一步说，"人之所以生者，阴阳气也；阴气主为骨肉，阳气主为精神"（《订鬼》），这种阳气又叫精气，所以他又说："人之所以生者，精气也，死而精气灭。能为精气者，血脉也；人死血脉竭，竭而精气灭，灭而形体朽，朽而成灰土，何用为鬼？"（《论死》）这里，王充强调的是精气必须依赖形体才能发生精神作用。在王充看来，人的生命只是气化的一种暂时形态，不能永久保持下去。元气是无知的，精气只有成为人的生命组成部分时，才有知觉作用，人死精神升天，归无知之本。王充还把形体比作烛，精气比作火，知比作火的光辉，用以说明形体、精气和知三者的从属关系，得出了"气须形而知"，没有"无体独知之精"的结论，并由此引出"人死不为鬼，无知，不能害人"的无神论结论。

总之，王充的元气自然论和精气说是老子道家的"元气"学说和"天道自然无为"学说在汉代的深化和发展。由于他深受黄老学派思想的影响,所以他也极为推崇黄帝和老子,甚至认为黄帝与老子在天地之中所禀赋的元气也是纯正的。他说:"贤之纯者,黄、老是也。黄者,黄帝也;老者,老子也。黄、老之操,身中恬淡,其治无为。正身共己而阴阳自和,无心于为而物自化,无意于生而物自成。"(《自然》)从王充对黄帝和老子的称颂之辞中,可以明显看出黄老学的无为政治也正是他所向往的政治。

3.《老子》与魏晋玄学

魏晋时期出现了一股崇尚老子哲学的玄学思潮。玄学家们"祖述老、庄立论",综合儒道两家的思想资料,用他们改造过的老、庄思想来注释《论语》《周易》等儒家经典,创立了以无(道)为本的玄学理论体系。他们提出有无、体用、本末、一多、言意、动静以及自然、名教等范畴,展开了关于本体和现象、运动和静止、认识和对象、天道和人事等方面的新的论证,开辟了一代哲学新风。因此,魏晋玄学思潮的出现,标志着中国哲学的发展进入了一个新阶段。

(1)老子与何晏、王弼

何晏(公元190—249年),字平叔,南阳宛(今河南南阳）人。史称晏"少以才秀知名，好老庄言"（《三国志》卷八），以清谈著一时。王弼（公元226—249年），字辅嗣，山阳（今河南焦作）人，史称"弼幼而察惠，年十余，好老氏，通辩能言"（何劭《王弼传》）。何晏年长于王弼，但他对王弼的才华推崇备至，赞曰："仲尼称后生可畏，若斯人者，可与言天人之际乎！"（何劭《王弼传》）何晏注有《老子》《论语》和《周易》，王弼著有《老子注》《老子微指略例》《周易注》《周易略例》《论语释疑》等。他们作为魏晋玄学的开山鼻祖，创立了魏晋玄学主流中的贵无派。老子哲学对何、王玄学贵无派的影响是巨大的。

何、王继承并发展了老子的学说，把老子的宇宙生成论改造成了哲学本体论，大大提高了我国古代哲学理论思维的水平。在老子那里，宇宙生成的模式是"道生一，一生二，二生三，三生万物"（四二章），"天下万物生于有，有生于无"（四〇章）。老子是把"道"（或"无"）当作化生天地万物的本源来看待的。何、王虽然以老子哲学中"有生于无"的论题作为自己哲学探索的起点，但他们不再沿袭老子的宇宙生成说，而提出了以"无"为本、以"有"为末的中心思想。何晏说："有之为有，恃'无'以生；事而为事，由'无'以成。"（《列子·天瑞》注引何晏《道论》）又说："天地万物皆以'无'为本。'无'也者，开物成务，无往不存者也。阴阳恃以化生，万物恃以成形。"（《无为论》，转引自《晋书·王衍传》）这里说的"有"和"无"的关系，就不是前后生成的关系，而是"有"要依赖"无"而生，天地万物要以"无"为根本，因此"无"与"有"的关系就是本体论上的本与末的关系。

王弼也说："天下之物，皆以'有'为生。'有'之所始，以'无'为本。将欲全有，必反于'无'也。"（《道德经注》四〇章）这就是说，天下万物都是从"有"而生的；"有"的开端，则是以"无"为根本。要想把握住万事万物，必须反本于"无"。

总之，何、王直探现象世界之上或之后的根本的本质或本体，而这个本质或本体就是"无"或"道"；"无"或"道"不是在现象世界之外的独立的实体，而是现象世界中万物的抽象，它是万物的一般，并通过特殊的具体事物而存在。王弼通过本末、体用、动静、一多等辩证范畴对有无关系的深入阐发和论证，建立了更加完整、系统的"贵无论"哲学体系，推动了中国哲学思维的向前发展。

（2）老子与阮籍、嵇康

阮籍（公元210—263年），字嗣宗，陈留尉氏（今河南尉氏县）人。据《晋书·阮籍传》载："籍本有济世志，属魏、晋之际，天下多故，名士少有全者，籍由是不与世事，遂酣饮为常。"这说明他早年有救世之志向，但由于生不逢时，对司马氏集团通过一系列的阴谋、欺诈、杀戮活动来夺取政权并实际上操纵了曹魏政权深为不满，不与司马氏合作，索性以纵酒、放荡的行为来掩饰其胸中的苦闷。事实上，阮籍也是以此才得以免祸全身的。他著有《大人先生传》《达庄论》等。

嵇康（公元223—262年），字叔夜，谯郡铚（今安徽濉溪西南）人。据《晋书》本传载："康早孤，有奇才，远迈不群……学不师受，博览无不该通，长好老庄……常修养性服食之事，弹琴咏诗，自足于怀。"他做过曹魏政权的中散大夫，并与曹宗室有姻亲关系。司马氏当政后，他隐居不仕，与阮籍、向秀、山涛等结为"竹林之游"。他轻时傲世，评议时政，对司马氏集团诛杀异己、图谋篡代而又假倡"名教"表示强烈不满，并进行了抵制、揭露和批判，最后为司马氏所不容而被杀害。他著有《嵇康集》共十卷。

阮籍和嵇康出于对时世的忧愤而服膺于老庄之学。他们崇尚老子"自然纯朴"的思想，反对当时虚伪巧饰的礼教，提出了"越名教而任自然"的主张，这表明阮、嵇对自然和谐的理想社会的追求。他们与老子一样，向往人类最初的古朴的社会，认为最原始、最古朴的社会是最完善、最美好的社会。嵇康说："洪荒之世，大朴未亏，君无文于上，民无竞于下，物全理顺，莫不自得，饱则安寝，饥则求食，怡然鼓腹，不知为至德之世也。"(《嵇康集·难自然好学论》)阮籍也提出了泰古无君之说："昔者天地开辟，万物并生，大者恬其性，细者静其形……盖无君而庶物定，无臣而万事理。"(《大人先生传》)在他们看来，自然素朴的社会才是符合人类自然本性的。他们所设想的"至德之世"的理想社会，与老子的"小国寡民"的理想社会是一致的。

老子曾对礼义说教进行了抨击，认为当时的礼义是"忠信之薄而乱之耳朵"，只有绝弃礼义，民众才能恢复"孝慈"。阮、嵇承继了老子批判礼义制度的精神，对当时压抑人性、钳制人性的礼法名教进行了尖锐的批判。阮籍说："今汝造音以乱声，作色以诡形，外易其貌，内隐其情，怀欲以求多，诈伪以要名，君立而虐兴，臣设而贼生，坐制礼法，束缚下民……汝君子之礼法，诚天下残贼、乱危、死亡之术耳。"(《大人先生传》)这就是说，统治者制乐作色会使人心纷乱，贪求名利；而统治者所制定的礼法，其目的在于束缚民众，是天下混乱、国家危亡的祸源。

4.《老子》与宋明道学

宋明道学（又称宋明理学）指的是我国封建社会后期居于统治地位的官方哲学，依其学术旨趣的不同，可以分为程朱理学、陆王心学和张载气学等学术流派。自汉唐以来，由于统治阶级的大力提倡，佛、道二教盛行，而与佛、道鼎足而立的儒学也获得了长足的发展。因此，宋明道学就是以儒学为主，熔儒释道于一炉而创立的完整系统的哲学体系。所以，老子哲学主要是借助于道教的影响，而将自己的学说融进宋明道学各个学术派别之中，并构成其有机的组成部分。下面，我们主要借助对程朱理学的考察，来阐明《老子》对宋明道学的影响。

二程是宋明道学的奠基人。二程即程颢（公元1032—1085年）和程颐（公元1033—1107年）两兄弟，伊川（今属河南）人。程颢，字伯淳，后人称为明道先生，曾任县令和监察御史等职。程颐，字正叔，后人称为伊川先生，曾任国子监教授和崇政殿说书等职。作为道学的奠基人，他们的思想影响很大。他们长期在洛阳讲学，故称其学为"洛学"。二程的言论和著作，后人编为《二程全书》或《河南程氏遗书》。

朱熹（公元1130—1200年），字元晦，一字仲晦，号晦庵，别称紫阳，徽州婺源（今属江西）人，侨寓建阳（今属福建），曾任秘阁修撰等职。他是理学的集大成者，著作甚多，主要有《太极图说解》《四书集注》《通书注》《西铭解》《周易本义》等。他平日讲学的问答，后人编为《朱子语类》，哲学论文及有关书信都收在《朱子文集大全》中。

"理"是程朱理学中的最高范畴。那么此"理"与老子哲学中的核心范畴"道"有什么联系呢？可以说，程朱的"理"是由老子的"道"演变而来的。在老子那里,"道"既具有宇宙论的意义,又具有本体论的意义。前者主要指"道"是化生天地万物的实体,并且这一本源意义是最主要的;后者是指"道"构成万物而又存在于万物之中,它是万物的主宰,这一本体意义的"道"虽然在老子那里不占主导地位,却都是存在的。不过,老子对作为万物本体的"道"如何又"先于"万物而存在的矛盾,并没有加以解决。

程朱把宇宙发生论和本体论区别开来,并且创立了"以理为本"的本体论哲学。程颐说:"道则自然生万物","道则自然生生不息"。(《河南程氏遗书》卷一五)显然,程颐也是把"道"作为宇宙生生不息的根源,把"道"作为化生万物的本体。不过在他看来,"道"又"只是理,理便是天道"。朱熹更明确地讲"道即理之谓"(《通书注》),又说"理"是"形而上之道"。朱熹有时又把"理"称为"太极",说"太极只是一个理字","太极乃天地万物自然之理"(《太极图说解》)。他还指出:"凡有形有象者,皆器也。其所以为是器之理者,则道也。"(《朱文公文集》卷三六)因此,在朱熹这里,"道"与"理"和"太极"就是一个东西,即指事物的本质和规律。在朱熹看来,"理"是主宰者,他说:"所谓主宰者即是理也。"(《朱子语类》卷一)所以朱熹又提出"理生气""太极生阴阳"的思想。如果从本体论上说,

"理"("太极")本体派生了阴阳及万物,这种先有"太极"("理"),后生出阴阳之气的观点,实际上和老子"道生物"的思想是一致的。明代哲学家王廷相早有所见:"老子谓道生天地,宋儒谓天地之先只有此理,此乃改易面目立论耳,与老庄之旨何殊?"(《雅述》上篇)此说甚是。

"无极而太极"是朱熹改造北宋哲学家、道学开山之祖周敦颐的"自无极而为太极"而来。据宋代史馆保存的《国史》所记,周敦颐的《太极图说》第一句原作"自无极而为太极",朱熹不同意这种自无极生太极(即无中生有)的说法,认为此说无根据,于是把它改为"无极而太极",并说:"'无极而太极',只是无形而有理。"(《朱子语类》卷九四)这样,"无极"和"太极"便没有先后之分而混而为一了。事实上,朱熹的"无极而太极"无非是无形与有理的统一,这一点恰恰是源于老子的"道"无形(视不见形,听不闻声)而有物(混成之物,有精,有信),同时,朱熹也明显地接受了老子有无相生思想的影响。因为在朱熹看来,无形、无状、无声、无臭的"无极而太极"之"理",是"造化之枢纽,品汇之根柢也"(《太极图说解》)。

"存天理,灭人欲"是程朱理学重要的思想内容。理学中所说的"理"("天理")既指宇宙的普遍法则(规律),又指人类社会的道德原则。理学家甚至把人类社会的道德规范提高到宇宙法则的高度,以此来论证"存天理,灭人欲"的合理性。"存天理，灭人欲"的最终目的就是教人成为圣人。怎样才能成为圣人？这里就存在一个精神修养的方法问题。周敦颐曾提出"主静立人极"的命题，这是把"主静"作为人伦之极来看待。二程虽然不以"主静"为宗旨，但也不排斥"静"。二程说："主一无适"，"主一之谓敬"（《河南程氏遗书》卷一五）；"敬则虚静"，"一不敬，则私欲万端生焉。害仁，此为大"（《河南程氏粹言》）。这就是说，主敬即保持恭敬的精神状态，内心就自然能保持平静。朱熹继承了这一思想，他说："静也者，物之始终也，万物始乎静，终乎静，故圣人主静。"（《朱文公文集》卷四二）朱熹也倡导主敬涵养的修养方法，这与二程的思想是一致的。这里，程朱理学"主静"的前提就是"无欲"。周敦颐在《太极图说》中用"无欲故静"注"主静"，这显然与《老子》中"不欲以静"的思想是完全一致的。在二程、朱熹那里，主敬就是要克制内心的种种欲念，这样便可以达到虚静。朱熹曾对周敦颐的"主静"作了如下的解释："濂溪之言'主静'，'静'字只好作'敬'字看，故又言'无欲故静'。若以为虚静，则恐入释老去。"（《朱子语类》卷九四）事实上，周敦颐是吸取了老子的虚静的思想；虽然朱熹把周氏的主静改造为主敬，但是，他的主敬和周敦颐的主静就其思想实质来说是相通的，并且与老子的"无欲""虚静"的思想有着十分明显的承继关系。

以上是我们对老子哲学从先秦到宋明对中国历代重要的哲学家和哲学流派所起的影响作用进行了粗略考察。事实表明，老子以其开创的道本体论、宇宙论和玄鉴、静观的认识论，以"反"为中心的辩证法对中国传统哲学所产生的影响是重大而深远的。后世哲学家在创立哲学体系时，常常自觉或不自觉地都把老子哲学的主要理论论题（如道德说、无有说、道器说、动静说、常变说等）和重要的哲学概念、范畴（如道、德、无、有、动、静、虚、器、欲、无极等）作为理论出发点和基础。张岱年曾明确指出："中国古代有两个影响最大的哲学家，一个是孔子，一个是老子。孔子善言人道，奠定了中国伦理思想的基础。老子善言天道，开创了中国古代本体论学说。"（张岱年：《笔谈老子研究》，《求索》1986年第1期）如果从儒道互补的角度来评价老子在中国哲学史上的地位和影响，崔大华的观点显然是客观而中肯的，他说："在中国传统哲学的发展过程中，道家思想的理论意义和实际作用首先表现在通过《易传》，道家思想中的基本的自然哲学观念被秦汉之际的儒家学者吸收，儒家思想体系中增添了一个包含有世界本源、宇宙结构、万物生成等比较完备内容的自然哲学的宇宙图景，弥补了先秦原始儒学理论内容中的一个主要缺陷。作为儒家思想发展过程中出现的主要理论形态的魏晋玄学和宋明理学，其理论论题和运思方法都有明显的道家思想痕迹。"(崔大华:《道家思想及其意义》,《文史哲》1995年第1期)陈鼓应从"道家为主干"说的立场对老子哲学的评价,虽然我们并不完全同意他的观点,但他的观点确实有利于我们从整体上来理解和把握老子道家对整个中国哲学史的影响。陈鼓应指出:"道家的创始人老子是中国历史上第一位哲学家,他在中国哲学史上第一个建立了相当完整的形而上学体系。"老子首先提出的一些哲学概念和范畴,后来都成了各个阶段中国哲学的中心概念和范畴,如先秦哲学讨论的"道"和"德",魏晋玄学讨论的"有"和"无",宋明理学讨论的"无极""太极""理""气"等,都为老子道家首创。(陈鼓应:《论道家在中国哲学史上的主干地位——兼论道、儒、墨、法多元互补》,载《哲学研究》1990年第1期)

五 《老子》与道教

在我国现有的五大宗教即道教、佛教、基督教、天主教、伊斯兰教中，只有道教是中国土生土长的宗教，其他都是外来宗教。道教深深植根于中国传统文化土壤之中，古代的宗教迷信、巫术、神仙思想和神仙方术，《易经》与阴阳五行思想，孔子儒家的伦理思想，老子道家的道论等，都是道教产生、发展的思想源头。而从传统文化中孕育而生的道教，在其发展和演变的过程中，又对我国的政治、经济、哲学、文学、艺术、化学、医学、养生学、气功、武术、社会心理和社会习俗等都产生了极为深刻的影响，因此，鲁迅说："中国根柢全在道教。"（鲁迅：《致许寿裳》，载《鲁迅全集》第11卷，人民出版社，1981）

老子道家思想是道教最为重要的思想渊源之一，如《魏书·释老志》称："道家之原，出于老子。"道教与老子及其所著《老子》(《道德经》)到底有怎样的关系，老子思想对道教产生了怎样的影响，将是我们下面要讨论的问题。

众所周知，老子是生活在春秋末期的哲学家，而不是宗教家；他所创立的是哲学，而不是宗教；他的著作《老子》(《道德经》)是学术专著，而不是神学经典。但是，道教于东汉正式产生之际，却尊奉老子为教主，崇奉《道德经》为圣典。很显然，老子之被奉若神明，《道德经》之被崇为圣典，其间经历了一个不断神化的过程。

1. 老子：道教教主

最早记述老子事迹的是庄周的《庄子》一书。《庄子》中记载有关老子的传说，概括起来有以下几点：老子居住在南方沛这个地方，他是周朝管理图书的馆长，孔子曾向他问过礼，孔子还称赞过他是像龙一样的人物，他曾西游秦国，等等。这里，我们看到的是一位地位高于孔子的大思想家的老子形象。

最早为老子作传的是汉代伟大的历史学家司马迁。他在《史记·老子韩非列传》中介绍了老子的生平和事迹，向我们描绘了一个更为清晰的老子形象（本书前边已有叙述）。司马迁笔下的老子，有籍贯乡里，有姓氏名字，又有职业，还有子孙，并且著书立说，他正是生活于春秋晚期，亲自著《老子》(《道德经》)一书的老聃。但是，司马迁作老子传本着"信以传信,疑以传疑"的原则,以他史家的严谨,将讲道家功用的老莱子和以预言者的面目出现的秦人太史儋同传并列。虽然司马迁的用意在"附之以传世",但是,由于他将老聃、老莱子和太史儋并列在一起,又称老子为隐君子,并记下老子修道养寿,活到一百六十余岁或二百余岁的传说,遂使后人对老子产生了浓厚的神秘感,同时也使老子具有了传说化人物的特点。

西汉初年,随着黄老之学的兴盛及其被社会上下所崇奉,《老子》一书备受推崇,老子其人地位日升,名声日显。老子虽然受人们尊崇,但是汉初还没有把他奉为神或神仙。汉武帝时,随着神仙方术之士对神仙信仰的宣扬,伴随着黄帝封禅活动的兴起以及谶纬迷信的风行,不仅方士之徒把黄帝崇奉为伟大的神仙,汉武帝也成了神仙思想的狂热信奉者。到了东汉初期,方士们便把老子也抬出来作为神仙来宣扬了。在汉明帝时,神仙家们受儒家崇奉尧舜、神化孔子的启发,便效法儒家"祖述尧舜,宪章文武,宗师仲尼,以重其言"的方式,攀附当时很有影响的黄老之学,推崇黄帝、老子以自文其教。其时,适逢佛教自域外传入中国;佛教的传入,刺激了方士们对老子的神化。这样,作为哲学家、思想家的老子便逐渐脱离了尘世而演化成神仙。据《后汉书·楚王英传》记载,楚王刘英就是一位"诵黄老之微言,尚浮屠之仁祠"的人物,并说他"晚节更喜黄老，学为浮屠斋戒祭祀"。东汉延熹八年（公元165年）的春、冬，桓帝曾派遣中常侍左悺、管霸两度赴陈国苦县祭祀老子；次年，又在濯龙宫亲自祭祀老子。(《后汉书·桓帝纪》《后汉书·祭祀中》) 至汉灵帝熹平、光和年间，五斗米道和太平道大为盛行，信奉的人很多，老子遂被尊为最高天神。五斗米道秘典《老子想尔注》把《老子》中的"一"（即"道"）神化，说："一者，道也……一散形为气，聚形为太上老君。"这就是说，"道"即"一"，"一"聚形为"太上老君"。太平道所奉神书《太平经》说："长生大主号太平真正太一妙气……上升上清之殿，中游太极之宫，下治十方之天，封掌亿万兆庶，鉴察诸天河海、地源山林，无不仰从。"这里也是说太平道已把老子奉为最高天神。

东汉晚期，曾在桓帝时任陈国宰相的边韶作《老子铭》，这是继《史记·老子韩非列传》之后的又一篇老子传。据《老子铭》说：

> 老子离合于混沌之气，与三光为终始。观天作谶，升降斗星，随日九变，与时消息。规矩三光，四灵在旁，存想丹田，大一紫房，道成身化，蝉蜕渡世，自羲农以来，世代为圣者作师。

这里也是把"道"和"老子"合而为一，将老子神化为最高天神。

自从张道陵创五斗米道始，道教都崇奉老子为教主，尊为"太上老君"，有时简称为"老君"。东晋道士葛洪在《抱朴子·杂应》中尊称老子为"老君"，并述其真形：

> 老君真形者，思之，姓李，名聃，字伯阳，身长九尺，黄色，鸟喙，隆鼻，秀眉长五寸，耳长七寸，额有三理上下彻，足有八卦，以神龟为床，金楼玉堂，白银为阶，五色云为衣，重叠之冠，锋铤之剑，从黄童百二十人，左有十二青龙，右有二十六白虎，前有二十四朱雀，后有七十二玄武，前道十二穷奇，后从三十六辟邪，雷电在上，晃晃昱昱，此事出于仙经中也。

在这里，老子被描画成一个超凡脱俗，率青龙、白虎、朱雀、玄武四兽，高居金楼玉堂之上，威风凛凛的神人形象。

北魏道士寇谦之在清理整顿道教的基础上，创立了新天师道。他所领导的新天师道，得到了北魏太武帝、宰相崔浩的支持，太武帝曾颁布了天下必须信奉道教的法令，并奉戴寇谦之为天师。据《魏书·释老志》记载，寇谦之创立新天师道，是受到了"太上老君"的神托。神瑞二年（公元415年）十二月乙卯，正当寇谦之在嵩岳精心修炼时，忽然遇到大神从天上乘彩云，驾飞龙，率仙人玉女、左右

侍卫来到嵩岳山顶,这位大神就是太上老君。他对寇谦之说:

> 往辛亥年,嵩岳镇灵集仙宫主表天曹称:"自天师张陵去世已来,地上旷诚,修善之人无所师授;嵩岳道士上谷寇谦之立身直理,行合自然,才任轨范,首处师位。"吾故来观汝,授汝天师之位,赐汝《云中音诵新科之诫》二十卷,号曰《并进言》……

这里,寇谦之以太上老君作为自己新天师道的最高神,表明老子作为太上老君在道教中受尊崇的地位已真正确立,老子的道教教主地位已名副其实地建立起来了,因此《释老志》中称"道家之原,出于老子"。从此,太上老君在道教历史上作为神格化老子的尊号,便被继承下来了。

南朝齐梁道教著名学者陶弘景的《真灵位业图》,是早期道教将道教神仙排成序列的神谱。在这个神谱中,道教神仙被秩序井然地分成七个等级,第一到第四级的最高位分别是元始天尊、大道君、太极金阙帝君、太清太上老君。其中,太上老君即是神化的老子,即道教教主;元始天尊的名号是"虚皇道君",是虚无的"道"的象征,同太上老君一样被认为是"道"的神化;金阙帝君也在后来的道教思想中被看作是老子的神化;而大道君也是道教经典里不断出现的太上道君之意。由此我们可以看出太上老君的崇高地位。

李唐王朝皇帝跟老子攀宗亲，老子进一步被神化，地位愈加显赫，道教因此大盛。据《旧唐书·高宗纪下》记载，唐高宗乾封元年（公元666年）追封老子为"太上玄元皇帝"的尊号。《旧唐书·礼仪志四》载，唐玄宗天宝元年（公元742年），诏《汉书·古今人物表》玄元皇帝升入上圣，天宝二年（公元743年）追尊为"大圣祖玄元皇帝"，天宝八载（公元749年）册尊为"圣祖大道玄元皇帝"，天宝十三载（公元754年）又上尊号为"大圣祖高上大道金阙玄元天皇大帝"。经过唐朝皇帝的不断封爵加号，老子不仅成为唐皇朝的"圣祖"和保护神，同时，老子的道教教主地位更加稳固，道教进入了空前繁荣的时期。

宋代是继唐以后道教发展的又一个高峰时期。北宋的真宗和徽宗是历史上著名的崇道皇帝。据记载，大中祥符七年（公元1014年）正月，宋真宗奉"天书"到亳州太清宫祭献，尊老子为"混元上德皇帝"。宋代以降，道教虽然由盛渐衰，但是老子的教祖和神仙地位依然是稳固的。

综上所述，可以看出，作为哲学家、思想家和道家学派创始人的老子，一变而成为道教教主——太上老君，其间经历了一个不断神化的过程，这也正是道教形成、发展的过程。由此也可以看出老子对道教所产生的巨大影响。

2.《道德经》：道教经典

正如老子被道教尊奉为教主是经历了一个不断的神化过程一样，老子的《道德经》（亦即《老子》）被道教崇奉为圣典同样经历了神仙家和道士们的神化过程。

据司马迁《史记·老子韩非列传》记载，《道德经》是孔子的先辈老聃应关令尹喜之请而写的一本学术著作。战国时，《老子》就受到了人们的重视，《庄子·天下》篇，《韩非子》中的《六反》《内储说下》《亡征》等都引载有《老子》的言论。韩非子写有《解老》《喻老》两篇名著，阐释《老子》的旨意。秦汉时代的《吕氏春秋》《淮南子》等著作皆有阐发老子道家思想的篇章。据班固《汉书·艺文志》记载，西汉时注释《道德经》的有《老子邻氏经传》4篇、《老子傅氏经说》37篇、《老子徐氏经说》6篇、《刘向说老子》4篇等。诸种注释大都是把《老子》作为哲学著作看待的，并没有宗教成分掺入其中。

秦汉时期，黄老之学兴盛，在黄老学派的思想发展过程中，逐步建立起了既包含哲学又包含宗教理论的思想体系。这一体系中的哲学，主旨是尊崇道德与太一，提倡无为；而其中的宗教思想，大致是虚构一种以"太一"为至上神的多神系统，并为相应的宗教设施与祭祀程序提供方案与解释。于是神仙方术之士就利用《老子》中的一些包含有神秘性的思想因素，作宗教性的比附、解释和衍化，使《老子》在人们心目中的地位发生了变化。

东汉晚期，民间巫术与神仙方术开始依托《老子》的学说，将《老子》进一步神学化。汉顺帝时出现的《太平经》，是流传至今的最早的道教经典。它尊老子为至高天神，并把《老子》的思想作为太平道神学理论的基础。东汉末第一部完全用神学注解《老子》的《想尔注》，托老子之言而演五斗米道。五斗米道以老子为太上老君，以《老子》五千言为经典。显然，东汉时期《老子》就被崇奉为太平道和五斗米道的经典了。

到了唐代，老子被公认为是唐皇室族祖，老子备受尊崇，因而也扩及对《道德经》的推崇。在高宗时代，《道德经》已经在科举考试中被作为正式科目，并列于《论语》等儒家经典之首，以示尊崇。唐玄宗亲自注疏《老子》，颁于全国，并下诏要求"士庶家藏一本，仍劝令习读，使知指要"；同时，又设崇玄学，令生徒习《老子》《庄子》《列子》和《文子》，每年以明经例保举，并把《老子》《庄子》《列子》和《文子》定为"真经"。这样，被道教尊为圣典的《道德经》便流布于天下。

3.《老子》与道教的基本内容

道教所包含的内容"杂而多端"。一部卷帙浩繁的《道藏》，分三洞、四辅、十二类，共5485卷。三洞为洞真部、洞玄部、洞神部，四辅为太清部、太平部、太玄部和正一部，十二类是本文类、神符类、玉诀类、灵图类、谱录类、戒律类、威仪类、方法类、众术类、记传类、赞颂类、表奏类。近年来，有学者将道教的内容分为六大项：道教史学、道教神学、道教伦理学、道教哲学、道教科学和道教文学艺术。这主要是从学术研究角度划分的。也有学者把道教分为道教的历史发展、宗派源流、人物传略、教义规戒、经籍书文、神仙谱系、科仪方术以及文化艺术等具体内容。日本学者还有将道教的内容分为四项的提法：一为道家的哲学，二为谶纬、巫祝、阴阳、神仙、卜筮等教术的门类，三为辟谷、服饵、调息、导引、房中等医术的门类，四为民众伦理的门类。这里仅从道教的教义思想、神仙信仰、修炼方法和戒律等方面，说明《老子》思想对道教所产生的广泛而又深刻的影响。

（1）《老子》与道教教义

任何成熟的宗教都有它的教义思想，表明这一宗教对世界万物的基本认识。道教自它正式产生之日起，便形成了自己的教义思想体系，并随着道教实践的发展而发展。

道教既然尊老子为教主，奉《道德经》为圣典，因此它的教义思想与《老子》就有着必然的渊源关系。事实上，道教以"道"和"德"为核心，以"自然""无为""清静""寡欲""柔弱""不争"等为主要内容的教义思想是直接渊源于《老子》的，也可以说它是《老子》思想的衍化和发展。

"道"和"德" "道"和"德"是道教教义思想的核心，也是道教的根本信仰。从东汉末年起，道教曾出现过许多宗派，如早期的五斗米道、太平道，后来的上清派、灵宝派以及全真道、正一道等等。各派经文有异同，科仪方术也各有侧重，但是，信仰"道"和"德"，以"道"和"德"为教义的核心这一点却是一致的。

"道"和"德"是《老子》思想体系的核心。在《老子》中，"道"既是世界万物的本源，又是万事万物存在和发展的根据，是宇宙的最高法则。"德"是道的功用，是道的显现，是万物禀于道而获得的自性，有道之德、物之德和人之德。下面我们看一看道教经书对"道"和"德"的解释。

关于"道"，《太平经》说，"夫道何等也？万物之元首，不可得名者。六极之中，无道不能变化。元气行道，以生万物；天地大小，无不由道生也"，"夫道者，乃大化之根，大化之师长也，故天地莫不象而生者也"。意思是说，道是天地万物的本源，世界万物都是由道所创生。

《老子想尔注》说："一者道也……一散形为气，聚形为太上老君，常治昆仑，或言虚无，或言自然，或言无名，皆同一耳。"这里将老子的"道"神化为"太上老君"，成为凌驾于人间之上的、居于主宰地位的至尊之神。

《太上老君说常清静经》说："大道无形，生育天地；大道无情，运行日月；大道无名，长养万物。"意思是说，大道虽然无形不可见，无情不可感，无名不可知，但是它却"生育""运行""长养"天地万物。

《玄纲论》说："天地、人物、仙灵、鬼神，非道无以生，非德无以成"，"道者何也？虚无之系，造化之根，神明之本，天地之元"。这是说，"道"是天地、神明、万物之本元，天地、人物、仙灵、鬼神均是由道所化生。

总之，道教认为，"道"是宇宙万物的本源，是宇宙的主宰者，这是对《老子》"道"的承袭；同时，道教将《老子》的"道"神化为至尊的太上老君，是对《老子》"道"的衍化。

关于"德"，《太平经》说，"道者，天也，阳也，主生；德者，地也，阴也，主养"，"夫道兴者主生，万物悉生；德兴者主养，万物人民悉养，无冤结"。这里，"道"生长万物，"德"畜养万物，这与《老子》五一章"道生之，德畜之"一脉相承。

《玄纲论》说："德者何也？天地所禀，阴阳所资；经以五行，纬以四时；牧之以君，训之以师；幽明动植，咸畅其宜。泽流无穷，群生不知谢其功；惠加无极，百姓不知赖其力：此之谓德也。然则通而生之之谓道，道固无名焉；畜而成之之谓德，德固无称焉。"这就是将天地阴阳幽明的一切生成物都视为"德"成之物；万事万物禀"道"之"德"，是自然而然的、不知不觉的。

《老君太上虚无自然本起经》说："德者，谓为善之功德也。"宋徽宗注《西升经》有《序》称："万物莫不由之之谓道，道之在我之谓德。道德，人所固有也。""道""德"本为一体，在人便为修道积德。

可以看出，道教所主之"养德"也源于《老子》。

综上所述，关于道教教义的核心"道"和"德"，显然是因袭了《老子》关于"道"和"德"的思想。从其承袭的一面讲，道教经书和《老子》一样，都强调"道"是宇宙万物的本源，"道"生长万物，"德"畜养万物。就其衍化的一面看，道教把老子的"道"神化为"太上老君"，成为宇宙的主宰者，因而表现出道教的神学特点。

"玄"和"一" 道教教义中的"玄"和"一"，相当于"道"。"玄"和"一"是《老子》中的概念。《老子》中有"玄"字共11处，其中最重要的是第一章的"此两者同出而异名，同谓之玄；玄之又玄，众妙之门"。有与无统一的道，是幽远深妙不可测知的，这是道的特征。《老子》中还有"玄牝之门，是谓天地根"（六章）及"玄德""玄同"的说法，其中"玄牝"是指化生天地万物的根本。

东晋葛洪在其《抱朴子内篇》中以"玄"代"道",他说:"道者,万殊之源也。"(《塞难》)又说:"玄者,自然之始祖,而万殊之大宗也。"(《畅玄》)在这里,"玄"和"道"有同等意义,都是指宇宙万物的本源。不过,葛洪的"玄"更是微妙难识,变动莫测,虚无缥缈,有极大的神秘性。如他说:

> 眇昧乎其深也,故称微焉。绵邈乎其远也,故称妙焉。其高则冠盖乎九霄,其旷则笼罩乎八隅。光乎日月,迅乎电驰。或倏烁而景逝,或飘滭而星流,或滉漾于渊澄,或雾霏而云浮。因兆类而为有,托潜寂而为无。沦大幽而下沉,凌辰极而上游。金石不能比其刚,湛露不能等其柔。方而不矩,圆而不规。来焉莫见,往焉莫追。(《畅玄》)

这里所言,旨在揭示"玄"的神秘特性。葛洪谈"玄"说"道",其目的在为神仙长生提供最后依据,所以他说"玄之所在,其乐不穷;玄之所去,器弊神逝"(《畅玄》),认为只有"玄道"才"可与为永",即长生成仙。

唐代道士成玄英将《老子》的"玄之又玄"衍化为"重玄之道"。他说:

> 有欲之人唯滞于有,无欲之士又滞于无,故说一玄,以遣双执。又恐行者滞于此玄,今说又玄,更祛

后病。既而非但不滞于滞，亦乃不滞于不滞，此则遣之又遣，故曰玄之又玄。(《道德经义疏》)

成玄英所谓"玄"，既是非有，又是非无；既是有，又是无。而"重玄"是既否定有，又否定无，意即不执着于什么东西，甚至连执着也不执着。这种超然物外，没有物我、亲疏、贵贱、利害、福祸的分别，达到的是一种绝对虚空的境界。

《老子》中"一"字共用16次，其中除作为数词和指示代词外，大部分均作"道"解。如三九章中说："昔之得一者：天得一以清，地得一以宁，神得一以灵，谷得一以盈，万物得一以生，侯王得一以为天下贞。"《太平经》中称："一者，生之道也。"(《五事解承负法》)又说："一者，乃道之根也，气之始也。"(《修一却邪法》)"一"即"道"，这是从宇宙生成论和本体论的角度对《老子》"一"的继承和发展。

葛洪对"一"也作了很多论述，其中"一"与"道"或"玄"同义的，有"道起于一""一能成阴生阳，推步寒暑。春得一以发，夏得一以长，秋得一以收，冬得一以藏"。(《抱朴子内篇·地真》)春夏秋冬得一而生长收藏。葛洪还说："天得一以清，地得一以宁，人得一以生，神得一以灵。"(《地真》)这里的"人得一以生"，是对《老子》三九章中关于

"一"的引申。葛洪以此为出发点，将"一"进一步神秘化，他说："子欲长生，守一当明。思一至饥，一与之粮；思一至渴，一与之浆"；"人能守一，一亦守人"。(《地真》)"一"的作用甚大，人若能"守一"，便可无所不辟：饥可以得粮，渴可以得浆，危可获平安，甚至可以免去毒虫猛兽、魍魉鬼魅以及兵刃之害，达到长生不死而成仙。

综上所述，道教教义中的"玄"和"一"都是渊源于《老子》的，其中有承袭的一面，又有曲解改造的一面。

"自然"和"无为" 道教以"道"名教，把"道"作为教义思想的核心。"道"具有"自然""无为""柔弱""朴"诸种特性，而这些特性也都成为道教教义的基本内容。这里仅就"自然"和"无为"加以说明。

"自然"是老子哲学的重要观念。《老子》中"自然"一词共用5次，正如前文所说，其意义都不是指客观存在的自然界，而是指"道"及万事万物自然而然、自己如此的状态。如《老子》二五章说："人法地，地法天，天法道，道法自然。"

道教直接继承了老子关于"自然"的思想。早期道教经籍《老子想尔注》说，"自然，道也"，"自然者，与道同体异号，令更相法，皆共法道也"。这就是说，道性自然。《太平经》称："元气自然，共为天地之性也。"这是说，自然是天地的本性。葛洪《抱朴子内篇》说："天道无为，任物自然，无亲无疏，无彼无此也。"这是说，天道不加干涉，而让万物顺任自然，这与《老子》五一章中"道之尊，德之贵，夫莫之命而常自然"如出一辙。

道教类书《无上秘要·入自然品》引用一些道教经典，将"自然"同修道成真相联系。《妙真经》称"自然者，道之真也"，"人为道能自然者，故道可得而通"。这是说，道的本真之性是自然，人如能以自然为道，便可以与道相通，即修道成真。《洞玄自然经诀》提出所谓真人就是"体洞虚无，与道合真，同于自然，无所不能，无所不知，无所不通"。意思是，真人能体自然之道，所以他可以达到"无所不能，无所不知，无所不通"的境界。

道教的外丹和内丹修炼术皆以"自然"为旨，东汉魏伯阳的《周易参同契》是道教丹鼎派的主要经典，其中心思想是运用《周易》揭示的阴阳之道，参合黄老自然之理，讲述炼丹之事。《参同契》中说："阴阳相饮食，交感道自然。"这是说，阴阳的交合变化是合乎自然的。又说："施化之精，天地自然。犹火动而炎上，水流而润下。非有师导使其然者。"意思是，锻炼内在的精气（内丹），应遵循天地间阴阳变化的自然规律。宋代张伯端《悟真篇》中说："谩守药炉看火候，但看神息任天然。"叶士表注："天地有自然之气，气有自然之数，人禀天地而生，气数与天地等，修真之士穷神造化之原，知升降之路，但安神定息，一念不生,湛然无欲,则神气周流,自然造化。"金元以后,"自然"仍是内修理论的主要内容。如马丹阳《自然吟——赠陇州萧防判》诗云:"顿觉万缘空,顿觉心开悟。心猿自然停,意马自然住。龙虎自然调,神气自然固。金丹自然结,神仙自然做。"这里,"自然"贯穿于内丹修炼的全过程;要达到结丹成仙的目标,应顺乎自然,循自然之理而行。明清两代内丹家在"炼己""筑基""火候"中,也多强调自然。如柳华阳在《金仙论证》中对"产药"景象的描述:

> 且炁满药灵,一静则天机发动,自然而然,周身融和,酥绵快乐,从十指渐渐至于身体。吾身自然耸直,如岩石之峙高山;吾心自然虚静,如秋月之澄碧水……盖此时不觉入于窈冥,浑浑沦沦,天地人我莫之所之,而又非无为。窈冥之中,神自不肯舍其炁,炁自不肯离其神,自然而然,纽结一团;其中造化,似施似禽而实未见其施禽,似走似泄未实至于走泄,融融洽洽,其妙不可胜比。

这里所言,主要是炼丹中的主观体验,而其中反复强调的是"自然而然",也就是"自然"。清代道士黄元吉在《乐育堂语录》中把"顺天地之自然"作为修炼的基本方法,认为炼丹之道,先要踏踏实实,从守中做起,然后引得本来色相出来，苟不踏实，何以凌空。故张三丰云：

> 凝神调息于丹田之中，盖心止于脐下曰凝神，息归于元海曰调息，守其清净自然曰勿忘，顺其清净自然曰勿助。如此久久，心神畅遂，气息悠扬，不假一毫人力作为，自然神无生灭，息无出入，俱是安闲自在。

这就是说，炼丹应以顺任自然而勿忘勿助为要，不可加"一毫人力作为"。

"无为"在《老子》一书中共有12处，其意是指因顺自然而不强作妄为。这与老子的"道法自然"是一致的。如老子说："圣人处无为之事"（二章），"为无为，则无不治"（三章），"道常无为而无不为"（三七章）。老子强调"无为"，目的是希望通过"无为"去达到"无不为"的效果。

早期道教经典《太平经》继承了老子的无为思想，认为"无为者，无不为也，乃与道连"。这也就是老子所说的"道常无为而无不为"。在治理国家上，《太平经》主张以无为为原则，顺应天道，理顺万物，如说："天地之性，万物各自有宜。当任其所长，所能为。所不能为者，而不可强也。"又说，上古之所以能行"无为而治"，是因为"得道意""得天心意"。这与老子的"圣人处无为之事"相合。

唐代道士杜光庭在《道德真经广圣义》中指出：

> 无为之理,其大矣哉。无为者,非谓引而不来,推而不去,迫而不应,感而不动,坚滞而不流,卷握而不散也。谓其私志不入公道,嗜欲不枉正术,循理而举事,因资而立功,事成而身不伐,功立而名不有。

这里所讲的"无为",也不是纯粹的无所作为,因为他说要"举事",要"立功";但举事、立功又须因循自然之理,而这就是"无为"。所以,杜光庭主张"顺天之时,随地之性,因人之心","事由自然"。杜光庭直接阐发老子的无为自化思想说:

> 老君垂教,以清静为用,以无为为宗。清静则国泰身安,无为则道成人化。夫道德无为也,天地成焉,万化行焉,万物生焉。天地无为也,四时运焉,六气和焉,八风鼓焉。圣人虚心……览天地之变动,睹万物之自然,以是而知有为者乱,无为者理。
>
> 摄化天下必须为无为事无事,无事则天下不扰,无为则百姓自安。(《道德真经广圣义》)

所以,圣人治国应当"无为而治",不要干涉人们的行动,任其自然发展。这里所说的,便是道教的社会政治观,是对老子"道常无为而无不为"思想的继承和发展。

道教追求长生成仙,皆以"无为"为基础。东晋葛洪

《抱朴子内篇》中认为，求仙之法要"静寂无为，忘其形骸"。南朝陶弘景的《真诰》指出，"喜怒损志，哀戚损性，荣华惑德，阴阳竭精，皆学道之大忌，仙法之所疾"，而"仙之要道，生之本业"，就是"知而不为，为而不散"。他还在《养性延命录》中说，养神以求长生成仙，当"少思寡欲"，"游心虚静，息虑无为"，即调节喜怒哀乐之情绪，以免劳伤心神。《庄子·在宥》云："目无所见，耳无所闻，心无所知，汝神将守形，形乃长生。慎汝内，闭汝外，多知为败。"意思是说，多见、多闻、多知是"有为"，有为便导致败亡；无所见、无所闻、无所知是"无为"，能无为便可以全神守形，从而获致长生。

后世的内丹家有人将性命双修的修性称作"无为"，修命称作"有为"。如内丹家陆西星主张修丹宜先性后命，修性称"玉液炼己"，要在克己去私，令一念不生，真性显现；修命称"金液炼形"，能使体化纯阳，形骸永固。前者为无为，后者乃有为，"自无为而有为，有为之后而复返于无为，则性命之理得，而圣修之能事毕矣"（《方壶外史·玄肤论》）。有人把炼丹的炼养过程称为"有为"，把炼神还虚而成丹的状态称作"无为"。清代著名道士、内丹家刘一明认为，在修炼的顺序上，要"先求其有为之道，后求其无为之道，更求其有无不立之道，则修真之事，方能大彻大悟"。

综上所述，作为道教教义的"自然"和"无为"也是直接源于《老子》的。另外，老子的"清静""寡欲""柔弱""不争""抱朴"等思想，也被道教改造并发展为道教的基本教义。因此，道教以"道"和"德"为教义核心，以"玄"和"一"，"自然"和"无为"，"清静"和"寡欲"，"柔弱"和"不争"为教义的基本内容所创立的道教教义思想体系，是与《老子》思想有着直接渊源的。

（2）《老子》与道教长生成仙说

追求长生不死、修道成仙，是道教的根本信仰和最高宗旨。

神仙之说并非源于道教，早在战国时期方仙道形成之际就颇为流行了。据《史记·封禅书》记载：渤海之中有蓬莱、方壶和瀛洲三神山，山中住着许多仙人，有不死之药。自齐威王、宣王和燕昭王时起，不断有君王派人前往寻求不死之药。秦始皇统一中国后，曾派徐福带数千童男童女去东海求不死药，以祈求自己长生不老。东汉时期道教创立的时候，便改造了以往的神仙传说，把得道成仙作为道教的根本信仰，而追求长生不死、修道成仙也就成为道教的核心内容和重要特征。

道教的神仙信仰虽不直接源于《老子》，但是，它与《老子》思想的关系仍然是十分密切的。在《老子》中，不仅有"长生久视""死而不亡""谷神不死"等长生不死的观念，而且把那些精于养生修道的人描画成具有"陆行不遇兕虎，入军不被甲兵"（五〇章）的特异之人，而这正与道教神仙的特征相一致。东晋道士葛洪在《抱朴子内篇》中称：

> 古之得仙者，或身生羽翼，变化飞行，失人之本，更受异形……老而不衰，延年久视，出处任意，寒温风湿不能伤，鬼神众精不能犯，五兵百毒不能中，忧喜毁誉不为累，乃为贵耳。（《对俗》）

这里所说的神仙，其特征是长生不死（"老而不衰，延年久视"）和功能特异（不受寒温风湿、五兵百毒的伤害）。这显然与老子思想是一致的。

与佛教、基督教幻想死后灵魂得救，把幸福寄托于虚幻的天国不同，以追求长生成仙为特征的道教，可以说是一种重生存和享乐的宗教。道教所宣扬的理想境地即"仙境"，并不是与世隔绝的、在人之上的"天国"，而是就在现实的、世俗的世界，认为在这个世界上就有仙境，有形体长生不死的活神仙，人们可以追求而成仙。这种长生成仙的追求虽然表现出迷信愚昧的一面，但同时也表现出尊重生命的一面。道教这一重生、乐生的思想，也是道教典籍所反复阐扬的。如《太平经》中说："夫寿命，天之重宝也。"又说："天恶杀好生。"这是说，生命是宝贵的，人的本性也是追求长生的。《度人经》也说"仙道贵生","仙道所贵，唯在于生"。早期道教经典《想尔注》直接利用《老子》宣扬长生成仙的宗旨，这里略作比较：《老子》说"圣人后其身而身先"（七章），《想尔注》则称"得仙寿，获福在俗人先，即为身先"；《老子》说"百姓皆谓我自然"（一七章），《想尔注》则称"我，仙士也"；《老子》说"其中有信"（二一章），《想尔注》则称"欲求仙寿天福，要在信道"。从以上的比较中可以看出，《老子》原文并没有长生成仙的含义，而《想尔注》文则将其衍化解释为长生成仙。同时，《想尔注》还把《老子》一六章"公乃王，王乃天"和二五章"道大，天大，地大，王亦大，域中有四大，而王居其一"中的"王"字均改为"生"字，并注："生，道之别体也。"这里，"生"与地、天、道并列，成为"四大"之一，充分表现出道教对生命的重视。

道教因重生、爱生、乐生而养生，认为人的生命并不取决于天命，而是决定于自我。在它看来，人的寿命长短、体质强弱，都是可以自己掌握的，因而提出"我命在我不在天，还丹成金亿万年"（《抱朴子内篇》引《龟甲文》），"我命在我，不属天地"（《西升经》）。意思是说，人只要善于修道养寿，安神固形，便可以长生不死，羽化成仙。

在道教看来，凡是寿命短的，大都是由于"将身不谨，饮食过差，淫泆无度，忤逆阴阳，魂神不守，精竭命衰，百病萌生，故不终其寿"（《养性延命录》）。相反，"以药物养身，以术数延命"，便可以"使内疾不生，外患不入"，从而达到"久视不死"即长生成仙的理想之境（《抱朴子内篇·论仙》）。正反两面均表明，人的生命之存亡、年寿之长短，决定于自身。可以看出，道教建立在神仙信仰基础上的重生、养生思想，是对人生命价值积极、大胆的肯定，从宗教层面上表现出对人的自觉。但是，它的求长生、成神仙的动人的幻想，却是无法实现的。

道教长生成仙的信仰，其目标也表现为与"道"合体。《隋书·经籍志》上说："推其大旨，盖亦归于仁爱清静，积而修习，渐致长生，自然神化，或白日登仙，与道合体。"这里的"道"即是长生不死之道，也就是老子所说的"长生久视之道"。在老子那里，人和天、地、道同为宇宙中的"四大"；道是永恒的，天地是能够长存的，而尊道、取法自然的人也是可以达到"死而不亡""长生久视"的目标的。不过，老子所主张的"长生"，从养生意义上指的是"长寿"，从价值意义上指的是人生价值的永存。道教以"道"名教，把"道"作为其最根本的教义和最高信仰，因此道教长生成仙的信仰与"道"是合一的，所以修仙即修道，得道即成仙。

道教认为，神仙是可以学得的，凡人只要掌握一定的仙道法术，就能够长生成仙。道教所奉行的修炼方术杂而多端，诸如守一、存思、服饵、行气、胎息、辟谷、房中术、外丹和内丹等。这里仅以"守一"术为例，说明道教的炼养术与《老子》的密切关系。

守一 指守持人之精、气、神，使之不内耗，不外逸，长期充盈体内，与形体相抱而为一。道教认为，修习此术，可以延年益寿、长生不死。

守一术源于老庄。《老子》说："载营魄抱一，能无离乎？专气致柔，能如婴儿乎？"（一〇章）这里的"营魄"即"魂魄"，也即"形神"；"营魄抱一"即"形神抱一"，亦即形、气、神合而为一。《老子》三九章中提出"神得一以灵""神无以灵将恐歇"，在老子看来，一切具体的事物都是有生灭、成毁的，唯有"道"（即"一"）是无生灭、无成毁的绝对存在。因此，守一也就是超越暂时或有限，进入永恒或无限。这样，人守一，神也永久灵异。所以，在老子这里，守一或抱一，既是指抱道以致永恒或无限，也是指人使神、气与形相抱而为一。在《庄子·刻意》中称："纯素之道，唯神是守；守而勿失，与神为一；一之精通，合于天伦。"又说："我守其一以处其和，故我修身千二百岁矣，吾形未常衰。"（《庄子·在宥》）这也是讲精、神、形相抱而为一，便可以长生。

道教承袭老庄思想而创造守一术，守一为道教经籍所重视。如《太平经》云："古今要道，皆言守一，可长存而不老。人知守一，名为无极之道。"这无极之道即指人身与精神常合为一之道，人能够达到这种常合即为一，便可以"长生久视"。《西升经》也说："天地物类，生皆从一，子能明之，为知虚实……丹书万卷，不如守一。"《抱朴子内篇》云："子欲长生，守一当明"，"人能守一，一亦守人"。《唱道真言》云："结丹之道，一而已矣。得其一，万事毕。"这些经书对守一都积极肯定，但是由于各自对"一"的解释不同，因此所守之内容或侧重点也各不相同，归纳起来，主要有"守神""守气""守精气神"等。

守神 即守精神。《太平经》认为，人的形体和精神不能分离，若离，则死。因此，它强调守神，使形神常合不离。如说：

> 人有一身，与精神常合并也。形者乃主死，精神者乃主生。常合即吉，去则凶。无精神则死，有精神则生。常合即为一，可以长存也……故圣人教其守一，言当守一身也。

因为精神主生，所以应使它与形体常合，可见守一即守神。葛洪《抱朴子内篇》中说："夫有因无而生焉，形须神而立焉。"（《至理》）意思是形体与精神相合才得以树立。人体内的神，葛洪称其为"真一"："夫长生仙方则唯有金丹，守形却恶，则独有真一。"（《地真》）所以，守一、守神，亦即守真一。守得真一，使人神相通，"人能守一，一亦守人"，这样人神相通，形神相合而致长生。《道教义枢》卷五引《老君戒经》曰："凡存一守神，要在正化，心正由静，静身定心，心定则识静，识静则会道也。"《道枢·虚白问篇》曰："抱一者，炼神也……夫能抱一守中，则神气不散，名真人矣。"

守气 一些道教经书把"一"释为"气"（或称精气，或称元气），所以守一亦即守气。《老子河上公章句》中说，人若能抱一，不使它与形体分离，就可以长存。这"一"就是由道德所化生的"太和之精气"。又说，"人能以气为根，以精为蒂……深藏其气，固守其精，使无泄漏"，此乃"长生久视之道"。《太平经》中说，天地之道之所以能长久存在，是因它守气而不绝；一切事物，若无气则"终死"。所以，它认为，人"欲不终穷，宜与气为玄牝"，即"守气"则可不死。

守精气神 一些道书又认为精、气、神为人体生命不可或缺的三个要素，是由一（道）所化生且合而为一者，所以守一即守精气神三者，又称守三一。《太平经》云："三气共一，为神根也。一为精，一为神，一为气。此三者共一位也，本天地人之气。神者受之于天，精者受之于地，气者受之于中和，相与共为一道……故人欲寿者，乃当爱气尊神重精也。"这里，守一就是指把精、气、神三者合一而守持，如此，便可致长生。《道教义枢》卷五引《洞神经三寰诀》云："一者，精神气也。释曰：精神气三混而为一……亦曰夷希微。"

从上可以看出，道教的守一术是对老庄守一、抱一思想的继承和发展。作为修炼养生之术，道教徒通过守持精、气、神，确实可以达到强身健体的效果。但是，道教把人体功能的"神"人格化，说人的每一个器官似乎都有一个神在把守着，如《太平经》就说人体有诸如肝神、心神、肺神、脾神、头神、腹神、四肢神等等，认为人们存守或存思它们，就可以长生不死，这便使守一术具有了宗教神秘的色彩。

（3）《老子》与道教戒律

道教戒律是指道士信徒们必须遵守的宗教法律条文。道教十分重视戒律，认为"学道不受大智慧道行本愿上品大戒，无缘上仙也"（《云笈七签》卷三八《说戒》）。

道教戒律的种类多，戒文繁，如：

> 始起心入道，受三归戒。箓生受五戒、八戒。在俗男女受无上十戒。新出家者受初真戒（以上初信戒）。正一弟子受七十二戒。男官女官受老君百八十戒（以上正一部戒）。清信弟子受天尊十戒、十四持身品。五千文金纽受太清阴阳戒。太上高玄法师受

二七戒（以上太玄部戒）。洞神受三道要言、五戒、十三戒、七百二十戒门（以上洞神部戒）。升玄内教受百二十九戒（以上升玄部戒）。灵宝初盟受闭塞六情戒，中盟受智慧上品大戒，大盟受三元百八十戒（以上洞玄部戒）。上清受智慧观身三百大戒（以上洞真部戒）。（楠山春树：《道教与儒教》）

显然，道教是随缘受戒，因人品高下受戒，所以道教的戒文就繁多。下面仅就与《老子》思想相关的戒律加以介绍：

想尔戒，全称应是"道德尊经想尔戒"，其戒文分上、中、下三行，每行三条共九条，即："行无为，行柔弱，行守雌，勿先动，上最三行；行无名，行清静，行诸善，中最三行；行无欲，行知止足，行推让，下最三行。"（《云笈七签》卷四三）显而易见，想尔戒的三最九条戒文正是老子"清静""无为""无欲""柔弱""不争""知足"等思想的直接体现，并且戒文所采用的概念几乎全部出自《老子》。这也合于《想尔注》"奉道诫，积善成功，积精成神"的思想。因此，《云笈七签》卷三八称："九行备者，神仙；六行备者，寿；三行备者，增年。"意即能持守九行者，可以成仙；能持守六行者，可以益寿；能持守三行者，可以增年。正一法门（正一教派）则认为，能持守上最三行者，可望位登神仙之列；能持守中最三行者，可以延年益寿；能持守下最三行者，可以避免夭伤。

由于想尔戒的条文简略，不便操作践行，因此又在想尔戒的基础上，衍生出老君二十七戒。戒文分上、中、下三品。上品戒文是：戒勿喜，邪喜与怒同；戒勿费用精气；戒勿伤王气；戒勿食含血之物，乐其美味；戒勿慕功名；戒勿为伪彼，指形名道；戒勿忘道法；戒勿为试动；戒勿杀勿言。中品戒文是：戒勿学邪文；戒勿贪高荣强求；戒勿求名誉；戒勿为耳目口所误；戒常当处谦下；戒勿轻躁；戒举事当详心，勿惚恫；戒勿恣身好衣美食；戒勿盈盗。下品戒文是：戒勿以贫贱强求富贵；戒勿为诸恶；戒勿多忌讳；戒勿祷祀鬼神；戒勿强梁；戒勿自是；戒勿与人争曲直，得诤先避之；戒勿称圣名大；戒勿乐兵。

老君二十七戒是想尔戒的具体化和世俗化。《太上老君经律》称：能持守二十七戒者，可以成仙；持守十八戒者，能延年益寿；持守九戒者，可增年岁而不夭亡。二十七戒与想尔九戒合称，则为三十六戒。

以上介绍的道教戒律，是道教要求道教徒所恪守的道德规范，其主要的条文如"无为""柔弱""守雌""无名""清静""无欲""知足"等显然是直接源于《老子》，而"勿为耳目鼻口所误""谦让""勿强梁""勿与人争曲直""勿轻躁"等也是老子"无欲""谦下""不争"等思想的衍化。

这里的比较旨在说明道教戒律所受《老子》思想的影响。不过，需要说明的是，道教徒遵循戒律，恪守道德规范，目的是积功累德，去恶行善，企求长生成仙，这与老子以成就圣人人格为人生的最高理想是完全不同的。

综上所述，可以看出，作为哲学家、思想家的老子被抬上道教教主的神位，作为哲学著作的《老子》(《道德经》)被崇为道教圣典，是经历了一个不断被神化的过程的。而老子之所以被尊，《老子》之所以被崇，关键在于《老子》的思想有可以被道教利用和发挥的地方。上文通过对《老子》与道教教义、《老子》与道教长生成仙说、《老子》与道教戒律的考察表明，道教对《老子》既有所承袭发展，又有明显的衍化和偏离，这是我们需要加以明确的。

六 《老子》与兵家文化

1.《老子》是不是一部兵书

《老子》一书作为道家学派的开山之作,虽然只有五千言,却意蕴宏富,词句精炼,构建了一个博大精深的理论体系。借用《淮南子·要略》的话说,它是"天地之理究矣,人间之事接矣,帝王之道备矣"。于是后人站在不同角度,仁者见仁,智者见智,对这本书的性质提出了不同看法。

多数学者认为这是一本哲学著作,称之为中国第一部哲理长诗,并且它在先秦哲学中最富于思辨性,闪耀着辩证法的光辉。老子本人就像西方的苏格拉底和柏拉图一样,成为中国哲学史上无可替代的巨人。

也有人认为,中国文化最关注人生伦理和现实政治,老子也绝不是一个忘情治道的避世"隐士",同样具有功利主义的思想倾向。《老子》的真谛不过是"君人南面之术",是专为后代帝王设计统治天下方法的理论体系,也兼及宦海权术和做人处世之道。

道教把老子本人奉为教主,《老子》五千言也成为它最重要的经典,被改称为《道德真经》。西晋道士王浮还编撰《老子化胡经》,说老子西入天竺化为胡人,释迦也是道教弟子。这种为了宗教目的把《老子》内容加以歪曲和庸俗的手段太拙劣,已没有了学术论争的意味。

唐朝宪宗时,有位名叫王真的将军(官职是使持节汉州诸军事、守汉州刺史、威胜将军)写了一本《道德经论兵要义述》,认为"五千之言……未尝有一章不属意于兵也",首倡《老子》为兵书说。而且他还注意到,《老子》是"数十章之后,方始正言其兵",也就是说,《老子》论兵,主要是在"德"经部分。

此后,将老子与兵家加以比附者代有其人。北宋苏辙著《老子解》,说:"……此几于用智也,与管仲、孙武何异?"明清之际王夫之作《宋论》,说《老子》"言兵者师之","持机械变诈以徼幸之祖也"。据王夫之称,宋代改革家王安石作《道德经集义》,赞扬《老子》思想是战略"奇策"。近代人章太炎在《訄书·儒道》中,说《老子》"约《金版》《六韬》之旨","以为后世阴谋者法"。《金版》《六韬》都是古兵书名,《庄子·徐无鬼》称"横说之,则以《诗》《书》

《礼》《乐》；纵说之，则以《金版》《六韬》"，据说皆为周初姜尚所著。

作为当代大军事家和政治战略家的毛泽东曾说过，《老子》是一部兵书。在当时，这句话的影响当然超越了纯学术讨论的范围。于是翟青写了《〈老子〉是一部兵书》（载《学习与批判》1974年第10期），唐尧写了《〈老子〉兵略概述》一文（载《中国哲学史文集》，吉林人民出版社，1980），都明确指认《老子》是一部兵书，或者"确切地说是部哲理喻兵的书，即军事哲学著作"。这种说法一时影响很大。

但有许多学者并不同意这种看法。

杨宽认为，说《老子》是一部兵书并不恰当，"因为它既不像《孙子兵法》和《孙膑兵法》那样阐明战略战术，也没有像《尉缭子》那样谈论用兵的政策法令。但无可否认，《老子》又确实十分讲究斗争的策略和手段，而且成为一种哲理，对后世有着深远的影响"（杨宽：《〈老子〉讲究斗争策略的哲理》，载《复旦学报》1980年第4期）。

刘毓璜认为，《老子》确实拨出一些篇幅谈到用兵打仗的问题，但老子"禁攻寝兵"的思想非常突出，它的"以奇用兵"和孙武的"兵者诡道"也不能完全混为一谈。所以，老子"不过借兵论道，决非以道附兵"（刘毓璜：《先秦诸子初探》，江苏人民出版社，1984）。

张舜徽驳斥了《老子》兵书说，认为"其书为了阐明事理，多因近取譬，也有时举出用兵的例子，而其原意本非为用兵而发"，所以，"《老子》，明道之书也"。（张舜徽：《周秦道论发微》，中华书局，1982）

李泽厚则从另一角度说："《老子》本身并不一定就是讲兵的书，但它与兵家有密切关系。这关系主要又不在后世善兵者如何经常运用它，而在它的思想来源可能与兵家有关。"（李泽厚：《孙、老、韩合说》，载《哲学研究》1984年第4期）

总之，如果严格界定的话，《老子》不能算作一部兵书专著，尤其不具备直接搬到战场上用兵布阵的"实用技术"价值；但也不能否认，它又与中国古代的兵家文化有着或明或暗的相通之处。《老子》一书主要阐述具有普遍意义的哲学问题，作为重要社会现象的战争，同样在老子的视界之内，成为他总结和引申出宇宙观、人生观和社会历史观的重要出发点之一。纵观全书81章，老子运用军事现象作论据例证直接论兵处有八九章，以哲理喻兵处有十几章，仅提到"兵"字有12处。以兵事阐明哲理，成为《老子》一书的重要特色。老子构建了一座理论大厦，"历记成败、存亡、祸福、古今之道"（《汉书·艺文志》）。这个"道"的落脚点也是要"一以贯之"，不仅涵盖自然现象，也适用于政治理想和社会人生，当然用兵之术也在大厦的庇荫之下。不过在老子这里，他那种闪耀着辩证法光辉的斗争哲理已上升为世界观和方法论，具有普遍的指导意义，其中就包含军事辩证法。说《老子》与兵家相通，应指其理论体系的来源（出发点）和观照（落脚点）两个方面。

《老子》一书在当时和以后，都对中国军事文化的发展产生过重大影响。不了解这种影响，就不能深刻理解为什么和西方比较起来，东方兵学更注重权谋，就不能正确把握中国古代谋略学的思维模式，就不能更好领会睿智的"中国智慧"。《老子》的谋略思想为中国兵家提供了一把开启智慧之门的金钥匙。

2. 道家与兵家的近缘关系

中国传统文化的源头在先秦。先秦诸子之间，既有学术上的对立，表现为彼此的攻讦和冲突；也有思想上的兼容，表现为都或多或少或明或暗地汲取他家学说以丰富发展自己，相互间有一种内在的联系和贯通。对峙前提下的兼容，这正是"百家争鸣"局面得以形成的保证。

在先秦诸子中，兵、道两家学说最富于辩证法色彩。从思想体系上看，它们天然有一种近缘关系，而连结的红线，就是对待人生世事那种极端"清醒冷静的理智态度"。

（1）先秦兵家思潮

李泽厚在《孙、老、韩合说》一文中指出，《老子》

哲学的基本观念来源于先秦兵家思潮，军事辩证法变成了政治辩证法，法家韩非又承接《老子》，发展出一套君主专制的政治理论。这一条思想线索把中国文化心理结构中的一种重要因素揭示出来，即代表中国智慧的"实用理性"。

中国古代从新石器时代开始，就充满了极为频繁、剧烈、复杂的战争，而且愈演愈烈。周初诸侯千八百国，春秋时只剩百余个，战国则仅余十几个。历史进程充满了血腥的武力兼并。长期战争的经验积累，使军事思想随之蓬勃发展，促进了兵书的早熟和发达。在《孙子兵法》出现以前，就有不少军事著作见诸史籍文字，像《汉书·艺文志》的道家类著录，就有《太公》237篇，《谋》(即《阴谋》) 81篇，《言》(即《金匮》) 71篇，《兵》(即《太公兵法》) 85篇。这些著作尽管多为后人托名西周军事家姜尚所为，但也说明道家与兵家谋略之间的渊源关系。

李泽厚认为，兵家思潮主要有以下四个特点：

一是一切以现实利害为依据，反对用任何情感上的爱憎和任何观念上的鬼神"天意"来替代或影响理智的判断和谋划，因为战争是"国之大事，死生之地，存亡之道"。在这个生死攸关的领域，任何喜怒情感的介入、任何神灵迷信观念的干预，都会造成极端危险而又无可挽回的后果。要指导战争，必须冷静理智。

二是思维的现实具体性和实用性，"纸上谈兵"为兵家大忌。战争是一个系统工程，牵涉到政治、经济、外交、天时、地利等诸多方面；而且"知"是"行"的前提，不是非常具体地观察、了解和分析各种现实现象，就不可能做好制定战略、判断战局、选择战机、采用战术等步骤措施。作战不但要综合考虑有关的各个方面，而且要知彼知己，要知常知变，要尽知先知。总之，兵家重筹划更重于作战本身，而筹划战争又必须全面具体地了解现实形势，战争容不得不着边际的空洞议论。

三是以一种矛盾思维方式来明确、迅速、直截了当地去分别事物，剔除假象，发现本质，把握整体，作出抉择。战争现象纷繁复杂，兵家在观察了解现实的基础上，不只作单纯经验的归纳或现象的罗列，还要尽快舍弃许多次要烦琐的细节规定，集中明确地抓住事物的要害，这就需要使用一种概括性的二分法，即抓住矛盾的思维方式。兵家把原始社会模糊、简单而神秘的对立项观念如昼夜、日月、男女，即后世的阴阳观念多样化和世俗化，摆脱巫术宗教的神秘衣装，扩大到军事领域。如《孙子兵法》提出许多相反相成的矛盾对立项，即敌我、战和、胜负、生死、利害、进退、强弱、攻守、动静、劳佚、饥饱、众寡、勇怯、形势、主客……用对立项的矛盾形式概括出事物的特征，便于迅速掌握住事物的本质，以指导和筹划决策（如决定进或退、攻或守）。这样一种非归纳非演绎所能替代的直观把握方式,是一种简化了的却非常有效的思维方式,它并不是到处存在于日常生活中,而是来源、产生于军事经验中。

四是从动态中去利用和展开矛盾,随具体条件的变化而变化自身的活动,不拘泥于既定的或原有的认识框架。在战争中,矛盾双方都不是恒常稳定的,而是互相依存和消长转化的。因此,可以"乱生于治,怯生于勇,弱生于强";可以"实而备之,强而避之,怒而挠之,卑而骄之,佚而劳之,亲而离之,攻其无备,出其不意";也可以"涂有所不由,军有所不击,城有所不攻,地有所不争,君命有所不受"。总之,兵家的辩证思维不是能从静态或抽象思辨中获得的,它不仅是描述、发现、思索矛盾,而是随利害双方的活动变化去灵活机动地利用矛盾,也就是后代岳飞所说的兵法"运用之妙,存乎一心"。这种矛盾观念和思维方式也是从军事实践中才能提炼出来的。

李泽厚认为,要真正了解中国古代辩证法不同于希腊的特定形态,应该追溯到先秦兵家。他还特别申明,关于《老子》和《孙子》的成书时代目前还没有完全澄清,因此不是说老子思想一定直接从孙子或兵家而来,而是从思想逻辑上讲,《老子》哲学的基本观念可能与先秦的兵家思潮有关系。

（2）源于兵家，高于兵家

老子哲学是一种社会论的政治哲学，老子的哲学学说是由兵家辩证法提扬而来，在《老子》中留下了浓厚的痕迹。《老子》中多处直接讲兵，如"用兵有言：吾不敢为主而为客，不敢进寸而退尺"（六九章），"善为士者不武，善战者不怒，善胜敌者不与"（六八章）等等。

但是，老子既然是为了思索和总结历史上的"成败、存亡、祸福、古今之道"，他所关注的不仅是军事，而更是政治。因此，《老子》一书对兵家辩证法就有保存、变化和发展。它基本上保存了兵家的那种二分法直观思维方式，但又把兵战中的对立项矛盾抽象化和普遍化，进一步扩展到自然现象和人事经验，提出诸如明昧、高下、长短、先后、曲直、美恶、宠辱、成缺、损益、巧拙、辩讷、难易、有无、祸福、强弱、刚柔、多少、虚实、智愚、兴废、胜败、攻守、进退、静躁、轻重、雄雌、奇正、迟速等对立统一的矛盾范畴。在《老子》这里，矛盾成为贯穿于万事万物的普遍性共同原理，在社会生活中的适应范围被空前扩大。

《孙子兵法》说："凡战者，以正合，以奇胜。"《老子》说："以正治国，以奇用兵。"（五七章）老子把用兵的"奇"化为治国的"正"，把军事辩证法提升为"君人南面之术"——一种统治、管理国家的根本原则和方略。所谓

"南面之术"，即人君控驭臣下的方法。具体来说，就是人君不要亲理庶务，而要分任臣下各居一职自己只总其成，垂拱而治。这里的关键是君主握有对臣下生杀予夺的绝对权力，即《老子》说的"国之利器不可以示人"，同时还要将难见不测的权术"藏之于胸中，以偶众端而潜御群臣"（《韩非子·难三》）。只有帝王"内蕴神明，外须玄默，使深不可知"，才能达到"以无事取天下"的目的。

军事和政治斗争毕竟有所不同，军事需要在瞬息万变中迅速果断地行动，《老子》把军事辩证法变成政治辩证法，却是在一种较为久远的历史把握中获得应用。但它们共同的外在特征都是冷静理智而不动情感，而且在《老子》这里，原属兵家的这种特色显得更为突出，如提出"天地不仁，以万物为刍狗；圣人不仁，以百姓为刍狗"（五章）。刍狗是古代祭祀所用的草扎成的狗，用完之后，便毫不顾惜地抛弃。老子在这里用作一种比喻：天地可以让花草春生夏长，秋冬之后，则风袭霜摧，任其枯萎；君主可以让臣下百官（百姓）为己所用，厚禄高爵，用完之后则废黜杀戮，都不必有仁爱之心。

这样，在中国古代就形成对立的两条思想路线，兵家、道家、法家重实际利害而不讲情感，儒家的仁义和墨家的兼爱则温情脉脉，以人的情感心理作为立论依据。两条路线斗争的结果是儒家占了上风，但道家思想并没有消失，成为儒学的补充;法家思想则被儒学溶化吸收形成"阳儒阴法"的政治传统,成了一门可用而不可张扬的"地下学问";至于兵家文化,尽管屡屡遭到儒家士大夫的攻击责难,却由于它应用领域的特殊性而终不能被儒学所取代。

当然,《老子》除从兵家辩证法中汲取思想营养外,在那个大动荡、大变革的时代,贵族内部政治上拼杀倾轧及其"成败、存亡、祸福"的记录,也一定会给老子本人留下深刻的印象。他对历史经验的思索,会进一步促成其矛盾转化论的形成,因为军事本来就是政治斗争的继续。

《左传》《国语》中充斥了春秋时代贵族们的升降沉浮,如晋国的范、中行氏"不恤庶难,欲擅晋国,今其子孙将耕于齐"(《国语·晋语九》);鲁国"鲁君世从其失,季氏世修其勤"。总结起来,就是"社稷无常奉,君臣无常位,自古以然。故《诗》曰:'高岸为谷,深谷为陵。'"(《左传·昭公三十二年》)

从中,人们似乎看出一些规律:

一是贵族越居高位越容易很快倒台,所谓"高位实疾颠,厚味实腊毒"(《汉书·五行志》)。

二是贵族功勋越多,服者越众,越会"伐智而多力",越会加速其灭亡。晋国在鄢陵之战大胜楚国后,晋厉公自夸智力和功劳,加重赋敛,夺人田产,宠嬖妇人,结果被杀。"厉公之所以死者,唯无德而功烈多,服者众也"(《国语·

晋语六》)。

三是贵族越强大越会加速自己灭亡。这正如叔向评论楚国令尹公子围说:"王弱,令尹强,其可哉?虽可,不终";"强以克弱而安之。强,不义也。不义而强,其毙必速"。(《左传·昭公元年》)

四是贵族聚敛财富越多越会很快灭亡。楚国令尹子文说:"民多旷者,而我取富焉,是勤民以自封也,死无日矣。"楚大夫斗且"蓄聚不厌,其速怨于民多矣。积货滋多,蓄怨滋厚,不亡何待!"(《国语·楚语下》)《左传·定公十三年》总结道:"富而不骄者鲜……骄而不亡者,未之有也。"

从大量贵族邦国灭亡倾覆的历史经验中,人们似乎总结出一条军事政治斗争的规律,那就是盛极必衰。伍子胥就曾经预言说:"吴其亡乎!三年,其始弱矣。盈必毁,天之道也。"(《左传·哀公十一年》)

这些内容,经过老子的思考和熔铸,就变成了一种政治的军事的指导方针,即著名的"守柔曰强"哲学。《老子》辩证法在对立项的列举中,尤其重视"柔""弱""贱"的一方,强调"弱者道之用"(四〇章);"侯王无以贵高,将恐蹶。故贵以贱为本,高以下为基"(三九章);"天下之至柔,驰骋天下之至坚"(四三章)。它认为,为了使自己免于灾祸,人们要有意识地把自己置于柔弱的位置,才永远不会被战胜。

正如许多学者所指出的,老子的"无为"实质上还是"无不为",还是一种积极的政治哲学,和后来庄子的完全消极态度不可同日而语。老子要"守雌""贵柔""知足",不过是一种"委曲求全"的策略,善于把自己的才能、优势或强大深隐不露,保持长久的韧性,最终目的还是保存自己,消灭敌人。《老子》大讲"大成若缺""大盈若冲""大直若屈""大巧若拙""大辩若讷"(四五章),所谓"若",借用章太炎的话说,"实质便不外一个'装'字","以为后世阴谋法"(《訄书·儒道》),这与兵家"能而示之不能,用而示之不用""以退为进"等手法是一致的。因为不管是在政治还是军事领域,自恃刚强,太露锋芒,都容易导致失败,所谓"揣而锐之,不可长保"(九章),"强梁者不得其死"(四二章)。

问题还有另一面。老子的"弱道"哲学是对自己的,对敌人则置其于高上荣显之位,助长它的骄气,创造条件加速其灭亡。在晋国六卿之间的斗争中,智氏自恃强大,向魏桓子强索土地。任章劝魏桓子说:"无故索地,邻国必恐;重欲无厌,天下必惧。君予之地,知伯必骄。骄而轻敌,邻国惧而相亲。以相亲之兵,待轻敌之国,知氏之命不长矣!《周书》曰:'将欲败之,必姑辅之;将欲取之,必姑与之。'君不如与之,以骄知伯。"(《战国策·魏策一》）后来智氏果然被韩、赵、魏三家联合所灭。所以《老子》就说："将欲歙之，必固张之；将欲弱之，必固强之；将欲废之，必固兴之；将欲夺之，必固与之。"（三六章）并且，这是"柔弱胜刚强"的必由之道、不二法门。兵家在战场上也常常采用"卑而骄敌"之法，使敌人"过极失当"，然后"避其锐气，击其惰归"。公元前632年，晋文公先让一步，"退避三舍"，使骄傲轻敌的楚军盲目追击"伪遁"的晋军，然后回师夹击，取得城濮之战的胜利，就是体现了这种诡道原则的一个典范战例。

老子这种"不为天下先"，在忍让委屈中求得生存，积蓄力量，最后战胜敌人的思想，就是一种典型的中国智慧。它不但在形成和确定中国思维方式的历史长河中具有里程碑意义，也对中国的兵家文化和军事实践产生了重大影响。"哀兵必胜"、欲擒故纵、以逸待劳、顺佯敌意、缓兵待机、后发制人、以退为进……从这些兵家谋略中都可以看到老子思想的影子。

3.《老子》对兵家战争观的影响

（1）老子的战争观

春秋时代的哲人们以深切的目光关注着人类自身的命运和价值，战争这个不断吞噬着人的生命和消耗大量社会财富的怪物,不能不使"智士寒心",成为他们思考的对象。

老子总的倾向是反对一切战争,他以激烈的词句反对好战、滥战、穷兵黩武的种种行为,提出"兵非祥器"的战争观。《老子》认为"以道佐人主者,不以兵强天下"(三〇章),意即用道辅佐君主的人,不会以武力逞强于天下。为什么呢?"师之所处,荆棘生焉。大军之后,必有凶年"(三〇章),战争会造成田园荒芜,饿殍遍野,是一场社会浩劫。"天下有道,却走马以粪;天下无道,戎马生于郊"(四六章)。和平时期,战马退还给农夫耕田;一旦打仗,即使怀孕的母马也会被驱赶上战场。

老子反战,不仅含有他同情人民疾苦,减少社会危难的目的,而且他也是为统治者的切身利害筹策设谋。因为用兵"其事好还",具有报应性强,反自为祸的特质。败阵者国破家亡,残痕累累自不必说;即使一时取胜,"口中含灰",代价极其惨重,并且终将自食其果,自取灭亡。

所以《老子》认为"兵者,不祥之器"(三一章),大家避之犹恐不及,"故有道者不处","乐杀人者,则不可得志于天下矣"(三一章)。老子深情地怀念那个理想的"小国寡民"时期,"虽有甲兵,无所陈之"。一切都是那样平静、安宁、和谐,邻国虽可相望,但"民至老死不相往来"(八〇章),大家不来往,自然也没有拼死的争夺和不断的毁灭。老子厌恶文明所带来的一切,当然也包括战争。

以美好的往古回想作为救世良方毕竟是虚无缥缈的空中楼阁，老子在战争问题上不得不网开一面，提出兵者"非君子之器，不得已而用之，恬淡为上"（三一章）。认为用兵出于"不得已"，必须以除暴救民为目的，因为"圣人无常心，以百姓心为心"（四九章）；即使这样，打仗也要淡然处之，战胜了不能得意扬扬，得意扬扬就是以杀人为乐。他还提出打仗出军要以凶丧之礼而行，凿凶门（北门）而出军；战胜了而杀人以众，也要"以悲哀泣"，用丧礼的仪式以处之，还要"功成名遂身退"。

这是老子对当时武力横行的一种人道主义的呼唤和呐喊。

（2）"不祥之器"说与传统慎战论

对于老子的战争观，兵家不会也不可能全盘予以接受。兵家作为时代需求的产物，以战争作为他们的主要研究对象，没有战争也就没有了该学派存在的前提。他们认为战争不可能消失，他们受老子战争观的渗透和影响，主要体现在慎重对待战争，理性地制约和限制战争，提出以是否有利于"保国爱国"为标尺的战争观。

《孙子兵法》开宗明义就提出："兵者，国之大事，死生之地，存亡之道，不可不察也。"（《计篇》）既然战争与国家人民的命运如此紧密地联结在一起，就不能不缜密审察。只要能达到使敌人屈服的目的，最好是不用武力，尤其不要使用大量伤害士兵生命的强攻城池之法。孙子说："上兵伐谋，其次伐交，其次伐兵，其下攻城"，"是故百战百胜，非善之善者也；不战而屈人之兵，善之善者也"。(《谋攻篇》)

孙子认为，战争同时存在利和害两个方面，"军争为利，军争为危"。仗打不打，是进攻还是退却，坐标只有一个："进不求名，退不避罪，唯人是保，而利合于主。"(《地形篇》)对于一个国家来说，"主不可以怒而兴师，将不可以愠而致战；合于利而动，不合于利而止"(《火攻篇》)。从这个意义上来说，能够对战争采取温和的节制态度的"知兵之将，生民之司命，国家安危之主也"(《作战篇》)。

孙子主张不得已而进行的战争，应极有限度，一旦达到目的，应尽快配合以政治经济措施，以文之长补武之缺。他说："夫战胜攻取而不修其功者，凶，命曰'费留'。"(《火攻篇》)所谓"费留"就是白费力气，不但不能巩固战果，还会带来凶害。

如果说作为兵、道两家祖师的孙子和老子的战争观还略显门户森严的话，随着诸子百家的日益融汇兼容，晚出的兵书则受《老子》的影响更多更明显。

《司马法》是成书于战国初期的一部重要兵书，内容很庞杂。它开篇即说"古者，以仁为本、以义治之之谓正，正不获意则权。权出于战，不出于中人"，认为古人以仁爱正义来治理天下，这种治道没有战争；但当后来这种办法行不通时，则有使用强力权势的必要；权势之下会有战争，但战争必须由圣明天子来决定，不能随便操于一般人（中人）之手。《武经七书汇解·通义》解释说："盖战以杀伐攻取为事者也，所谓不祥之器也。若使出于中人，必致糜烂其民，而未有底止，故权非圣人不能用也。"这正是一种慎战论。

《司马法》虽然认为寝兵为圣德之治，肯定"兵不血刃"而定天下为用兵的最理想境界，但并不完全反对正义的战争。它说："杀人安人，杀之可也；攻其国爱其民，攻之可也；以战止战，虽战可也。"（《仁本》）在战争观问题上，《司马法》的认识很有辩证法高度，认为"国虽大，好战必亡；天下虽安，忘战必危"（《仁本》），可以说源于古人又高于古人。

《孙膑兵法》失传二千年后，1972年在山东临沂银雀山汉墓中出土，它在中国军事思想发展史上占有重要位置。它认为战争是社会矛盾用仁义礼乐等和平手段解决不了的情况下不得已才采用的暴力手段。它说："我将欲责仁义，式礼乐，垂衣裳，以禁争夺，此尧舜非弗欲也。不可得，故举兵绳之。"但又认为不能过分依赖武力，穷兵黩武，它说："夫兵者，非士恒势也……战不胜，则所以削地而危社稷也，是故兵者不可不察。"既然打仗不是闹着玩的，频繁用兵乃自辱之道也。它说："夫乐兵者亡，而利胜者辱。兵非所乐也，而胜非所利也。"（《见威王》）虽然战争不能完全避免，但"穷兵者亡"（《威王问》），体现了一种慎战思想。

《尉缭子》一书在北宋被列入《武经七书》，也是一部重要的兵家经典。它认为"兵者，凶器也；战者，逆德也；争者，事之末也"（《兵令上》）；"将者，死官也，故不得已而用之"（《武议》）。它主张要进行战争，必须明白其目的是"诛暴乱禁不义"，所以不攻无过错的国家，不杀害无辜的人民，不使农民离开田地，不使商人离开店铺，不使官吏离开府衙，最大限度地减少战争灾害，维护正常的社会秩序；假如随意杀人父兄，掠夺人家财物，奴役人家子女，这不是用兵之道，而是强盗行径。《尉缭子》认为"兵不血刃而天下亲焉"（《武议》），假如战争能够不经过战斗而取得胜利，那是由于得到敌国人民的支持，自己从而也可得到天下之人的拥护。

《六韬》虽然托名于殷周之际的姜尚所著，但学术界已公认它比较晚出，不会早于战国中期。它的内容对道、兵、儒、法各家皆有所承，尽管《汉书·艺文志》将其列入道家类，但一般仍把它作为兵书看待，北宋时被置于《武经七书》之中。

《六韬》以道家的观点来分析社会动荡的原因，说："圣人务静之，贤人务正之，愚人不能正，故与人争。"（《武韬·文启》）所以，它主张君主要把政治放在军事之先，以"爱民"来收揽人心，计大利而不计小利，"不以役作之故，害民耕绩之时。削心约志，从事乎无为"（《文韬·盈虚》）。指出这样做的好处是："无取于民者，取民者也；无取于国者，取国者也；无取于天下者，取天下者也。"（《武韬·发启》）只要进行"文伐"，就可以不战而屈人之兵，所谓"全胜不斗，大兵无创，与鬼神通。微哉！微哉！"（《武韬·发启》）

《六韬》继承了前代的慎战思想，说"圣王号兵为凶器，不得已而用之"（《文韬·兵道》）。即使必须要用兵，也要充分准备，看准时机："王其修德以下贤，惠民以观天道。天道无殃，不可先倡；人道无灾，不可先谋。"（《武韬·发启》）条件不成熟，就不能轻举妄动。

《三略》和《淮南子·兵略训》是秦汉时期的两部重要军事著作，它们是当时黄老道学与兵家理论相结合的产物，在战争观上也都沿着老子的路线而发展。

《三略》传说为秦末黄石公所著，传授给当时的风云人物张良，恐不可信，一般认为其成书应在西汉前期。《三略》很崇尚老子之"天道"，体现在战争问题上，就是"夫兵者，不祥之器，天道恶之。不得已而用之，是天道也"（《下略》），具体来说即"虽有甲兵之备，而无斗战之患"（《中略》）。什么样的兵事才能不得已而用之呢？就是"圣王之用兵，非乐之也，将以诛暴讨乱也"(《下略》)。在修理内政和对外征伐的关系上，也体现了它反对好战的精神："释近谋远者，劳而无功；释远谋近者，佚而有终……务广地者荒，务广德者强。能有其有者安，贪人之有者残。残灭之政，累世受患。造作过制，虽成必败。"(《下略》)不搞好内政而图谋向外扩张领土，贪图别人财物，都会招来祸殃。即使一时成功，最终也会失败，并世代承受灾祸。

《淮南子》是西汉淮南王刘安及其门客集体编写的一部杂家书，全书以道家的天道自然观为主导，综合各家学说而成。《兵略训》是其中一篇，可以看作是博采先秦兵书而形成的军事哲学著作。

在战争起源问题上，老子虽然没有讲得很明白，但他认为与"争"有很密切的关系。《老子》说，"天之道，利而不害；圣人之道，为而不争"（八一章）；"夫唯不争，故无尤"（八章）。正因为上古"民至老死不相往来"，所以才使"民心不乱"，"使民不争"，才能"虽有甲兵，无所陈之"（八〇章）。《兵略训》则明确指出："人有衣食之情，而物弗能足也。故群居杂处，分不均求不赡则争，争则强胁弱而勇侵怯。"把物质利益的分配不均看作暴力争夺的起源，这是比较深刻的。《老子》已及于此，所以一再要人们"甘其食，美其服"（八〇章），"不贵难得之货""不见可欲"（三章），走的是一条"治心"（使人们克制物欲）

而不是发展生产的解决路线。《兵略训》可以说继承和发展了《老子》的战争起源观。

《兵略训》主张战争的目的应是"禁暴讨乱"："导之以德而不听,则临之以威武。"它明确把战争区分为"义战"和"不义战"。如果"杀无罪之民,而养无义之君",那就是必须反对的"不义战";如果"闻敌国之君,有加虐于民者,则举兵而临其境",那就是顺道而动的"义战"。即使是义战,也要教育士兵不要杀房抢掠,"毋伐树木,毋抉坟墓,毋爇五谷,毋焚积聚,毋捕民房,毋收六畜"。这样的战争,可以在不受伤亡或很少伤亡的情况下取得胜利,所谓"大兵无创,与鬼神通。五兵不厉,天下莫之敢当"。

（3）"三代之将，道家所忌"

老子反对好战、滥战的战争观,对中国古代军事文化产生了深远而广泛的影响,几乎成为所有兵家的共识。如《吴子》也反对恃众好杀,其战争观是："战胜易,守胜难。故曰：'天下战国,五胜者祸,四胜者弊,三胜者霸,二胜者王,一胜者帝。'是以数胜得天下者稀,以亡者众。"(《图国》)而且,《老子》"兵者不祥""其事好还"的思想深入人心,形成了一种民族心理的积淀。

战国长平之战,秦将白起武功赫赫,坑杀赵国降卒40万人。后来他因统治集团内部矛盾被赐死,临死时说：

"我何罪于天而至此哉？"良久曰："我固当死。长平之战，赵卒降者数十万人，我诈而尽坑之，是足以死。"后人对此评论说："降杀之为害，祸大于剧战也。"同样，秦朝王翦、王贲、王离三代为秦将，巨鹿之战前，有人预言秦之名将王离必败，根据就是："夫为将三世者必败。必败者何也？必其所杀伐多矣，其后受其不祥。今王离已三世将矣。"(《史记·白起王翦列传》)

更为典型的是西汉名将李广，他一生从军四十多年，大小历战七十余起，战功无数，却不得封侯。他的许多部下和功劳不及他的人都被封侯，独独"李广难封"。对这种命运的不公平，李广曾扪心自问：难道是我的骨相不好，命里注定不能封侯吗？有人启发他：你这一生有没有做过不该做的遗恨之事？李广想了想说：我在陇西太守任上，曾经诱降反叛羌族八百余人，然后又用欺骗手段把他们同日杀掉，这一直是我内心的愧疚遗憾之事。那人说："祸莫大于杀已降，此乃将军所以不得侯者也。"后来，李广的命运确很悲惨，他因行军迷失道路违犯军法，被逼自杀。从弟李蔡因犯法被下狱自杀，儿子李敢遭人暗算而死，孙子李陵兵败投降匈奴，全家被族诛，本人也老死异域。班固就此评论说："三代之将，道家所忌，自广至陵，遂亡其宗，哀哉！"(《汉书·李广传》)

好战可耻，残杀无辜更是天理难容。作为军将，武伐阴残，天意难量，迟速报应。或一世坎坷，或三世不祥。这种思想始于《老子》，最终又成为民族心理上一块难以抹去的印记。所谓"恶有恶报，善有善报。不是不报，时候不到。时候一到，一切都报"。这是由《老子》"兵者不祥""其事好还"转化而成的神秘的因果报应观点。

4.《老子》对兵家战略战术的影响

兵学和哲学虽分属于不同的两个领域，但并非风马牛不相及。因为天下没有不用谋略的战争，斗智斗谋必然依赖于人的智慧才能，而哲学就是一门有关智慧才能的学问。虽然从本义上讲，《老子》不是一部讲如何具体配军布阵的兵书，但却能从哲学的高度影响兵家和指导战争。

中国传统文化注重有机和谐，宇宙和人生社会的一切事物都可加以抽象类比，一理浑然，并不需要对思想概念进行精确分类和严密的逻辑论证。比如"道""阴阳""刚柔"就被中国古代各家学说普遍应用，无须加以严格界定。西方文化的传统精神从古希腊开始，恰恰十分注重事物的类别划分和整体结构及其层次的分析研究。所以，西方兵学提出了确切的战争和战略、战斗和战术的概念体系，而在中国古代兵学中，却没有与之相对应的确切概念。这不是说东方兵学对此没有认识，而是把战争的宏观和微观内容都统统包容在"兵法"或"用兵之道"的总概念之下，战略和战术融在一起，难以区分。

战争是一个充满科学和艺术的领域。所谓科学就是人们必须遵循客观规律才能避免失败；所谓艺术就是它需要不断激发创造智慧，出奇才能制胜。正由于如此，《老子》才能对中国古代兵学产生重大而深远的影响。

（1）"道法自然"的用兵之道

本书前边已经论及，"道"是老子哲学的中心范畴。"道"产生一切和包容一切，带有无所不包和无所不在的特性，是一个融哲学、伦理、政治为一体的概念。当"道"作为一种宇宙自然观出现时，它反映了一种文化与文明的进步。

老子的宇宙自然之"道"尽管是一个十分模糊的概念，但它反对天道有知。道和宗教神不同，它无意志，无目的，自然而然地拥有化育万物的巨大力量；而且道在"象帝之先"，它出现在"上帝"之先，比"上帝"更根本，世界的产生和变化是由道所决定的，而不是由"上帝"决定的。这就取消了上帝的造物主身份，排除了有意志的天的地位。老子的天道"自然无为"的无神论学说动摇了神学天命思想的根基，把人和社会从"上帝"拯救出来还给"自然"。人和社会是自然的产物，其行事准则也应契合、顺应自然。把这个观点应用到战争上，就是要人们"明道"，即认识和服从战争发展的客观规律。否则，让非理性的因素占了上风,"不道早已",就会自取败亡。中国古代兵书大都以道作为中心范畴,用道来表述战争规律。从一定意义上来说,老子"道法自然"的思想为中国古代兵学奠定了理论基础。

《孙子兵法》以研究战争规律为宗旨,孙子在《计篇》中提出五个决定战争胜败的基本因素,那就是道、天、地、将、法。首要的因素是道。"道者,令民与上同意也,故可以与之死,可以与之生,而不畏危。"人是战争的主体,也是战争的对象,统治者首先要取得人民的拥护,才能取得胜利,这就是为兵之道。其次是天,指的是"阴阳、寒暑、时制也",是自然的天时气象条件。再次是地,指的是"远近、险易、广狭、死生也",是作战的地形条件。其他是将和法,指的是将帅素质和军政管理。孙子还提出:"善用兵者修道而保法,故能为胜败之政。"(《形篇》)在这里,孙子坚持科学的理性态度,认为决定战争胜负的是政治和人谋,天道也是一种自然现象,不复具有主宰人事的性质。特别是孙子"道者,令民与上同意也"和《老子》的"圣人无常心,以百姓心为心"(四九章)的观点是十分吻合的。

孙子具有鲜明的无神论立场,反对鬼神迷信对兵事的干扰,主张"禁祥去疑"。他说:"明君贤将所以动而胜人,成功出于众者,先知也。先知者,不可取于鬼神,不可象于事,不可验于度,必取于人,知敌之情者也。"(《用间篇》)

意即在战争中要禁止迷信,不要疑神疑鬼,不要祈求鬼神,不要用类比之法去推断吉凶,不要用星辰之度去验证占卜。孙子这种唯物主义认识论正是春秋哲学思想在军事领域的反映,并且为以后中国兵学的健康发展确立了路标。

《孙子兵法》说:"兵者,诡道也。"曹操注曰:"兵无常形,以诡诈为道。"把老子的"道法自然"思想运用到军事领域,那就是尊重战争的客观规律,这种用兵之道就是"诡诈"。老子既然认为治国的圣人应是道的化身,"绰然而善谋",会使用权谋和治术,那么治军之人把道推广到战争领域,"以奇用兵"就没有什么可奇怪的了。

《司马法》一书包括两部分内容:一部分是追论西周以前的"古老兵法",内容有"告于皇天上帝、日月星辰,祷于后土四海神祇、山川冢社"和"时日不迁,龟胜微行,是谓有天"等,明显是三代尊天思想在军事领域的反映;另一部分是春秋以后的兵法,则提出决定战争胜败的五个因素:顺天(顺应天时)、阜财(广集资财)、怿众(顺应大众意志)、利地(利用地形)、右兵(重视兵器),是为五虑(五件必须考虑之事)(《定爵》)。它又说:凡胜,三军一人胜(团结得如一人则胜)(《严位》)。这里更加突出了人和武器、经济的因素,所谓"顺天"也指的是顺应天候季节,已摒弃了鬼神迷信观念。

《孙膑兵法》的道论色彩十分浓厚。就今天所见的残本来看,"道"作为一个重要范畴,出现达33次。如"求其道,国故长久","而先知胜不胜之谓知道"(《陈忌问垒》);"恒胜有五:得主专制,胜;知道,胜;得众,胜;左右和,胜;量敌计险,胜"(《篡卒》)。在这里,道指的是客观事物之间的必然联系和不依人主观意志为转移的客观法则。孙膑认为,将领只有掌握军事规律才能"恒胜"。这种"兵之道"的内容很丰富,"知道者,上知天之道,下知地之理,内得其民之心,外知敌之情,阵则知八阵之经"(《八阵》)。举凡天文、地理、政治、阵略都是决定战争胜负的因素,"天时、地利、人和,三者不得,虽胜有央",但"间于天地之间,莫贵于人"(《月战》),最重要的还是人事。

战国时期,随着阴阳五行思想对兵学的渗透,也出现了带有浓厚迷信色彩的兵阴阳家。《汉书·艺文志》中说:"阴阳者,顺时而发,推刑德,随斗击,因五胜,假鬼神而为助者也。"顺时即顺天时,"日为阳精,月为阴精,兵尚杀害,阴之道也。行兵贵月盛之时,晦是月终,阴之尽也,故兵家以晦为忌,不用晦日陈兵也"(《左传·成公十六年》孔颖达疏)。刑、德分别指十二辰和十日,"圣王日食则修德,月食则修刑,彗星见则修和,风与日争明则修生。此四者,圣王所以免于天地之诛也"(《管子·四时》)。"斗击"指与北斗星所指的方位对应之区域,"不可与敌"。五胜指金、木、水、火、土"五行相胜"。这股逆流虽不能在古代兵学中占据中心地位，但也产生不小影响，在早期兵书中留下浓重痕迹。而受《老子》影响的兵学主流派兵家，则力图减弱或消除这种影响。

《孙膑兵法·月战》中说："十战而六胜，以星（者）也。十战而七胜，以日者也。十战而八胜，以月者也。十战而九胜，月有（原简以下缺24字）而十胜，将善而生过者也。"这里，孙膑认为兵家靠天象历数而作战，最好也不过十战而六胜、七胜、八胜、九胜，而要十战全胜，超越历数，却一定是由于将军善用兵。这正是重视人事，"间于天地之间，莫贵于人"的思想。（张震泽《孙膑兵法校理》，中华书局，1984）

《尉缭子》以更鲜明的唯物主义立场，对兵学中的神秘观念进行了激烈的批判。"梁惠王问尉缭子曰：'黄帝刑德，可以百胜，有之乎？'尉缭子对曰：'刑以伐之，德以守之，非所谓天官、时日、阴阳、向背也。黄帝者，人事而已矣。'"（《天官》）他接着举例说：城池四面不能攻取，不在方位的吉凶，而在于防守坚固；《天官》说背水列阵、向坡陈军不合阴阳，武王却伐纣灭商，也没有什么不吉利；楚与齐战，彗星柄在齐，"柄所在胜"，楚国却大破齐军。所以尉缭子总结说："'先神先鬼，先稽我智。'谓之天官，人事而已。"（《天官》）意思是打仗首先问神问鬼，不如首先问问自己的才智如何；打胜了与其说是天文星象应验，不如说是发挥了人的能动作用。

《尉缭子》中说："天时不如地利，地利不如人和。圣人所贵，人事而已。"（《战威》）所谓人事不仅是行军布阵，还包含有政治、经济等众多因素，"夫土广而任则国富，民众而制则国治。富治者，民不发轫，甲不出暴，而威制天下"（《兵谈》），这也是以大战略来看待为兵之道。

中国古代兵学论著以《孙子兵法》等权谋派兵文化作为主流，其他还有一些支流的兵文化。《三略》被认为是古代第一部讲政治方略的兵书，它把战争放到治理国家的高度来论述，一方面讲作战谋略，同时也讲了很多安邦治国、统军驭将的政治谋略。《三略》很崇尚老子的自然哲学，认为"天道自然，其巧无间"，治理国家应依据"自然"这种客观规律，让民众自我发展。《三略》具有唯物主义的思想倾向，就表现在它十分重视人作为主体在战争中起主导和决定作用，而不是其他神秘因素。从思想特点上看，人们普遍认为孙武尚智，孙膑贵势，而黄石公重人。《三略》全书都围绕一个"人"字做文章，《上略》讲收揽人心，《中略》讲驾驭将帅，《下略》讲举贤用能。所以，明代张居正认为《三略》"发明人政之当重"（《武经直解开宗合参》）。

《淮南子·兵略训》被称为道家兵文化，全书军事理论的阐发，始终以"道"为统领。它把道推衍于决策层，

"所谓庙战者,法天道也","兵以道理制胜",即符合战争发展客观规律的决策才能引向胜利。它把道推衍到战术领域,要求将帅以"虚""静""无形"的哲理为指导,才能变化莫测,用兵如神。《兵略训》认为战争胜败的关键在道,所以说"顺道而动,天下为响"。它把老子的道论思想与兵家理论有机地糅合在一起,从而把对战争规律的认识上升到本体论的哲学高度。

秦汉以后的有些兵书,本来很富于理论价值,但为显示其体系的博大宏富,却兼收并蓄一些术数迷信之类东西。如唐朝人李筌的《太白阴经》是中国现存最早的综合性兵书,它在理论上"先言主有道德,后言国有富强",提出"以正理国,以奇用兵,以无事理天下",并阐明战争的胜负在于"人谋",这些"可谓持平之论"(《四库全书提要》)。但是全书却用三分之一以上的篇幅记载占星、望气、求神问卜和奇门遁甲等荒诞不经的东西,这些就成为该书的最大缺陷。尽管这样,由于《老子》"道法自然"思想对古代兵学的深远影响,李筌自己也说:"凡天道鬼神,视之不见,听之不闻,索之不得,指虚无之状,不可以决胜负,不可以制生死,故明将弗法。"(《天无阴阳篇第一》)

与《太白阴经》情况类似的还有北宋初期许洞撰写的《虎钤经》,这部兵书的思想基调还是唯物主义的。它认为人是战争中起决定作用的因素,"先以人,次以地,次以天"(《三才应变》),天时不如地利,地利不如人和;天时是不以人的主观意志为转移的,"天不能以气顺人",人却可以利用天时,"君能以人顺气"(《地利》);即使是违天时,逆地利,将帅只要能深谋远虑,同样可以打胜仗。但是,许洞却不惜用全书一半的篇幅引述扑朔迷离的阴阳之说。尽管他辩解说,"六壬遁甲,星辰日月,风云气候,风角鸟情,虽远于人事,亦不敢遗漏焉"(《虎钤经·自序》),可这些"远于人事"的东西却毫无军事价值。

一直到北宋中期宋神宗下诏编校《武经七书》,明令禁止兵学中的阴阳迷信,于是经过慎重选择和校改,原来《三略》《六韬》中的迷信内容被删除,与《孙子》《吴子》《司马法》《尉缭子》《李卫公问对》一起被确立了兵学经典地位。中国古代兵学的健康发展和永久生命力,与《老子》道论的科学理性影响是密不可分的。

(2)柔弱胜刚强

战争是敌我双方力量的殊死较量,强胜弱、刚克柔是自然之理。但《老子》却一反常规,全书有20多处论及柔与刚、强与弱之间的辩证关系,提出"弱之胜强,柔之克刚"的观点。"柔弱胜刚强"是老子对战争之道基本内容的概括,也为中国古代大量以弱胜强、以小胜大的军事实践奠定了理论基础。

老子认为，人类社会也像自然界一样充满了矛盾，这些矛盾的双方如强和弱、刚和柔都不是绝对和固定不变的，而是相对和可以互相渗透转化的。《老子》说，"万物负阴而抱阳"（四二章），"反者道之动，弱者道之用"（四〇章），物极必反是普遍规律，事物发展到一定程度就走向它的反面。把这一规律体现和运用到战争领域，就是奇正相生，虚实相变，胜负相易，柔弱胜刚强。

在军事领域，老子主张自己要经常保持一种"柔弱"的地位，"兵强则灭"。如果自恃刚强，太露锋芒，"强梁者不得其死"；"揣而锐之，不可长保"，就不免会归于失败。老子的矛盾转化论没有重视人的主观能动作用，提出"天之道不争而善胜"，未免给人以消极保守的感觉；但它引导兵家在战争中学会反向思维，尊重客观规律，不要只想进而不想退，只想攻而不想守，只想直而不想曲，从而用奇谋妙策以智补力，树立起以弱、少、劣而胜强、多、优的信心。

《孙子兵法》常常讲"弱生于强""强弱形也"，指出实力的强弱常会在战场上发生转化。《虚实篇》中说："夫兵形象水，水之行，避高而趋下，兵之形，避实而击虚。"意思是用兵就好比行水，表面上自己很弱，要处处躲避强大的敌人；但躲避不是消极地逃避，而是瞅准敌人柔软的下腹部给以一击，这才是真正的制胜之道。孙子讲"能而示之不能"，有能力进攻却显得无力无能，然后再"攻其无备，出其不意"，这正是《老子》的"守柔曰强"精神。

《老子》的"柔弱胜刚强"有两层含义：一是弱小可以战胜强大；二是力量强大时不是以力硬拼，而是追求不战而胜，"善战不战"。显然，《孙子兵法》强调"不战而屈人之兵，善之善者也"，"必以全争于天下，故兵不顿而利可全"（《谋攻篇》），正是《老子》"柔道"谋略的体现。

中国古代兵书都基本承袭了《孙子兵法》的理论框架，军事家的奇略多是讲以弱胜强、以少胜多的，成功的战例也多是以弱胜强的谋略运用。《孙膑兵法》也大谈打仗如行水，要"得其理而不可逆"，大谈"敌众我寡，敌强我弱，用之奈何"，"以一击十，有道乎"，结论是"攻其无备，出其不意"（《威王问》）。

《三略》在军事战略上主张刚柔相济之道，认为柔能制刚、弱能制强，正是继承和发展了老子的思想。明朝人刘寅在《武经七书直解·三略》中说："夫柔者，非柔懦而不立也，示之柔以制其刚也。弱者，非怯弱而不振也，示之弱以制其强也。"楚汉战争中，柔弱的刘邦最终战胜刚强的项羽，正是深得《老子》三昧的张良"运筹帷幄"的结果。

毛泽东是当代成功运用古代兵法的大师，他在《中国革命战争的战略问题》一文中引用了春秋长勺之战"弱军战胜强军"的范例,并且总结说:"中国战史中合此原则而取胜的实例是非常之多的。楚汉成皋之战、新汉昆阳之战、袁曹官渡之战、吴魏赤壁之战、吴蜀彝陵之战、秦晋淝水之战等等有名的大战,都是双方强弱不同,弱者先让一步,后发制人,因而战胜的。"(毛泽东:《毛泽东选集》第一卷,人民出版社,1991)

(3)进道若退,以奇用兵

如果说"柔弱胜刚强"仅仅是个目标原则的话,要使目标变为现实,使强和弱、刚和柔得以转化,还必须要有手段原则,这就是《老子》所说的"进道若退"(四一章),"以奇用兵"(五七章)。

所谓"进道若退",就是在敌强我弱的情况下,必须先让一步,后发制人。表面上的"无为",正是为了最终的"无不为"。《老子》说:"将欲歙之,必固张之;将欲弱之,必固强之;将欲废之,必固兴之;将欲夺之,必固与之。是谓微明。柔弱胜刚强。"(三六章)这段话被视为辩证法的绝唱,其深谋远虑,非一般人所能及。老子从物极必反的观点出发,提出要善于等待,因为事物变化都有一个从量的积累再到质变的过程;但弱方并不是无所作为,而是要创造条件使对方走向反面,走向失败。使敌强是为了弱敌,兴敌是为了废敌,给予是为了争夺。于是,"善战者不怒",不要感情冲动急于拼杀;"知其雄,守其雌,为天下溪","知其荣,守其辱,为天下谷"(二八章),要能够委曲求全,忍辱负重,同时对敌方有透彻的了解,从而把握住全局。"用兵有言:吾不敢为主而为客,不敢进寸而退尺"(六九章);"我有三宝,持而保之:一曰慈,二曰俭,三曰不敢为天下先"(六七章)。打鱼不在急滩上,后退一步自然宽。两个拳师对打,聪明者往往退让一步,而蠢人则气势汹汹,劈头就使出全副本领,结果往往被退让者看出破绽,一脚踢翻。老子讲的"进道若退"就是以退为进,先退后进,这也是弱者战胜强者的不二法门。

所谓"以奇用兵",就是采用机动灵活的谋略手段,想办法欺骗和调动敌人,使敌人犯错误,造成我方取胜的机会。《老子》提倡"不争之德",说:"善为士者不武,善战者不怒,善胜敌者不与。"(六八章)老子反对张牙舞爪,暴烈逞强而与敌人对斗硬拼,主张"以正治国,以奇用兵"(五七章)。治国和用兵应有不同,治国需要用清静之道,而用兵却必须奇巧诡秘,用临机多变的手段。这里《老子》已经初步揭示了战争领域的最一般和最根本的行动规律,并从而对古代兵家的谋略思想产生了深远影响。兵家常用的"三十六计"可以说都是老子权谋原则的具体演绎和运用。

《孙子兵法》把先让一步后发制人上升为战略原则,使进攻和防御相结合,形成统一完整的战略思想。"善用兵者，避其锐气，击其惰归，此治气者也。以治待乱，以静待哗，此治心者也。"(《军争篇》)这里的"避"和"待"，就是后发制人。"主不可以怒而兴师，将不可以愠而致战"(《火攻篇》)，就是不能在条件不具备时急于求战。《孙子兵法》提出著名的"诡道十二法"，即"能而示之不能，用而示之不用，近而示之远，远而示之近，利而诱之，乱而取之，实而备之，强而避之，怒而挠之，卑而骄之，佚而劳之，亲而离之"，其主旨就是欺骗和调动敌人，使我方抓住敌人破绽，"攻其无备，出其不意"，战而胜之。(《计篇》)"兵者诡道"，正是《老子》"以奇用兵"的同义语。

在孙子这里，老子的"奇正"概念被改造成中国兵学理论中最重要的一对范畴。《孙子兵法》中说："三军之众，可使必受敌而无败者，奇正是也"；"凡战者，以正合，以奇胜。故善出奇者，无穷如天地，不竭如江河"；"战势不过奇正，奇正之变，不可胜穷也"。(《势篇》)奇正就是如何根据敌我双方形势来正确使用兵力，以达到避实击虚的目的。奇正是战争手段，它的精髓是变幻和诡诈。正是从这里出发，演化出战争舞台上多少用兵如神、以弱克强的精彩之作。

《孙膑兵法》发展了《老子》关于以弱胜强的韬略思想：

一是"让威"。孙膑在谈及"敌众我寡，敌强我弱"形势下的"用兵之道"时，主张先将自己主力隐蔽好，仅用少量兵力与敌周旋，待敌困顿疲惫，再调集我方主力反击。让威就是后发制人。

二是"卑而骄之"。孙膑说:"告之不敢,示之不能,坐拙而侍之,以骄其意,以随其志,使敌弗识。因击其不□,攻其不御,压其怠,攻其疑。"(《十问》)孙膑在庞涓攻赵时,为了救赵,先让齐兵攻打魏国重镇平陵。这一决策使田忌大惑不解,因为平陵位置将使齐兵如飞蛾扑火,必败无疑。孙膑说,"吾将示之不智事"(《擒庞涓》),即故意给庞涓造成齐国不谙兵家之道、鲁莽用兵的假象,以骄其心。

三是以小失换大得。田忌赛马,是孙膑以局部损失换取全局胜利的策略体现。同样,孙膑派去攻打平陵的,是齐国两位最"不识军"的齐城、高唐大夫,果然造成齐军小败,使庞涓误认为齐军真是不堪一击。这在战争全局上正是孙膑求得大胜所必须付出的代价。两军对垒,弱者设法以局部牺牲换取大局胜利,后代"李代桃僵""舍卒保帅"之计正源于此。总之,孙膑认为智战胜于力战,"谋者,所以令敌无备也"(《威王问》)。

《六韬》被称为道家阴谋之书,它不但继承了《老子》的权谋思想,甚至许多语言都极为相似。它在《文伐》中主张首先用非军事手段削弱和打击敌人,所谓"文伐十二法",都是权谋诡诈手段。它在《奇兵》中又论述如何在战术上造成对我有利的神秘莫测的形势,并一连举出二十六种方法。它认为,战争必须"发之以其阴,会之以其阳"(《文韬·守国》),即在不被人察觉的情况下秘密准备战争,非时机成熟不公开征伐。所以"鸷鸟将击,卑飞敛翼;猛兽将搏,弭耳俯伏;圣人将动,必有愚色"(《武韬·发启》)。为了促使强大敌人盛极而衰,它认为:"夫攻强必养之使强,益之使张。太强必折,太张必缺。攻强以强。"(《武韬·三疑》)它还认为,在作战中要欺骗迷惑敌人,"外乱而内整,示饥而实饱,内精而外钝。一合一离,一聚一散。阴其谋,密其机,高其垒,伏其锐士,寂若无声,敌不知我所备,欲其西,袭其东"(《文韬·兵道》)。

无战不谋,无谋不战,这已成为古代兵家的共识。唐太宗说:"朕观千章万句,不出乎'多方以误之'一句而已。"(《李卫公问对》)《太白阴经》中说:"夫竭三军气,夺一将心,疲万人力,断千里粮,不在武夫行阵之势,而在智士权算之中。"《虎钤经》中说:"用兵之法,先谋为本","谋以御敌,虽有百万之众,可不劳而克矣"。

毛泽东在研究中国革命战争和抗日战争的战略问题时,深刻地阐述了进攻和防御的辩证关系,特别提出"战略退却"的必要性,以反对"御敌于国门之外"的军事冒险主义和"速胜论"的自以为是。在谈到"战略退却"的战术原则时,他说:"我们可以人工地造成敌军的过失,例如孙子所谓'示形'之类(示形于东而击于西,即所谓声东击西)。"(毛泽东:《毛泽东选集》第一卷,人民出版社，1991）这也正是《老子》"进道若退""以奇用兵"思想在现代的创造性运用。

（4）"慎终如始，则无败事"

因为自身处于卑弱的一方，所以特别主张重视强大的对手，时时刻刻都不能掉以轻心。《老子》说："民之从事，常于几成而败之。慎终如始，则无败事。"（六四章）又说："祸莫大于轻敌，轻敌几丧吾宝。"（六九章）轻敌会使自身不保，轻敌还会使我方功败垂成。

要做到不轻敌，关键在于加强谋略家的思想修养。《老子》说："不自见，故明；不自是，故彰；不自伐，故有功；不自矜，故长。"（二二章）人要有自知之明，不追求虚名，不贪图虚荣，首先要战胜自我，所以"知人者智，自知者明；胜人者有力，自胜者强"（三三章）。要克服自己的偏见，必须时刻保持思绪的稳重和心境的安宁平和："重为轻根，静为躁君"；"轻则失本，躁则失君"。（二六章）所以，一个完美的人，应该是"方而不割，廉而不刿，直而不肆，光而不耀"（五八章），即有棱角而不割伤人，锐利而不刺伤人，直率而不放肆，光亮而不刺目，只有这样才能利用"无为而无不为"的手段，达到"以柔克刚"的目标。

要做到不轻敌，就要首先使自己立于不败之地，不能急于图敌。《老子》说："善建者不拔，善抱者不脱。"（五四章）善于建树的先要不被人拔除，善于牢固保持自己的才不会脱落，也就是"先为不可夺，以待敌之可夺"。这可以看作"慎始"。

一旦得到了胜利果实，要十分注意防止自身由盛而衰。《老子》说，"保此道者不欲盈"（一五章）；"是以圣人去甚，去奢，去泰"（二九章），事情不能做到十分，要留有余地，谦虚谨慎，虚怀若谷。《老子》又说，"功成而弗居。夫唯弗居，是以不去"（二章）；"祸莫大于不知足"（四六章）；"功遂身退，天之道"（九章）；胜利了也要"果而勿矜，果而勿伐，果而勿骄，果而不得已，果而勿强"（三〇章），甘居人下，才能防止失败。这可以看作"慎终"。

老子的这种思想对后世兵家影响极大，"骄兵必败""哀兵必胜"成为人们的共同认识和指导原则，正反两方面的经验教训在古代战争史中也比比皆是。淝水之战中前秦苻坚自恃"强兵百万，资仗如山"，"投鞭于江，足断其流"，却被东晋八万北府兵击败。前秦失败的原因尽管很多，但骄傲轻敌却是最关键的一点，一着不慎，国破人亡，后悔莫及。

《孙子兵法》强调慎战，"先为不可胜，以待敌之可胜；不可胜在己，可胜在敌"（《形篇》）。这也就是"先胜而后求战"，先使自己立于不败之地，有把握取胜而后求战。他反对那种盲目轻敌，"先战而后求胜"的做法。

孙子认为，要不轻敌，前提是"知彼知己"，只有全面认识敌情和把握自己，才能见利思害，居害见利，抓住战机，周密稳妥，"百战不殆"。毛泽东把孙子这一名言称作"科学的真理"，认为它揭示了战争认识的根本规律。"知彼知己"与老子"知人者智，自知者明"的思想是相通的。

毛泽东一贯反对骄傲轻敌。他多次指出，中国革命战争中的多次失败，都是由于小胜之后骄傲轻敌引起的。他说："因为反动势力的雄厚，革命势力是逐渐地生长的，这就规定了战争的持久性。在这上面性急是要吃亏的。""'灭此朝食'的气概是好的，'灭此朝食'的具体计划是不好的。"（毛泽东：《毛泽东选集》第一卷，人民出版社，1991）

老子以弱胜强、以柔克刚的权谋思想，强调寓刚于柔，绵里藏针，在古今中外的军事对抗大舞台上有其积极作用和深远的价值影响，这是不容否认的。但由于其阶级地位和哲学体系的局限性，又使这种思想带有过于浓厚的消极保守色彩。他片面强调"知足""静守""寡欲"，消磨竞争意识，反对积极进取；他不重视发挥人的主观能动作用，对矛盾的转化条件强调不够，把"柔弱胜刚强"的命题绝对化等等，这些明显的缺陷往往会限制人们在更大的机动范围内选择战场策略和手段，真正的军事理论家必然会加以扬弃，事实上也正是这样。

七 《老子》与文学艺术

在学术界，有人将《老子》看作是一部文学作品，认为它是"先秦诗歌中的鸿篇巨制"。对《老子》一书的性质自然可以讨论，然而要说它具有某些文学的特性，可以当作一部长篇哲理诗看待，大概不会引起太大的争论。鲁迅的《汉文学史纲要》中曾单独辟有《老庄》一章，评论《老子》在文学史上的地位，并断言"然文辞之美富者，实惟道家"。讲《老子》的历史影响，是不能不讲到它对中国文学艺术的影响作用的。中国传统的美学理论、文艺理论、诗论、画论、文学艺术风格等诸多方面，都与老子的哲学思想及文学风格相关，都从老子哲学中汲取了智慧和营养。

1.《老子》的艺术特色

从文学的角度看,《老子》一书具有多方面的艺术特色。

(1) 诗的风格

《老子》一书,文句整齐,错落有致,自然成韵,气势磅礴,具有诗的风格。《老子》书中,不管是三字句、五字句、七字句、八字句,读起来都格外流畅顺口,自由奔放。如:

> 虚其心,实其腹,弱其志,强其骨。(三章)
> 甘其食,美其服,安其居,乐其俗。(八〇章)
> 有无相生,难易相成,长短相形,高下相倾。(二章)
> 持而盈之,不如其已;揣而锐之,不可长保。金玉满堂,莫之能守;富贵而骄,自遗其咎。(九章)
> 大道废,有仁义;智慧出,有大伪。六亲不和,有孝慈;国家昏乱,有忠臣。(一八章)
> 俗人昭昭,我独昏昏;俗人察察,我独闷闷。(二〇章)
> 知其雄,守其雌,为天下溪。为天下溪,常德不离,复归于婴儿。知其白,守其黑,为天下式。为天下式,常德不忒,复归于无极。知其荣,守其辱,为天下谷。为天下谷,常德乃足,复归于朴。(二八章)

这些文句,有些是句句押韵,流畅上口;有些是两读两韵,隔句换韵,读之颇有起伏;有些文句长短不一,但却有规律地押韵,而且错落重叠,更显磅礴之势。明代学人汤宾声评点《老子》文采说:"其文则诡伟而不拘律。骤而玩之,钻研未由;徐而索之,旨趣隽永。其若陟太山之巅,而奇松怪石,突出骇眼;游沧浪之顷,而狂澜巨浪,忽至惊心。盖胸中别具个神解,故思人所不能见。今读之者,靡靡而忘神,此诚文字之祖。"(《历子品粹》卷一)

(2)哲理著作文学化

哲理著作文学化,是《老子》的又一重要特色。《老子》一书善用比喻,形象生动,寓哲理于具体的物象之中,既说理深透,又深入浅出。如"有"与"无"是老子哲学的一对范畴,直接论述起来会十分晦涩抽象,而《老子》则用了一系列生动形象的比喻,深入浅出地讲出了"有"与"无"的辩证统一关系:

> 三十辐共一毂,当其无,有车之用。埏埴以为器,当其无,有器之用。凿户牖以为室,当其无,有室之用。故有之以为利,无之以为用。(一一章)

意思是说,三十根辐条聚绕着一个轮毂,在那空虚处,才产生车子的作用。揉和黏土来做器皿,器皿中间是空虚,所以它才能盛东西。开凿门窗来做房间,正是房间中的空虚,才提供人们居住的方便。用这三个人人都可以看得见、体会得到的实际例子作比喻,就很生动地讲明了有与无的关系:实体中的"有"为人们提供便利,实体中的"无"使实体产生了作用。这样,有与无就成为人人都可以晓喻的对立统一关系。

《老子》讲治国之道,强调无为而治,君无为而民自治;君主企图有所作为,则只能是扰民害民。讲这样一个大道理,《老子》只用了一句话的比喻:"治大国若烹小鲜。"(六〇章)治理大国就如同煎小鱼一样,不能乱翻乱折腾。煎小鱼,翻多了则鱼烂;同样道理,治大国,政烦则民伤。这个简单的比喻,把一个极为重要的道理讲得如此素朴而生动,以至到了20世纪80年代,美国总统里根在他的国情咨文中,还引用这句名言。

《老子》讲"为之于未有,治之于未乱"的道理,强调把坏事消灭在萌芽状态,作了这样的比喻:"合抱之木,生于毫末;九层之台,起于累土;千里之行,始于足下。"(六四章)这真是再恰当再简单不过了,使人一看便懂,且极为流畅、上口、易记。

《老子》书中的比喻,经常是用一连串的事物作比,气势贯通,咄咄逼人,使人对它的道理只能信服,不容置疑。譬如它讲柔弱胜刚强的道理,这样写道:

> 天下之至柔,驰骋天下之至坚。(四三章)

天下莫柔弱于水,而攻坚强者莫之能胜。(七八章)

人之生也柔弱,其死也坚强。万物草木之生也柔脆,其死也枯槁。故坚强者死之徒,柔弱者生之徒。是以兵强则灭,木强则折。强大处下,柔弱处上。(七六章)

（3）警句格言汇萃

语言精练简洁,寓意深邃,多为警句格言,这是《老子》又一重要艺术特色。

1960年,法国曾出版一本《警句和格言辞典》,选自中国的格言有380余条,其中出自《老子》一书的就有49条。可以说,《老子》格言有许多至今仍活跃在人们的日常生活中。尽管有许多人并没有读过《老子》,但他们还是能讲出不少《老子》的格言,只不过他们并不知道自己所用的语汇是出自《老子》罢了。试略举一些常见的例子:

咎由自取　《老子》原话:"富贵而骄,自遗其咎。"(九章)

功遂身退　《老子》原话。

少私寡欲　《老子》原话。

飘风不终朝,骤雨不终日　《老子》原话。狂风暴雨都不可能持久。

物壮则老　《老子》原话。事物壮大了就必然走向衰老。

兵者不祥之器　《老子》原话。兵械是不吉利的东西,非到不得已的时候不能用它,不能随意兴兵打仗。

自知之明 《老子》原话:"知人者智,自知者明。"(三三章)

欲夺固予 《老子》原话:"将欲歙之,必固张之;将欲弱之,必固强之;将欲废之,必固兴之;将欲夺之,必固与之。"(三六章)

柔弱胜刚强 《老子》原话。

反者道之动,弱者道之用 《老子》原话。

大器晚成 《老子》原话。

大音希声,大象无形 《老子》原话。

强梁者不得其死 《老子》原话。强横逞凶的人不得好死。

大巧若拙 《老子》原话。

知足者常乐 《老子》原话:"祸莫大于不知足,咎莫大于欲得。故知足之足,常足矣。"(四六章)

知足不辱,知止不殆 《老子》原话。

法令滋彰,盗贼多有 《老子》原话。

治大国若烹小鲜 《老子》原话。

祸兮福所倚,福兮祸所伏 《老子》原话:"祸兮,福之所倚;福兮,祸之所伏。"(五八章)

图难于其易,为大于其细 《老子》原话:"图难于其易,为大于其细。天下难事必作于易,天下大事必作于

细。"(六三章)

千里之行，始于足下 《老子》原话。

慎终如始 《老子》原话："民之从事，常于几成而败之。慎终如始，则无败事。"（六四章）

善战者不怒 《老子》原话。

天网恢恢，疏而不漏 《老子》原话："天网恢恢，疏而不失。"（七三章）

民不畏死，奈何以死惧之 《老子》原话。

鸡犬之声相闻，老死不相往来 《老子》原话："邻国相望，鸡犬之声相闻，民至老死不相往来。"（八〇章）

以上所举，相信读者会有似曾相识之感，有些甚或十分耳熟，可见《老子》格言至今仍有顽强的生命力。单从语言学的角度说，《老子》也是很有特色的，并且确实在丰富祖国语言方面作出了很大贡献。

《老子》的文学艺术特色还可以举出一些例子来，单从以上几点，已足以证明它的文学性之鲜明，它在文学史上发挥重大影响作用是十分自然的。然而，《老子》在中国文学艺术史上的影响，却不仅仅是因为有以上特色，更重要的是以上艺术特色中所蕴含的理论精神，后人从它的艺术特色中吸取了理论智慧的营养。譬如《老子》语言艺术上错落有致、自然成韵、气势磅礴的特色，素朴的形象比喻，以及它从民谣民谚中提炼出的格言警句等，都体现着一种"道法自然"的自然美;而正是这种对自然美的追求,影响了后世文学艺术的发展道路。本书谈《老子》对中国文学艺术的影响,就侧重于《老子》哲学影响于中国文学艺术理论的方面。

2."道法自然"与艺术的自然美追求

(1)老庄论自然美

崇尚自然是中国古代文学艺术创作的传统,也是中国古代诗论、画论等的重要内容。中国文学艺术将自然作为最高的艺术追求,就其思想渊源看,则主要是根源于老子道家的自然之道。

在老子哲学中,作为宇宙万物本原的道,是自然无为的。所谓自然无为,就是指顺应自然而为,这就是道的自然而然的本性,即老子的所谓"道法自然"。道创生万物的过程也是自然而然的,而由道化生的万物也是自然生成、自然变化、自然发展的,这就是说,一切归于自然,天地万物无不顺应自然。这就是老子"无为而无不为"的自然之道。

《老子》中与"自然"含义相近的概念是"朴"。老子把他的"道"又称为"无名之朴",强调"道常无名,朴"(三二章)。"朴",指未经加工的木头,老子以朴喻道,仍然是说明道的自然无为的特性。道性自然，物性自然，人性也是自然的。老子认为，赤子、婴儿的状态便是人性的自然状态。他因此反对人为的"五色""五音""五味"之美，因为这些人为之美戕害了人的自然纯朴之性。相反，自然之道则是大美、真美，是自然之美。

继承了老子思想的庄子，更加强调道性自然。庄子所谓的"因自然""顺物自然""应之以自然"等，都是顺应自然、任其自然的意思。和老子一样，庄子也强调自然人性，《庄子》中"真""天真""朴""本"等，主要都是自然人性。庄子主张"无以人灭天"，就是说不要以人为去损害万物的本性。如庄子在《马蹄》篇中指出：对于马的一切驯服、笼络、约束、限制，都是违反其天性，也就是违反了自然；对人也一样，仁义道德便是对自然人性的最大桎梏，因此，"仁义""礼乐"就是违反人的本性的。所以，庄子主张人应返回到自然天放的状态中去，以保持人的纯真的天性。

从自然之道出发，庄子提出了"天地有大美"，即自然之美的思想，认为天地本身所具有的美才是真正的美，而一切违背自然之性的人为都将是对自然美的破坏。庄子在《天运》篇中讲了一则"丑女效颦"的寓言故事：西施捧心而颦，为其病心，出于自然，故不失其美；邻女效颦，矫揉造作，有违自然之性，所以是丑的。庄子在《天道》

篇中说"朴素而天下莫能与之争美",是说素朴之美即未经雕饰的自然之美是美的极致。《刻意》篇中谓"淡然无极,而众美从之",这淡然无极之美,也就是自然素朴之美。

(2)"清水出芙蓉,天然去雕饰"

受老子道家贵自然尚素朴思想的影响,中国艺术形成了追求自然天真淡雅之美的传统。

魏晋南北朝时期,文学艺术论的集大成者刘勰著有理论巨著《文心雕龙》。他在《原道》篇中指出:"心生而言立,言立而文明,自然之道也。傍及万品,动植皆文:龙凤以藻绘呈瑞,虎豹以炳蔚凝姿;云霞雕色,有逾画工之妙;草木贲华,无待锦匠之奇。夫岂外饰,盖自然耳。"刘勰这里所说的"道",与老庄所讲的"道"并不完全相同,但他推崇"自然",并把"自然"作为艺术创作的最高目标,却与《老子》尚朴崇真的精神是一致的。在他看来,自然界的日月之光,山川的文彩,龙凤用来显示祥瑞的纹理彩色,虎豹用来构成丰姿的花色,草木所开的花,云霞所构成的华彩,这一切都是自然天成,不假外饰,是大自然自身美的显现,远远超过了"锦匠""画工"之所为。刘勰以自然为宗,论及诗歌创作,他说"感物吟志,莫非自然"(《明诗》),意思是要自然流露;论及作家的个性、风格,他赞赏"自然之恒资"(《体性》);论文章之体势,他主张

"因情立体，即体成势"，"机发矢直，涧曲湍回，自然之趣也"（《定势》），这是指自然之势；对于语言技巧的运用，他也主张自然天成，如他提出"自然会妙"（《隐秀》）、"自然成对"（《丽辞》）。

与刘勰同时的钟嵘在《诗品》中强调诗歌要表现"自然英旨"和"真美"，这也是以自然之美为主旨。所谓"自然英旨"，指的是真情实感的自然抒发；所谓"真美"，指诗歌表现形式的自然和谐，表现的是重自然而轻雕琢的审美趣味。

唐代大诗人李白，人称其诗"以自然为宗"（王世贞《艺苑卮言》）。自然，是李白艺术理论和艺术实践的核心。他的诗歌创作纲领，是"清水出芙蓉，天然去雕饰"。"天然"有时又称"清真""天真"，都是自然之义。他说："自从建安来，绮丽不足珍。圣代复元古，垂衣贵清真。"（《古风》）又说："丑女来效颦，还家惊四邻。寿陵失本步，笑杀邯郸人。一曲斐然子，雕虫丧天真。"（《古风》）这是李白借庄子寓言,对丧失"天真"的"丑女效颦""邯郸学步"式的所谓创作提出的辛辣嘲讽。

晚唐诗论家司空图在他的《二十四诗品》中有"自然"一则，提出"俯拾即是，不取诸邻。俱道适往，着手成春"，意为作诗只能取诸人的自然心性，而不必到别处去求取。他因此强调"真"，强调"天钧"。"真"即指自然真情，"天钩"指艺术表现上的自然天成。他所倾向的便是"生气远出""妙造自然"的境界。

(3) 自然美艺术极致之一：山水诗

山水诗是中国诗歌中的一个重要组成部分。虽然山水诗的美是一种艺术美，但是山水诗所反映的是自然美，所追求的也是自然美。从诗歌艺术的发展史看，山水诗是晋宋时代陶渊明、谢灵运等诗家所形成的一种特定的诗歌形式。到了唐朝，王维、孟浩然、韦应物等诗人让山水诗获得了空前的发展，并达到了它的成熟期，在诗歌中成为一种强有力的传统。由唐宋一直到明清，凡是重要的诗人都写过大量的山水诗。

山水诗之所以首先在魏晋六朝出现，除了具有深刻的历史、社会的原因外，从思想上看，是受到老庄哲学和魏晋玄学的直接影响。这一时期，老子"道法自然"的思想，庄子"天地有大美"的思想，经过玄学的阐发，为山水诗提供了哲学的和美学的依据，并且直接启导诗人拥抱大自然。

现在，我们来看一看被誉为中国第一位山水诗人的谢灵运。据《宋书·谢灵运传》："出为永嘉太守，郡有名山水，灵运素所爱好。出守既不得志，遂肆意游遨，遍历诸县，动逾旬朔。民间听讼，不复关怀。所至辄为诗咏，以致其意焉。"白居易在《读谢灵运诗》中称："谢公才廓落，与世不相遇。壮志郁不用，须有所泄处。泄为山水诗，逸韵谐奇趣。"可以看出，谢灵运是在政治上失意的时候才去游赏山水、歌咏自然的：

  池塘生春草，园柳变鸣禽。（《登池上楼》）

  林壑敛暝色，云霞收夕霏。芰荷迭映蔚，蒲稗相因依。（《石壁精舍还湖中作》）

  岩峭岭稠叠，洲萦渚连绵。白云抱幽石，绿筱媚清涟。（《过始宁墅》）

  远岩映兰薄，白日丽江皋。原隰荑绿柳，墟囿散红桃。（《从游京口北固应诏》）

这就是谢灵运笔下的江南山水自然景色。这里既有初春时节的春草、红桃、绿柳等乡野景色，又有夏日的云霞、夕霏之暮景。大自然中的日月、山水、湖泊、竹林、岩石等都成为诗人歌咏的对象，在大自然的美景中寄托着诗人隐逸的情怀。显然，在谢灵运这里，尽管他的诗中不免有"三江事多往，九派理空存"（《入彭蠡湖口》）、"沉冥岂别理，守道自不携"（《登石门最高顶》）的玄言，但是在他所吟的山水诗中，表明自然山水已成为独立的审美对象。

山水田园诗大师陶渊明崇尚自然美，以自然为审美对象：

少无适俗韵,性本爱丘山。误落尘网中,一去三十年。羁鸟恋旧林,池鱼思故渊。开荒南野际,守拙归园田。方宅十余亩,草屋八九间。榆柳荫后檐,桃李罗堂前。暖暖远人村,依依墟里烟。狗吠深巷中,鸡鸣桑树巅。户庭无尘杂,虚室有余闲。久在樊笼里,复得返自然。(《归园田居》)

结庐在人境,而无车马喧。问君何能尔,心远地自偏。采菊东篱下,悠然见南山。山气日夕佳,飞鸟相与还。此中有真意,欲辨已忘言。(《饮酒》)

诗人所描绘的田园风光和田园生活,是恬淡、自然、闲适、淳朴而又富有生机、情趣的。以"质性自然,非矫厉所得"(《归去来兮辞并序》)自称的陶渊明,因摆脱了仕途"尘网"的束缚,在悠闲恬适的田园生活中,感受到了"返自然"的愉悦,以及人生得以安顿的欣慰。陶渊明将自己的整个生命投向了大自然的怀抱,在追求自然美的过程中,精神找到了归宿,情感得到了升华。陶诗因其"真写胸中天"而表现出情景合一的特点,在他那极平淡又极深邃、极自然又极优美的诗句中,达到了自然天成的境界。

(4)自然美艺术极致之二:山水画

山水画是中国传统绘画艺术中独具特色的绘画形式。中华大地,无山不美、无水不秀。艺术家通过绘画,不仅表现大自然山水之美，而且也创造着美的自然。"自然"成为山水画家最高的艺术追求。

首先，我们从水墨山水画对色彩的运用，看一看山水画家对色彩的自然追求。

中国画中的空白便是一种色彩的运用，它构成了中国画一种特殊的绘画语言。具有中国民族艺术特色的水墨山水画以水墨为主，一黑一白是其色彩的主调。张式在《画谭》中说："黑为阴，白为阳，阴阳交构，自成造化之功。"《老子》说，"大白若辱"（四一章），"知其白，守其黑"（二八章），"万物负阴而抱阳"（四二章）。可以看出，黑白水墨画与老子的思想是密切相关的。

从色彩学的角度看，黑和白是一切颜色中的极色，任何颜色，浓极则为黑，淡极则为白。黑、白既可以代替一切颜色，又便于画家抒写真情真性，传神写意。因此，唐代水墨画的创立者王维指出："夫画道之中，水墨最为上。肇自然之性，成造化之功。"（《画学秘诀》）在中国画家看来，不应把描绘自然的形色作为绘画的最高目的，而应当把握和表现人与自然相契合的"自然之道""自然之性"。因此画家们确信，水墨、黑白就足以表现出大自然丰富的色彩变化，表现出自然界的勃勃生机，黑白交错的水墨世界能容纳万紫千红。

水墨画中的水、墨二色是颜色中与"玄"相近的极素朴的颜色,正如素朴的道为化生世界万物的本源一样,水、墨二色也是各种颜色的母色。因此,画家通过匠心运墨,便可以达到五色兼备的效果。所以,唐代张彦远云:"夫阴阳陶蒸,万象错布。玄化亡言,神工独运。草木敷荣,不待丹碌之采;云雪飘扬,不待铅粉而白。山不待空青而翠,凤不待五色而綷。是故运墨而五色具,谓之得意。意在五色,则物象乖矣。"(《历代名画记》)意思是:水墨的颜色正和"玄化无言"的道一样素朴,最接近造化自然的本性,是最自然的颜色,内蕴着自然界的五色,所以说"运墨而五色具";画家若用丹绿的颜色涂草木,用铅粉的颜色涂云雪,就是有意背离造化自然的本性,以人为破坏了自然,所以说"物象乖矣"。潘天寿在《谈艺录》中解释为:"水墨画,能浓淡得体,黑白相用,干湿相成,则百彩骈臻,虽无色,胜于青黄朱紫矣。"

水墨是颜色之自然,画家以之描绘山水之自然,表现自己立意之自然。因此,具"五色"的水墨,可以画出气象万千的自然山水,表现自然山水之美。相反,如果"以色貌色""意不足而求颜色似",刻意描摹自然,则去自然更远,也不能充分表现自然山水之美。

其次,从中国画的品第观念看,画家、画论家大都十分强调"自然"一品。

画家完成一件作品,观者欣赏一幅画,首先要碰到如何品评这件作品的优劣问题，这就需要有一个标准。东晋顾恺之的《魏晋胜流画赞》对21幅魏晋作品进行品评，提出了"自然""生气""骨法""天趣"和"巧密精思"等观念。最早明确提出绘画品评标准的是南齐谢赫《古画品录》中提出的"六法"，即气韵生动、骨法用笔、应物象形、随类赋彩、经营位置、传移模写。其中最为重要的"气韵生动"一法，强调的是传神；由为人物传神到为山水传神，其中蕴含着自然天成之义。如元夏文彦《图绘宝鉴》称："气韵生动，出于天成，人莫窥其巧者，谓之神品。"

张彦远在《历代名画记》中，对评画标准提出"自然""神""妙""精""谨细"五品：

> 夫失于自然而后神，失于神而后妙，失于妙而后精，精之为病也，而成谨细。

这里明确地把自然列为第一等。在张彦远看来，上品自然之画，是"草木敷荣，不待丹碌之采；云雪飘扬，不待铅粉而白"，是"神工独运"之物。就是说，是自然而然的表现，没有人工造作的气息，也没有斧凿的痕迹。谨细之画所以列为第五等（即中品之中），是因为它"历历具足，甚谨甚细，而外露巧密"。意思是把什么都画出来了，并且刻意雕琢、造作，失之于自然，因而是平庸之作。他在这里将自然之品作为绘画艺术的最高要求。

除张彦远主五品说外,又有唐代张怀瓘主三品(即神、妙、能)说,还有唐代朱景玄、宋代黄休复主四品(即逸、神、妙、能。朱景玄在《唐朝名画录》中提出神、妙、能、逸四品,而黄休复在《益州名画录》中将逸品立于神品之上,这是朱黄之异)说,其中四品说对后世影响最大。黄休复对"逸、神、妙、能"四品的具体说明如下:

> 画之逸格,最难其俦。拙规矩于方圆,鄙精研于彩绘。笔简形具,得之自然。莫可楷模,出于意表。故目之曰"逸格"尔。

> 大凡画艺,应物象形。其天机迥高,思与神合;创意立体,妙合化权。非谓开厨已走,拔壁而飞。故目之曰"神格"尔。

> 画之于人,各有本性。笔精墨妙,不知所然。若投刃于解牛,类运斤于斫鼻。自心付手,曲尽玄微。故目之曰"妙格"尔。

> 画有性周动植,学侔天功。乃至结岳融川,潜鳞翔羽,形象生动者。故目之曰"能格"尔。

可以看出,逸、神、妙、能四品的特征是:逸品"笔简形具,得之自然";神品"创意立体",妙合自然;妙品"笔精墨妙",得心应手;能品"形象生动",有写实功力。逸品的"得之自然",是指画家的立意、构图、技法和设色都出于自然,不拘泥于任何法度,不作精绘细描,笔法简练,融情、意、趣于绘画之中,自然而然地进入了"大象无形""物我一体"的大美之境。这里体现的是老子道家"自然""素朴""大成若缺"的美学思想。

神品虽然低逸品一等,但是它要求画家凭借其"迥高"的"天机",在其主观情思意趣与描绘对象的精神融合的情况下,达到妙合自然之化境。妙品强调技艺娴熟,要求画家能如解牛运斤一般,技进于道,达到笔墨之自然。最下的能品,要求画家有写实功力,得其规矩,得其形似,至于形象之自然。

总之,黄休复的四品中都内蕴着自然。这种以自然为宗的四品定格法,在历史上的影响颇大,现在我们能从流传下来的作品上,看到写有"神品""神品第一""无上神品"等字样,那就是鉴赏家根据"四品"论画标上的。

3."大音希声"与文学意境

(1)"大音希声,大象无形"

"大音希声,大象无形"原是表征老子辩证法思想的两个譬喻,见于《老子》四一章:

> 故建言有之:明道若昧,进道若退,夷道若纇。上德若谷,大白若辱,广德若不足,建德若偷,质真

若渝。大方无隅，大器晚成，大音希声，大象无形，道隐无名。夫唯道，善贷且成。

意思是说，古代立言的人说过这样的话：从表面上看，明白道的人反而像是愚昧，循道前进反而像后退，行道平易反而像崎岖。同样的道理，崇高的德反像低下的川谷，广大的德性反似不足的样子，刚健的德反似怠惰的样子，质朴的德反似不够坚定。高洁清白反似含垢受辱，广大的空间没有可指的角落，伟大的成就大都晚成，至大的声音听不到，至大的形象则无形可见，大道隐微，不可名状。只有无时不有、无所不在的道，才能施恩万物，无所不成。

很显然，"大音希声，大象无形"是老子用以讲明事物辩证发展特性的一连串譬喻中的两句话。就其本义说，"大音希声"是说最大最完美的声音就等于没有声音，"大象无形"是说最大最完美的形象则不可具体观感，无形可见。这完全是一个哲学问题。但是，这两句话中的"音"使人们联想到音乐，"象"使人们联想到绘画，于是便自然地被引入了文学艺术领域，以老子特殊的智者的地位，对中国古代文学艺术理论产生了深远的影响。

"大音希声，大象无形"也确实蕴含了一种艺术的辩证法。至大至美至淳的乐曲，虽然是由一个个音符组成的，人们欣赏乐曲也确实是按照时间顺序去接受乐曲中的一个个音响；然而，至美的乐曲所给予人的美的享受，却不是那一个个音符，而是这乐曲将人们引入的至美至淳的意境。孔子在齐闻韶乐而三月不知肉味所达到的境界，绝不是那些单个音响乐符所给人的感受，而是在音响消失之后而进入的审美意境。所谓余音缭绕，绕梁三日，就是至大至美的音乐所带给人们的意境感受。而当人们进入绕梁三日的意境去领略这种音乐美的时候，早已离开了音符的弹奏，就已经面临一个无声的境界了。"大音希声"，音乐之美是对音乐本身的超越，最美的音乐不是音乐本身，而是音乐所带给人们的精神享受和情操陶冶。同样道理，绘画所给予人们的精神陶冶，也不在于所描绘的具体物象，而是画家在画象之外所着力追求的审美意境。"大音希声，大象无形"所以在历史上发挥了文艺理论的指导作用，也正因为它具有如此深刻的艺术理论内涵。

"大音希声，大象无形"在文学方面的影响作用，首先在诗学理论中表现出来。因为，在古典艺术领域，诗与音乐、绘画有着至为密切的关系。"大音希声，大象无形"转化到诗歌创作领域，就是在咏物言景之中追求一种超越具体物象的神韵和意境，这即是中国古代文学意境理论的滥觞。

（2）情景交融，妙合无垠

中国古典诗词强调情景交融，以景见情。把以景寓情

作为一种诗歌美的追求,即是"大音希声"在诗歌理论中的一种表现。明末清初人王夫之在《姜斋诗话》中说:

> 情景名为二,而实不可离。神于诗者,妙合无垠。巧者则有情中景、景中情。景中情者,如"长安一片月",自然是孤栖忆远之情;"影静千官里",自然是喜达行在之情。情中景尤难曲写,如"诗成珠玉在挥毫",写出才人翰墨淋漓、自心欣赏之景。

> 情景虽有在心在物之分,而景生情,情生景,哀乐之触,荣悴之迎,互藏其宅。

> 夫景以情合,情以景生,初不相离,唯意所适。

王夫之认为,诗歌创作中的情与景是不可分的,好的诗作应达到"妙合无垠","互藏其宅",情与景融。景是诗的素材,情是景的寄托,有景无情,或景情不能妙合,则失去诗味。王夫之的话,实际上是对许多古典诗歌的总结。中国古代的优秀诗篇,大多是情景交融的佳作。有些风景诗,表面上看是单纯的山水诗,描写的是自然山水、花鸟虫鱼,而实际上是诗人借景抒情,以表达喜、怒、哀、乐、恶、欲、爱、憎的感情,使人读后在自然风景的欣赏中达到一种感情的升华与净化,获得强烈的美感教育和情操的陶冶。如晚唐诗人许浑的《咸阳城西楼晚眺》:

> 一上高城万里愁,蒹葭杨柳似汀洲。溪云初起日

沉阁，山雨欲来风满楼。鸟下绿芜秦苑夕，蝉鸣黄叶汉宫秋。行人莫问当年事，故国东来渭水流。

这首诗一开头便点明作者登上咸阳城楼的无限忧愁，接着，这忧愁之情便借着一片萧瑟荒凉之景延伸开去。诗人登楼远眺，目光所及，尽是一片苇草衰柳的荒凉景象，更兼太阳西沉，山雨欲来，愈发加重了荒漠凄凉的气氛。咸阳原是秦汉王室故地，秦苑汉宫即在脚下，昔日繁荣盛极的帝都，如今只落得鸟飞蝉鸣，行人不问当年事，只有渭水依然东流。诗人借晚秋日暮、山雨欲来的状景及对秦汉废墟的追忆，表达对唐王朝日薄西山的衰败之势的无限惋惜，忧国之情与诗中的景物描写水乳般地交融在一起，以情寄景，借景抒情。读后掩卷，可能诗中字句已不能记得，而诗人的忧国忧时之情却灿然可见，斯可谓"大音希声"。

苏东坡的《水调歌头》"丙辰中秋，欢饮达旦，大醉。作此篇，兼怀子由"，也是一首千古传颂的抒情名作：

明月几时有，把酒问青天。不知天上宫阙，今夕是何年？我欲乘风归去，又恐琼楼玉宇，高处不胜寒。起舞弄清影，何似在人间？转朱阁，低绮户，照无眠。不应有恨，何事长向别时圆？人有悲欢离合，月有阴晴圆缺，此事古难全。但愿人长久，千里共婵娟。

这首词作于宋神宗熙宁九年（公元 1076 年），当时苏东坡被贬为密州知州,正是他政治上不得志之时,又与胞弟苏辙七年未能团聚,心情抑郁,于中秋夜写下了这千古名篇。中秋夜的明月、青天,激起他无尽的遐想及对同胞兄弟的思念,使他浮想联翩,幻想超脱尘世,游历天上宫阙,以抒胸中失意之惆怅,但内心深处又深深地眷恋着人生,矛盾缠绵之情,至深至浓。"转朱阁,低绮户,照无眠",月光的轻盈、推移、变化,使诗人由月亮的阴晴圆缺联想到人事的悲欢离合,找到感情上的慰藉,最后生发出"但愿人长久,千里共婵娟"的祝愿,愿美好的感情长留人间。这首词好就好在作者抒发了真实而美好的感情,诗中有情,以情动人。

借景以抒情,是古典诗歌的艺术追求。只有写出了真实、宝贵、浓烈的情感,才可能达到"大音希声"的境界,使读者掩卷深思,回味无穷,于无声处受到情感的陶冶。

(3)滋味、神韵、意境

受"大音希声,大象无形"这种艺术美学理论的启发,中国古代诗学理论提出了不少颇有价值的诗学范畴,以作为诗歌美的理想追求,并以此引导了中国古代诗歌的发展。

滋味 "滋味"说是南朝梁人钟嵘在《诗品》中提出来的。他说:

> 五言居文词之要,是众作之有滋味者也,故云会

于流俗。岂不以指事造形，穷情写物，最为详切者耶！故诗有三义焉：一曰兴，二曰比，三曰赋。文已尽而意有余，兴也；因物喻志，比也；直书其事，寓言写物，赋也。宏斯三义，酌而用之，干之以风力，润之以丹彩，使味之者无极，闻之者动心，是诗之至也。（《诗品序》）

使人味之，亹亹不倦。（《上品》）

钟嵘认为，诗歌应该有"滋味"，"文已尽而意有余"，"使人味之，亹亹不倦"，"使味之者无极，闻之者动心"，只有达到了这样的境界，才是"诗之至也"。诗中有味可品，应是诗之追求。诗应有诗味，这是钟嵘以前的人们已有所认识的。陆机《文赋》中曾以"阙大羹之遗味"来形容诗味的不足；刘勰在《文心雕龙》中曾评论"张衡《怨篇》，清典可味"。而钟嵘则是系统地论述了"诗味"问题，正式提出"滋味"的概念。诗中有味，主要体现在"文已尽而意有余"，诗即是靠这一点来感染读者、打动读者，并引起读者的回味与联想，以进入"大音希声"之境界的。

滋味，诗味，"意有余"，在表现手法上即是"含蓄"。诗太直太露，要说的话都说完了，不给读者留下回想的余地，读起来就淡然无味；诗要意味蕴藉，"不尽之意，见于言外"，将丰富的思想感情深含于生动的艺术形象之中，让读者自己去咀嚼，去回味，去领悟，去浮想联翩。许多令人百读不厌的优秀诗篇,都善用含蓄,富有弦外之音、味外之味,使人越嚼越有味道,饶有兴趣地去品滋品味。如李白的《黄鹤楼送孟浩然之广陵》:

> 故人西辞黄鹤楼,烟花三月下扬州。
> 孤帆远影碧空尽,唯见长江天际流。

这首诗写李白为朋友孟浩然送行。诗歌表达作者与孟浩然的感情,但于"感情"却未着一字。他只是写孟浩然乘船而去,自己站在岸上目送孤帆远行,不知站了多久多久,只知那孤帆远影早已消失,诗人目光所及,只有那浩渺的江水流向天际。诗人与孟浩然的感情有多深,尽在不言之中。这首诗含意深隐,不尽之意,尽在言外,使人越品越有味道,可谓"诗之至也"。

又如杜甫的《石壕吏》:

> 暮投石壕村,有吏夜捉人。老翁逾墙走,老妇出看门。吏呼一何怒,妇啼一何苦!听妇前致词:"三男邺城戍。一男附书至,二男新战死。存者且偷生,死者长已矣!室中更无人,惟有乳下孙。有孙母未去,出入无完裙。老妪力虽衰,请从吏夜归。急应河阳役,犹得备晨炊。"夜久语声绝,如闻泣幽咽。天明登前途,独与老翁别。

这确实是一首很值得品赏的好诗。作为一首叙事诗,句子表面上看十分淡朴,没有任何渲染,然而却寓意极深,耐人寻味。"有吏夜捉人""老翁逾墙走","夜捉人"写出了差吏的凶狠和乘人不备,然而老翁却能从容地逾墙而走。这无疑又证明,差吏夜捉人已不止一次,以至于老翁早有戒备。既然老翁还要逃避兵役,那就说明村里的年轻人已被抓光,连老头子也不放过。这样简朴的两句话,内涵是何等丰富!诗人给读者留下了广阔的思考空间。

这首诗的诗味之浓,表现在两个层次上:一是像上边的分析,具体的诗句深含意蕴,耐人咀嚼;二是整个诗篇激荡着弦外之音。就其所写,是诗人在一个小村子的所见所闻;然而,读者掩卷深思,领悟到的则是整个唐代社会的战争惨景。兵役征发到了唯余"乳下孙"的程度,再无可征之丁,直至把老太婆也带去充役("独与老翁别"说明老妪已被抓走);人们生活的苦难,也到了"出入无完裙"的地步。相信读者在读完全诗之后,萦绕于心的绝不是这家没有留下姓名的村户的遭遇,而是会激起对整个遭受战争之苦的时代的悲悯。这就是该诗的"滋味"。

诗唯其有味才耐于品赏,而正是品赏回味,才能使读者离开具体的物象环境,进入更高更广阔的精神空间。追求诗味之美,即是向着"大音希声"境界的挺进。

神韵 南朝画学理论中最早提出"神韵"概念,后渐及诗学,成为诗歌创作和诗歌评论的一种理论主张。

一般认为,诗学理论中的神韵说滥觞于晚唐诗人司空图。他关于神韵说有以下论述:

> 近而不浮,远而不尽,然后可以言韵外之致耳。(《与李生论诗书》)
>
> 不知所以神而自神。(《与李生论诗书》)
>
> 诗家之景,如蓝田日暖,良玉生烟,可望而不可置于眉睫之前也。(《与极浦书》引戴叔伦语)
>
> 不着一字,尽得风流。(《二十四诗品》)

司空图的神韵思想,简单地说,就是要求诗歌所描写的景象,不应该仅仅止于直接性的"景""象"本身,要强调诗的"象外之象,景外之景",亦即"韵外之致",要写出比景象本身更深远的东西,以达到"传神"的诗意效果。

宋代诗人严羽所著系统的诗论著作《沧浪诗话》,在神韵说上也有所论述:

> 夫诗有别材,非关书也;诗有别趣,非关理也。然非多读书,多穷理,则不能极其至。所谓不涉理路、不落言筌者,上也。诗者,吟咏情性也。盛唐诗人惟在兴趣,羚羊挂角,无迹可求。故其妙处透彻玲珑,不可凑泊,如空中之音,相中之色,水中之月,镜中之像,言有尽而意无穷。(《诗辨》)

> 诗之极致有一，曰入神。诗而入神，至矣，尽矣，蔑以加矣。惟李、杜得之，他人得之盖寡也。(《诗辨》)

严羽认为，只有盛唐诗人写诗唯在兴趣，气象不凡，诗作浑然天成，毫无斧凿痕迹，保有天然本色，含蓄蕴藉，达到了入神的境界。严羽论诗，又发展了司空图的"韵外之致"思想，追求诗境的空灵。在他看来，写诗最重含蓄深远，不即不离，理在情景之中，言超迹象之外，所谓"羚羊挂角，无迹可求""透彻玲珑，不可凑泊"的境界，才是上乘佳品。仔细想来，严羽所谓"如空中之音，相中之色，水中之月，镜中之像"，与老子所谓大道"渊兮""湛兮""寂兮""寥兮""恍兮""惚兮""窈兮""冥兮"等特性，何其相似！

严羽之后，神韵说逐渐流行，至明清时期，"神韵"一词在各种意义上被普遍使用。胡应麟评论盛唐诗作，说"盛唐气象浑成，神韵轩举"；王夫之评论贝琼的《秋怀》"一泓万顷，神韵奔赴"，评论刘邦的《大风歌》"神韵所不待论"。直到清初的王士禛，将"神韵"提到更高的地步，以其作为诗歌创作的根本。经过王士禛的倡导，神韵诗说在清代长期统治诗坛几达百年之久。

意境 和神韵说并行发展的诗学理论是"意境"说。受老庄哲学和佛教的影响，在魏晋时期，人们已经形成了意境观念，但那时，人们谈论"意""象""得意""境""境界"等问题，还属于哲学的范畴。意境作为一种诗学理论提出，始于盛唐。唐代王昌龄在《诗格》中以境论诗，提出诗有三境：一曰物境，二曰情境，三曰意境。物境即"了然境象，故得形似"，主要指山水自然物态的描绘；情境即"张于意而处于身，然后驰思，深得其情"，主要指诗歌艺术形象所表现的亲身体验的真实感情；意境即"张之于意而思之于心，则得其真矣"，主要指诗歌艺术形象所表现的内心感受、体会和认识。王昌龄的意境，"得其真"即是得意，与后来的意境内涵有所差异，但它是诗学"意境"说的最早论述。

意境说在中唐以后有较多论述。释皎然在《诗式》中提出以意取境，并分为两种情况：一是由境而来，"取境之时，须至难至险，始见奇句"；一是由思而来，"有时意静神王，佳句纵横，若不可遏，宛若神助"。他还认为，风格与取境有密切关系，诗人诗思初发时的"取境"高低对诗的全局境界有决定性影响。他说：

> 夫诗人之思初发，取境偏高，则一首举体便高；取境偏逸，则一首举体便逸。才性（一作情性）等字亦然。故各归功一字。偏高、偏逸之例，直于诗体、篇目、风貌。不妨一字之下，风律外彰，体德内蕴，

如车之有毂，众辐归焉。(《诗式》)

诗思初发，犹如乐曲开始定调，直接关系到全篇艺术境界的高下。因此，临文之顷，举笔下字，要善于选择，使一字之下，兼有众美。这可以说是很精辟的经验之谈。皎然的"取境"说对诗学意境理论作了进一步探讨。

皎然之外，诗人权德舆曾论曰："凡所赋诗，皆意与境会，疏导情性，含写飞动，得之于静，故所趣皆远。"(《左武卫胄曹许君集序》)

刘禹锡也谈道："诗者，其文章之蕴邪！义得而言丧，故微而难能；境生于象外，故精而寡和。"(《董氏武陵集纪》)

可以说，意境说作为一种诗学理论，在中唐已基本形成。它强调意境须有"象外"的特征和效能，诗篇不仅应能以神似的手法写物状景，而且要有启发人的联想的效能，有超越具体形象的更广阔的艺术空间。

宋代阐述意境理论的也不乏其人，梅尧臣、欧阳修都有过论述。梅尧臣认为，诗家"必能状难写之景如在目前，含不尽之意见于言外，然后为至矣"。姜夔《白石道人诗说》中强调诗贵含蓄，也是对意境说的阐释。他说："语贵含蓄。东坡云'言有尽而意无穷'者，天下之至言也。山谷尤谨于此，清庙之瑟，一唱三叹，远矣哉！后之学诗者，可不务乎！若句中无余字，篇中无长语，非善之善者也。句中有余味,篇中有余意,善之善者也。"他还强调作诗"句意欲深、欲远,句调欲清、欲古、欲和",这都是对意境说的具体阐述。

明清时期,王夫之、王士禛等论诗主张神韵说,其说与意境说颇多接近。从某个方面说,他们关于"神韵"的阐述,也可看作是对意境的阐发,都着力于强调诗句的言外之意,象外之象,清远空灵,内蕴真味,能将读者引入不受具体形象局限的广阔的思维空间。

近代以后,王国维继承前人的意境理论并集其大成,对意境说作了详尽而准确的阐发,并将其用于评论诗歌以外包括小说、戏曲在内的各类文学体裁,对一切文学创作都提出了创造高尚完美之意境的要求。他说:

境,非独谓景物也,喜怒哀乐亦人心中之一境界。故能写真景物、真感情者谓之有境界,否则谓之无境界。(《人间词话》)

古今词人格调之高,无如白石。惜不于意境上用力,故觉无言外之味,弦外之响,终不能与于第一流之作者也。(《人间词话》)

其文章之妙,亦一言以蔽之,曰:有意境而已矣。何以谓之有意境?曰:写情则沁人心脾,写景则在人耳目,述事则如其口出是也。(《宋元戏曲史》)

到王国维为止，中国古典诗歌理论中的意境论臻于完整。意境论要求文学作品应写出能打动人心的真景物、真事实、真感情，使诗作具有言外之味、弦外之响，将读者引入更高更深更广阔的思维境界。就作者说，意境是诗人的主观思想感情和客观事物相融合而形成的一种艺术境界，而它的真实、优美和感人，则会对读者产生强烈的感染力量。中国古典诗歌中的优秀作品，大都具有优美、深远、广阔的意境。如：

张继《枫桥夜泊》

月落乌啼霜满天，江枫渔火对愁眠。

姑苏城外寒山寺，夜半钟声到客船。

王之涣《登鹳雀楼》

白日依山尽，黄河入海流。

欲穷千里目，更上一层楼。

柳宗元《江雪》

千山鸟飞绝，万径人踪灭。

孤舟蓑笠翁，独钓寒江雪。

张继的诗是一幅多么美丽的枫桥夜泊图！透明的霜天，鲜艳的渔火，遥相辉映，又有清脆的钟声将远处的寺院和近处的客船联系起来，构成一幅情景交融、形神结合的立体图画。读罢全诗，我们定会陶醉于那美妙的意境之中。王之涣的诗提供的是另外一种雄浑、辽阔、激昂的意境。落日、晚山、黄河、大海，不仅使人们看到了一幅登楼远眺的无限广阔的艺术图画，更给人们一种更上一层楼的精神境界，意境深远而积极向上。柳宗元的诗别有一番意韵。"千山鸟飞绝，万径人踪灭"是一个何等辽阔空旷的场景！在这样一个大背景下，只有一位孤寂的老人独自在江上垂钓。他是何等的孤独，又是何等的倔强！这幅独钓寒江雪的图画意境深邃，含有一种不同凡响的思想上的寄托。在这首诗中，我们透过"独钓寒江雪"的老翁的形象，看到的是柳宗元革新失败被贬官后不向保守势力屈服的斗争精神。上面这些诗作的意境，或清新优美，或积极向上，或蕴含深邃，但都是情景交融、形神结合的典型，都是在真实的物状或形象的描写中，体现了一种特殊的精神境界，所以才产生了强烈的艺术感染力量。

中国诗学理论的诗味、神韵、意境诸说，在内涵上相互交叉，有共同之处。它们强调的诗中有味、有韵、有意，实际上都是强调诗的言外之意、象外之象、弦外之音，强调超越诗的具体语言的深邃内涵；正是因为诗中有了这些诗味、神韵或意境，才可以引起读者的浮想联翩，将读者引入广阔的思维空间，接受诗的美感熏陶。而当真正的好诗将人们引入那种超越诗的具体语言的精神天地的时候，也就达到了"大音希声，大象无形"的完美境界。可以说，中国古典诗学理论是与《老子》哲学有着十分鲜明的承袭关系的，《老子》一书在中国文艺美学理论史上具有相当深远的影响。

4."有无相生"与艺术表现

在老子哲学中，创生万物的道是有和无的统一。就道的不可视、听、言诸特性说，它是恍惚不定的虚无，即无；就道作为混成物又具有"精""真""信"的特点看，它又是有。因此，无不是真正的虚无，而是创生天地万物的实在，它是一切生命的总源泉、总生机。所以《老子》说，"天下万物生于有,有生于无"（四〇章），还说"有无相生"（二章）。这种以无为根本，充满着生命的"有无相生"的辩证法则，对我国艺术表现的影响是极为深刻的。

虚实结合，以虚衬实，这是艺术创作的重要原则。就画家描绘的对象与其作品的关系看，作为被描绘对象的自然和社会中的一切物象是实境，即实；作品中所反映的是虚境，即虚。从实境到虚境，即从实到虚，要经过画家"化景物为情思"的艺术创造过程。如清代方士庶在《天慵庵随笔》中说："山川草木，造化自然，此实境也。因心造境，以手运心，此虚境也。虚而为实，是在笔墨有无间，故古人笔墨具此山苍树秀，水活石润，于天地之外，别构一种灵奇。"这就是说，由实到虚，这是一个艺术创作的过程；

艺术家有感于物而妙悟于心，在笔墨虚实有无之间，再造一个意境的世界，以作为心灵世界的寄托。再如王维的《画学秘诀》中说："咫尺之图，写千里之景。东西南北，宛尔目前；春夏秋冬，生于笔下。"这也是强调艺术家并不是对具体事物作刻意写实，而是创造一种虚灵的意境。

中国绘画讲究"空白"。中国绘画以黑、白二色为主彩，有画处是黑，无画处是白，黑即实，白即虚。一张以白色为底的画纸，在未着笔描画之前，犹如一个孕育着无穷生命力的混沌未开的宇宙，而一旦用蘸墨的笔画在纸上，似阴阳交互生成，萌动着勃勃生机。这无画处的空白，正是老子宇宙观中的虚无，也就是化生万物的生命本源。清代画家笪重光说："空本难图，实景清而空景现。神无可绘，真境逼而神境生。位置相戾，有画处多属赘疣。虚实相生，无画处皆成妙境。"（《画筌》）这就是说，中国画的空白并不是真的虚无，而是和实景、真景一起构成一种浮动着氤氲气韵的境界，其空白处正是"无象"中的"有象"，"无形"中的"有形"，体现的是虚灵的艺术之道。

南宋著名的山水画家马远，在构图上经常把景物挤压在一角，留出大片的空阔天地，空明爽朗，令人心旷神怡，所以人们戏称他为"马一角"。如他著名的作品《寒江独钓图》，画的正面是一叶小舟，有一老翁俯身垂钓，于船舷边际勾画几笔水波纹，画面的其他部分都不着笔墨。正是这大面积的空白,给人一种天水一色、烟波浩渺的艺术感受,那渺茫无际的江水与寒意萧瑟的气氛相交映,形成了寥廓幽远、荒寒寂淡的意境。

马远另一幅《梅石溪凫图》,画面上部及左侧有突兀的峻石和几株从石崖上伸出的秀拔的梅枝,这部分约占画面的三分之一,其余部分则是一片空白。另外,画家在空白处的下部勾画了几条水纹线和几只追逐嬉戏的野凫。画家这种巧妙的构图,使空白处所形成的意象空间给人一种水天相接、虚实相济、生动活泼的无边世界的感受。

这种虚实并用、以虚衬实、计白当黑的艺术表现手法,正是中国绘画突出的艺术特色。正如清代汤贻汾在《画筌析览》中所说:"人但知有画处是画,不知无画处皆画。画之空处全局所关,即虚实相生法。人多不着眼空处,妙在通幅皆灵,故云妙境也。"这是说,画幅中的空白,并非无意中造成的疏忽,而是在整个艺术构思中精心安排的,真可以说是画家匠心独运之所在。欣赏者在这"艺术空白"中所感受到的空灵之美,要比仅仅直观有画处来得更含蓄、更有滋味,也更有情趣。当代学者宗白华肯定了中国艺术这一虚实结合的特点,他说:"中国画很重视空白。如马远就因常常只画一个角落而得名'马一角',剩下的空白并不填实,是海,是天空,却并不感到空。空白处更有意味。中国书家也讲究布白,要求'计白当黑'。中国戏曲舞台上也利用虚空,如'刁窗',不用真窗,而用手势配合音乐的节奏来表演,既真实又优美。中国园林建筑更是注重布置空间、处理空间。这些都说明,以虚带实,以实带虚,虚中有实,实中有虚,虚实结合,这是中国美学思想中的一个重要问题。"(宗白华:《美学散步》,上海人民出版社,1981)而中国艺术表现的这一美学特点,正是老子"有无相生""虚而不屈,动而愈出"的哲学观的体现。

八 《老子》与养生文化

养生文化是中华民族传统文化宝库中的一枝奇葩。它历史悠久，源远流长，有文字记载就已达四千年之久。从本源上说，养生文化是与人类的历史相同步的。从茹毛饮血到钻木取火，从树栖穴居到结茅为舍，在漫长的岁月里，人类与大自然进行着各种各样的斗争。为了人类的生存，为了发展生命，养护和繁衍后代，在劳动和生活的实践中，人们逐渐认识了生命活动的一些规律，学会了自身保健的一些方法，并相互传授，形成了一套关于人类自我保健、自我发展的知识系统——养生文化。

1.《老子》奠定了传统养生文化的思想基础

我国历史文献中关于养生的最早记载，可以追溯到甲骨文。早期青铜器图形文字中，也有许多"寿""老"等老人象形文字，以及有关调理生活、防病治病的描述。《尚书·洪范》提出了"五福六极"的观念："五福：一曰寿，二曰富，三曰康宁，四曰攸好德，五曰考终命。六极：一曰凶短折，二曰疾，三曰忧，四曰贫，五曰恶，六曰弱。"从这里可以看出，中国古代先人们已经开始自觉地把追求幸福和快乐同追求寿考、健康、安宁联系起来。到了春秋战国时期，随着神仙方士文化的兴起，一种以追求长生不死、羽化成仙为主要目标的养生文化发展起来。这一时期，是"诸子蜂起、百家争鸣"，各种学术获得充分发展的时期，以孔子儒家和老子道家为主体的传统文化开始形成，中国传统养生文化也因此获得了长足的发展。这主要表现在《老子》奠定了传统养生文化的思想基础。虽然《老子》不是一部养生书，但是却包含着丰富的养生思想，提出了养生学的基本原则和一些具体的养生方法。《老子》在对有关养生的理论、原则和方法研究的基础上所形成的养生论，对于中国后世养生学家产生了深远的影响。

（1）"道法自然"的养生原则

《老子》说："人法地，地法天，天法道，道法自然。"（二五章）从人的角度看，这段话有两层意思：一是人应当取法天地之自然，这里体现的是"天人合一"的观念；二是人应当取法人性之自然，这里体现的是人的本性自然的观念。老子认为,"道法自然"是宇宙万物遵循的根本法则,自然也是人必须遵循的根本法则。人要想"长生久视"即健康长寿,就应当修道进德,取法自然。老子"道法自然"的思想成为后世养生家的根本指导思想。

例如,著名的医学经典《黄帝内经·素问》中指出:"人以天地之气生,四时之法成","夫人生于地,悬命于天,天地合气,命之曰人。人能应四时者,天地为之父母;知万物者,谓之天子。天有阴阳,人有十二节;天有寒暑,人有虚实。能经天地阴阳之化者,不失四时;知十二节之理者,圣智不能欺也"。(《宝命全形论》)这里,《黄帝内经·素问》根据"天人合一"的思想,提出了顺乎自然、合于四时的养生原则。陶弘景在《养性延命录·教诫》中引用《列子》的话说:"一体之盈虚消息,皆通于天地,应于物类。"又引用《河图帝视萌》的话说:"侮天时者凶,顺天时者吉。春夏乐山高处,秋冬居卑深藏。吉利多福,寿考无穷。"这两段话也是说人的养生活动顺应天地之自然,便可以达到"寿考无穷"的养生目的。唐代孙思邈在《备急千金要方·养性》中也说:"能顺时气者,始尽养生之道。故善摄生者,无犯日月之忌,无失岁时之和。"

综上所述可以看出,顺乎自然、合于四时是后世养生家所一致坚持的养生原则,而这一原则的理论源头显然是来自《老子》的"道法自然"。

(2)"冲气以为和"的养生目标

《老子》四二章中说:"道生一,一生二,二生三,三生万物。万物负阴而抱阳,冲气以为和。"从根源上说,世界万物由原始的混沌之气所化生;就具体的万物而言,它们都是由阴阳二气和合而成。"冲气以为和"既指万物的生命由"和气"所生,又指万物的生命是在阴阳二气的和合状态中存在和发展的。所以,在老子看来,修养生之道应当以"冲气以为和"为目标。老子以婴儿为例,说:

> 含德之厚,比于赤子……骨弱筋柔而握固。未知牝牡之合而朘作,精之至也。终日号而不嗄,和之至也。(五五章)

在老子看来,婴儿身体柔弱,无知无欲,他之所以能够保持旺盛的生命力,就在于他拥有充盈的精气、淳和的元气。所以,老子主张,修养生之道的人,只有像婴儿一般始终保持"精之至""和之至"的境界,才能够精神饱满,健康长寿。

老子的养生之道不仅注重养气,也强调养形、养神,而这三个层面的养生均以"冲和"为目标。譬如,养气当"负阴而抱阳,冲气以为和"(四二章),"专气致柔",像婴儿那样保持淳和的元气(一〇章)。关于养形、养神,老子主张:"载营魄抱一,能无离乎?"(一〇章)这里,"载"即抱持,

"营魄"即魂魄,"载营魄抱一"即抱持形神合一的意思。老子认为,人的生命是精神(魂)和形体(魄)的统一体,人如果能使形神保持和谐统一,便可以延年益寿。

老子的"冲气以为和"的思想,在《黄帝内经·素问》中得到了充分的反映:

> 凡阴阳之要,阳密乃固。两者不和,若春无秋,若冬无夏。因而和之,是谓圣度。故阳强不能密,阴气乃绝;阴平阳秘,精神乃治;阴阳离决,精气乃绝。(《生气通天论》)

这里强调的是:孤阳不生,独阴不长,调和阴阳二气,才是养生的目的。

魏晋时期,著名的"竹林七贤"之一嵇康在他的《养生论》中提出了静养精神的摄生主张,他说:

> 外物以累心不存,神气以醇白独著,旷然无忧患,寂然无思虑。又守之以一,养之以和,和理日济,同乎大顺。(《养生论》)

嵇康提出的"守一""养和"的养生主张也是以"谐和"为主旨的。

事实上,中国传统养生术无论是服食、房中,还是气功、摄养,都以调和阴阳的理论作为养生实践的根据,而这一理论的源头又是和《老子》"冲气以为和"的思想相关联的。

（3）养生方法

"道法自然"是养生的根本原则。老子根据这一原则，又提出了一系列修身养性以达到健康长寿的具体的养生方法，如"抱一"养生、以"啬"养生、以"静"养生、"守柔"养生、"寡欲"养生、避害养生，等等。这些养生方法正是后世养生学家所强调和重视的。下面仅以"抱一"养生、以"啬"养生、以"静"养生、"守柔"养生为例加以说明。

"抱一"养生　《老子》中的"一"常常指"道"，如老子说：

> 道生一，一生二，二生三，三生万物。（四二章）
> 万物得一以生。（三九章）
> 是以圣人抱一为天下式。（二二章）

道是万物的元始，生命的根本，因此，人和万物得道则生，失道则亡。关于"一"，王弼注谓"人之真也"；河上注谓"一者，道始所生，太和之精气也"。从养生的角度看，这里的"一"可理解为元气。只有抱一，守住元气，才能健康长寿。后世养生家视元气为"一"，称守元气为"守一"。如收在《云笈七签》中的《元气论》认为：

> 夫自然本一，大道本一，元气本一。一者，真正

> 至元纯阳一气,与太无合体,与大道同心,与自然同性。
>
> 人与物类,皆禀一元之气而得生成。生、成、长、养,最尊最贵者,莫过人之气也。

显然,它是把元气看成生命之根,所以它主张人要获得长久之寿,应当"清静守一""抱一守虚"(《元气论》)。

道教的修炼养生术也强调"守一"的养生方法。《太平经·令人寿治平法》说:

> 三气共一,为神根也。一为精,一为神,一为气。此三者,共一位也……故人欲寿者,乃当爱气尊神重精也。

这就是说,人常使精、气、神三者合一,便能延年益寿。因此《太平经》又说:

> 人有一身,与精神常合并也……常合即为一,可以长存也……故圣人教其守一,言当守一身也。念而不休,精神自来,莫不相应,百病自除,此即长生久视之符也。

这里所谓守一,也就是守住精神不走失。总之,道教的守一术,或言"守气""守神",或言"守精气神",其思想渊源仍然是老子"抱一"思想的继承和发展。

以"啬"养生 《老子》在五九章中提出了以啬养生

的方法:

> 治人事天莫若啬。夫唯啬,是谓早服。早服谓之重积德。重积德,则无不克。无不克,则莫知其极。莫知其极,可以有国。有国之母,可以长久。是谓深根固柢、长生久视之道。

这里,"啬"的概念并非吝啬,其内涵是爱惜、积蓄、节约。老子善于将治国之道与养生之道融为一体。治理国家要多藏俭用,养生亦应"培蓄能量,厚藏根基,充实生命力"(陈鼓应:《老子注译及评介》,中华书局,1984),而不要浪费精神。养生以啬,就可以使生命的根基厚实,精力充沛,从而达到健康长寿的目的。

老子的以俭啬为"深根固柢、长生久视之道"的养生方法,被后世养生学家奉为养生的圭臬。他们吸收了老子以"啬"为本的思想,讲求从根本上修身养性,并形成了以气为本、以神为本、以精为本、以形为本和以精气神或形气神综合为本的诸种观点,相应地也产生了以养气、养神、养精、养形及以精气神或形气神综合保养为主旨的诸种养生学派。

以"静"养生　《老子》一六章中提出了养静的原则:

> 致虚极,守静笃。万物并作,吾以观复。夫物芸芸,各复归其根。归根曰静,是谓复命。复命曰常,知常

曰明。不知常，妄作凶。

在老子看来，万物的生命都始于虚静而又归于虚静。因此，生命是以静态为根基的，所以修身养性应当恢复到生命的静根，才是合于常道。为此，老子提出了以静养生的方法，即虚极静笃的摄生养神的妙方。

老子以静养生的思想对后世养生学家产生了广泛影响。例如《黄帝内经·素问·上古天真论》曾明确提出"恬淡虚无,真气从之,精神内守,病安从来"的养生主张。《管子》也有气动而制于静的养生思想："阴则能制阳矣，静则能制动矣"，"纷乎其若乱，静之而自治"。(《心术上》)《淮南子》与《老子》《管子》相应，认为"人生而静，天之性也"，"夫精神气志者，静而日充者以壮，躁而日耗者以老"(《原道训》)，所以它提出"静漠恬澹，所以养性也；和愉虚无，所以养德也"(《俶真训》)的养生主张。明代养生学家万全著的《养生四要》引广成子的话说："必清必静，无劳汝形，无摇汝精，乃可长生。"这些论述表明以静养生已成为养生学家所共同强调的养生方法，而这一方法的理论基础就是老子的养静论。

"守柔"养生　《老子》一〇章中说："专气致柔，能如婴儿乎？""专"即"抟"，"专气"即"抟气"，这是一种炼气法；"抟气致柔"指的是炼气的功夫。这里，老子以设问形式说明修养生之道应当抟聚精气，使生命体如婴儿般柔和。婴儿是人之初生，虽然柔弱，但却是生气勃勃，生机无限。因此，保持婴儿的柔和状态而不自恃刚强，这就是老子守柔养生的原则和方法。

从养生的角度看，老子所主张的"守柔曰强"（五二章）、"柔弱胜刚强"（三六章），是说修养生之道应守住柔弱，才能保持旺盛的生命力，这才是真正的刚强。如果不懂得这些道理，恃强好胜，就违背自然之道，因此会早早衰老死亡。这就是老子所说的"坚强者死之徒"（七六章），"物壮则老，谓之不道，不道早已"（五五章）。后世养生学家在精神修养、体育锻炼、药食护身、房中卫生、气功炼养等方面提倡柔和、适中，反对强硬、过分，体现的就是守柔的思想。明代养生学家袁黄在《摄生三要·养气》中说：

> 气欲柔不欲强，欲顺不欲逆，欲定不欲乱，欲聚不欲散。故道家最忌嗔，嗔心一发，则气强而不柔，逆而不顺，乱而不定，散而不聚矣。

这里说的是养气以柔。对于饮食，养生学家主张不过饥过饱，不过冷过热，不暴饮暴食；对于男女交合之道，房中养生家主张欲不可纵、欲不可强；否则，都会使人未老先衰，折损寿命。

从以上的简述中可以看出，《老子》中蕴涵着丰富的养生内容，老子所提出的"道法自然"的养生原则，"冲气以为和"的养生目标，以及"抱一"养生、以"啬"养生、以"静"养生、"守柔"养生等一系列养生方法，形成了比较系统的养生论。老子所提出的养生原则和养生方法均为后世的养生学家所遵循，并成为他们建构养生理论和方法的依据。所以，从一定的意义上说，《老子》奠定了传统养生文化的思想基础。

2."道法自然"与四时养生法

老子以"道"为基础的生命哲学，把宇宙看成是一个生生不息的大生命，而人则是宇宙大生命流程中的小生命。人为宇宙"四大"之一。人法地、应天、顺道、任自然，"天人合一"也就是老子自然生命哲学的旨归。"道"及由它而派生的天地万物按其本性来说，都是自然而然的，因此，人应当顺应自然之道，以求达到"天人合一"的境界。老子这一"顺乎自然"的思想对于尔后中国古代养生家们的养生之道产生了深远影响，使养生家们将自然界四时阴阳变化之道与养生之道有机地结合起来，从而产生了随气候变化的四季养生法，以及由此衍生的十二月养生法和十二时辰养生法等。这里主要介绍四时养生法和十二时辰养生法。

(1) 四时养生法

"人以天地之气生，四时之法成"，自然界的运动变化无疑会直接或间接地影响人体。春生、夏长、秋收、冬藏，这是自然界一年四季的变化规律。传统医学和养生学认为，一年四季的气候变化经历着春温、夏热、秋凉、冬寒的规律，它对人体的脏腑、经络、气血各方面都有一定的影响。顺应四时的变化以调摄人体阴阳平衡，调理起居、饮食、精神，这是养生保健的基本原则之一。

春季养生法 寒冬已过，春天来临，万物复苏，一派生机，养生之道当与时俱动。春天气温转暖，但不时有寒流侵袭，常有"三月下桃花雪"现象，因此，春季冷暖不定，不可急于脱掉冬衣，"春捂秋凉"这句古老谚语，正说明了人要适应四时气候变化的道理。

冬去春来，冰雪消融，春花吐蕾，微风拂煦，柳丝吐芽，鸟语花香，生机盎然。此时，人们应当选择风和日丽的天气，邀亲朋到园林亭阁、山水湖泊等地春游，多做户外活动，使身心愉悦，体质增强，防止疾病的发生。

春季养生，重在养肝。依照"五行"（金木水火土）的说法，春属东方，五行归木，于脏为肝。肝主怒，多怒则伤肝，因此，春天宜重精神调养，以肝胆之气畅达为度。少怒平气，心胸开阔，使肝气舒畅，而不致郁结伤身。在饮食上，宜甘甜而少酸，饭不宜过饱，酒不可过量，这样也有利于身体的养护。

夏季养生法 "纷纷红紫已成尘，布谷声中夏令新"（陆游《初夏绝句》）。夏三月是万物茂盛、华美的季节，天气下降，地气上升，天地之气上下交合，万物开始结果实。此时，人们应夜卧早起，不要厌恶夏天日长天热，须使情志活泼开朗，宜使体内阳气能够向外开通宣泄，这就是夏季调养"长气"的道理。否则，就要损伤心气，秋冬季节易得重病。

夏天气候炎热，人体阳气趋向体表，毛孔开疏，最易遭受风邪侵袭，而造成诸多风痹之病。因此，人们不可贪凉而在露天处、过道里、树下或屋檐下卧睡，睡觉也不宜扇风，以免受风寒。

夏季暑热湿胜，宜防曝晒，宜降室温。人们宜避暑纳凉，居通风空敞之处、水亭林荫之中；但不可冷水洗身，更不可将身体浸入冷水里。心情宜恬静，净心调息，常觉冰雪在心，自然清凉，此所谓"心静自然凉"。正如宋代大儒温革在《琐碎录》中说："避暑有要法，不在泉石间。宁心无一事，便到清凉山。"

夏天饮食宜清淡，不可过多吃生冷油腻的食物，否则易引起上吐下泻、肠炎、痢疾等病症；也不宜吃冰冷食物，防止肠胃受伤等等。

秋季养生法 "袅袅兮秋风,洞庭波兮木叶下"(屈原《九歌》)。秋天来临,气候逐渐转凉,阴气渐盛,阳气渐收,景物萧条,此时人也应随之敛藏养生。

秋季是收藏季节,田野一片金黄。秋风清肃,众生收杀。这时候应早睡早起,像鸡一样夜寐晨醒,使心神得以安静,以缓和秋季肃杀气候对人体的影响。此外,还要收敛神气,使身体与秋气相和合,不使情志外驰,保持肺气的清肃。这是适应秋季之气候,以养人体收气的方法。(《黄帝内经·素问·四气调神大论》)

秋天气候转凉,人觉清爽,"一场秋雨一场凉"。此时,温度变化大,早晚温差悬殊,所以人们要逐渐增添衣服,以防止秋凉感冒。

秋季一派萧条凄凉的景象,秋风落叶,万物凋谢,易使老年人产生垂暮之感,如《寿亲养老新书》中说:"秋时,凄风惨雨,草木落黄。高年之人,身虽老弱,心亦如壮。秋时思念往昔亲朋,动多伤感。"为此保持乐观的情绪最重要。如老年人可在九月九日重阳节登高观景,赏菊吟诗,畅抒情怀,应有"霜叶红于二月花"的向上心态。

秋天的饮食调理应以防燥护阴、滋肾润肺为主。秋属西方,五行归金,金主肃杀,在人主肺,因此养生以安魂平肺为主。秋天应少食用辛燥之品,多用芝麻、蜂蜜、乳品及蔬菜等柔润食物。老年人不食生冷之物,而以温热熟软食物为宜,饮菊花酒可使人长寿无病。

冬季养生法 "寒风摧树木,严霜结庭兰"(《古诗为焦仲卿妻作》)。冬季是万物闭藏的季节,自然界阴盛阳衰,草木枯凋,冰冻虫伏。因此,冬季养生要顺应阳气潜藏,以敛阴护阳。

冬天来临,天气变冷,霜降大地,草木凋零,虫鸟伏藏。人们应当提早睡觉,晚些(待到太阳升起)起床,使个人情志藏匿安静。老年人宜着棉衣,保持温暖,避免受寒。这也就是《内经》关于冬季摄生避寒就温、敛阴护阳之道。

冬季保养之法,应以养肾补心为要。冬属北方,五行归水,水主闭藏,在人主肾,因此冬季养生应以固精养肾为主。冬天的饮食宜温暖熟软,切忌粘硬生冷。宜少吃咸味食物,以保护肾脏。诸如羊肉、狗肉、鸡肉等具有滋补强壮的作用,其他如鳖、龟、藕、木耳也都是有益的食品。冬至日吃当归炖羊肉,或食狗肉汤等药膳,可借自然界阳气萌动以补人体阳气,增强御寒防病能力。

(2)十二时辰养生法

古代养生学家根据昼夜阴阳的变化规律,制定了"十二时辰养生法"。明代石室道人称之为"二六功课",清代医学家尤乘称之为"十二时无病法"。现将此法介绍如下:

卯时(凌晨5~7点) 见晨光就披衣坐在床上,叩齿三百次，转动两肩，活动筋骨。将两手搓热，擦鼻两旁，熨摩两目六七遍；接着揉卷两耳六七遍；随之用两手抱后脑，手心掩耳，用食指弹中指、击脑后各二十四次；尔后，去室外打太极拳，或练其他导引术。

辰时（上午7~9点） 起床练功后，饮一杯白开水；用梳子（或以两手十指代梳子）梳头数十次至百余次，可清脑醒目；洗脸漱口。早餐宜食粥，宜淡素，宜饱；饭后，徐徐行走百步，边走边以手摩腹，可促进肠胃蠕动，增强消化。

巳时（上午9~11点） 或读书，或理家，或种菜养花。疲倦时即闭目静坐养神，或叩齿咽津数十次。不宜高声与人长谈，以少言寡语而养气。

午时（上午11点~中午1点） 午餐宜美食。所谓美食不是指山珍海味，而是要求食物暖软，不要吃生冷坚硬的食物。饭吃八分饱。饭后用茶漱口，涤去油腻，然后静坐或午休。

未时（午后1~3点） 或午睡，或练气功，或邀友弈棋，或浏览时事，或做家务。

申时（下午3~5点） 或读名人诗文，或练书法，或抚古琴，或去田园劳动。

酉时（下午5~7点） 练动静功一段。晚餐宜早、宜少，可饮酒一小杯。用热水洗脚，有降火活血除湿之功。

睡觉前漱口，涤去饮食之毒气残物，以利口齿。

戌时（晚7~9点） 练静气功，然后安眠。睡时宜右侧卧，"睡如弓"。先睡心，后睡眠，也即睡前什么都不要想，自然入睡。

亥时与子时（晚9点~凌晨1点） 安睡宜养元气，环境宜静，排除干扰。"睡不厌蹴，觉不厌舒"，即睡时可屈膝而卧，醒时宜伸腿舒体，使气血流通。

丑时与寅时（凌晨1~5点） 此时为精气发生之时，人当以精为宝，宜节制房事（性生活），但又不能强制。

以上仅以四时养生法和十二时养生法为例，说明人欲身心健康、延年益寿，就必须顺应一年四季的气候变化及一日的昼夜变化，及时调整自己的活动。这两种养生法都体现了老子"道法自然"的原则。

3. 元气论与气功养生

气功是中华民族的瑰宝。所谓气功，指的是我国传统保健强身锻炼的一种功夫，是通过人的独特的意念活动、呼吸运动和一定的身体姿势或动作要求对人的生命进行自我调节、自我开发、自我发展的特殊的身心运动形式。进行气功锻炼能够增强体内元气，提高身体素质，发挥人的机能潜力，从而起到防病、治病、益智、延年的作用。

气功是我国传统养生文化的一项重要内容，它是在我国传统文化的土壤里孕育发展起来的。气功作为我国独特的民族文化遗产,至少已有五千年左右的历史。1975年在青海省乐都地区发掘出新石器时代晚期(距今约五千年)的一件文物——彩陶罐,彩陶罐腹部正中央有一彩绘浮塑人像。从塑像的形态看,两目微闭,凝视守神,腹部隆起,犹如气沉丹田。显然,这是练气功的形态。刻有文字的气功文物,最早当推战国时期(公元前404年)的《行气玉佩铭》。在那"十二面体"的玉柱上,镌刻了45个字的气功(行气)原理,指出人按照一定的规律进行气功锻炼就可以健康长寿,否则便会夭亡。

在诸子蜂起、百家争鸣的春秋战国时期,儒家、道家、墨家、法家等共同奠定了中国传统思想文化的基础,而老子及其道家学派的天道自然观、人生观、人体观、寿夭观、动静观、摄生观,则直接成为包括气功在内的整个传统养生文化的思想源头。那么,老子思想是怎样影响气功的呢?

(1)元气与气功

"气功"是炼气以祛病健身的一种功夫。人体的气有多种多样的表现形式,其中最根本的称为"元气"或"真气"。元气是人体中最重要、最基本的一种气,是生命活动的原动力,是一种看不见的充养生命机体各个部分的精微物质,其作用是维持人体各器官和组织的生理功能,因此历代气功家、养生家、医学家都十分重视。扁鹊在《难经》中说，气是人的生命的根本。庄子也说，人的生死，就是气的凝聚和散失。《服气经》上讲，道就是气，能够保养气就可得道，得道便能长生久存。从中医病因学来看，疾病的根本原因是气机不调，元气亏损，邪有所凑。而通过气功锻炼，就能达到虚者强之、郁者通之、逆者和之的效果。南宋著名诗人陆游一生注重养生之道，写过不少养生诗文，其中一首题为《杂感》的诗是这样写的："养生孰为本，元气不可亏。秋毫失固守，金丹亦奚为！所以古达人，一意坚自持。魔鬼虽百万，敢犯堂堂师！"这首诗强调了元气在养护身体上的重要作用，认为损伤了元气，良药也无能为力；而固守了元气，病魔也就不敢来犯了。

老子的道论是气功的理论基础。《老子》中的核心范畴——"道"如果用"气"加以解释，那么老子的"以道为本"就衍生为"以气为本"，这样，气就成为万物存在变化的基础，它是构成世界万物的基本元素。《老子》四二章中就明确指出，元始的混沌之气分而为阴、阳二气，阴阳二气既对立又统一，从而产生宇宙天地万物。人作为自然界中一物，自然也是禀阴阳之气而生。从前文的引述中可以看出：人体中的真气或元气，就是气功所要修炼之气；通过气功锻炼以充实元气，调理气机，可以达到治病强身的目的。这也是气功养生的真谛。

（2）虚静之道与气功锻炼

如果从气功养生学的角度来审视《老子》一书，我们将会发现《老子》中包含着丰富的气功思想，而且还受到古今气功实践家的高度重视。

这里首先从气功锻炼的基本方法入手。气功锻炼的方法包括调身、调息、调心这样三个既逐步展开又同时进行的过程。调身就是要摆好姿势，全身要自然、放松，常用的练功姿势有坐式、卧式和站式。调息就是调整呼吸，练功时有意识地注意自己呼吸的调整，其方法有自然呼吸法、腹式呼吸法和停顿呼吸法等。调心就是调定心意，使心神宁静，意念专一，主要方法是意守丹田。对此，《老子》书中已经作了阐发。

生活在社会剧烈震荡无序的春秋时代，老子非常重视人的个体生命价值，他自己就是一位重视生命并且相当长寿的智慧老人。老子的长寿固然得益于自然无为的人生哲学，但从一定意义上讲，他的健康长寿也是持之以恒实践气功养生的结果。

人禀气而生，人在气中，气在人中。人与天地一样，俨然一个充满生生不息之气的大风箱，预示着生命之气的无限生机。人通过对人体的气的锻炼，就可以保证生命的长生久视。

那么，怎样进行气功锻炼呢？老子讲，首先要做到无知无欲，身心入静；其次要做到呼吸深、长、细、慢，绵绵不断；另外还要做到心神专一。这就是现在气功锻炼的基本方法，我们可以引老子的原话来说明。《老子》说："致虚极，守静笃"（一六章）；"专气致柔，能如婴儿乎？涤除玄览，能无疵乎？"（一○章）"绵绵若存，用之不勤。"（六章）这实际上讲的就是调身、调息（气）、调心。如"专气致柔，能如婴儿乎"就是要求人在炼养时必须心神专一，调和呼吸，把自己的身体、呼吸及精神状态调节得像婴儿一样，精气充足，纯朴和合，进入一种极高的气功境界。

曾对我国最早的气功文献之一《行气玉佩铭》作过深入研究的郭沫若，青年时代留学日本时患了严重的神经衰弱症。他心悸胸痛，睡眠不安，记忆力衰退。1915年9月，他开始修炼气功静坐法后，慢慢恢复了健康。在《静坐的功夫》一文中，郭沫若讲了他的静坐功法：

呼吸 吸长而缓，呼短而促，宜行于不经意之间。

身体部位 端坐，头部直对前面，眼微闭，唇微闭，牙关不相接、不相咬。后背微圆，前胸不可挺出，心窝部凹下。两手叉置大腿上。上腹凹下，臀部向后，突出到可能的地步。两膝不可并，可离开八九寸左右。

精神 全身不可用力，注意点宜集中在脐下，脑中宜无念无想，但想念不能消灭时，亦不勉强抑制。

时间 以食后一二时为宜。每次至少须坐三十分钟。地点不论,在办公地点也可,在公共车辆中亦可,随处都可以实行。

由上可知,郭沫若练的静坐就是强调调息、意守、入静的坐式静功,是最常见的气功。对气功的修炼,不仅使他治愈了神经衰弱,更使他"彻悟了一个奇异的世界",即进入了气功境界。

郭沫若练气功,讲求大脑应无念无想,这也是练气功的要诀。练气功就是要做到尽量排除一切干扰和杂念,收视返听,意沉丹田。这在老子那里叫"塞兑""闭门""为道日损",也就是说,要闭塞感知、嗜欲的通道,心境虚静下来;并且要不断地减损各种干扰和杂念,最后进入"物我合一""内外合一"的自然无为状态,这也是一种体"道"的气功境界。

从现代气功学的观点来看,摒除一切杂念,高度入静与放松,达到绝对的虚静状态,万念俱灭,只存一念或一念不存,这是达到高级功夫的必要条件。这样,人与大自然便融为一体,达到天人合一,毫无阻碍地与自然进行"气"的交换,从自然吸取能量,不仅使人体精气充沛,而且能促使人体自身状况发生质变,从而激发出自身的潜能而出现特异功能。如现代科学研究已证明:在功能较强的气功师处于气功功能态时,脑波呈现出巨涨巨落现象,这正是大脑功能态突变的表现和大脑产生新的功能的迹象。

(3) 自然之道与自然功法

人作为源于自然而又高于自然的万物之灵，一方面，他的生命活动要受自然界客观规律的制约和支配；另一方面，他又能自主选择以求发展其生命活力。在老子那里，作为宇宙间最尊贵的"四大"之一的人，与天地合成"三才"，法道而任自然。这就是老子的自然之道，也是中国古代最早的一种"天人合一"论。在老子看来，人是自然界即天地万物的一部分，因此人应当遵从自然界的法则；不过"道"作为天地万物的总规律，它最根本的特性是"自然无为"，这是讲顺任自然而不妄加人为。从下面我们对"自然功法"的介绍中可以看出老子的这一思想对气功的影响。

"自然功"的命名，就是依据老子"道法自然"的"自然之道"而建立的。此功的功理有三条：

其一，人体生命活动受自然规律支配。人类作为自然界的一个部分，他的生、老、病、死的整个生命过程，包括人体各种生理、病理变化，都与这个外在环境天然存在着不可分割的有机联系。人体与自然界关系密切的最显著标志是"呼吸"。因此，我国古代气功养生家修炼气功，就是以上述自然之道为理论根据，以呼吸习静为主要手段来达到保健强身的目的的。

其二，练功不能背离自然法则。"自然功"以"自然"命名，这就是要求：在练功的全过程中必须贯彻"自然"的原则，既要尊重客观规律，又要顺乎自然。

其三，回复自然，探索生命本质。气功修炼就是要追求最大限度的健康与长寿，为此，必须回到人的自身，探索人体生命的本质，把握人的生命活动的规律。

自然功的功法也是"三调"，即调身、调息、调心。不过这"三调"具有自身的特点。如调身，不管是坐式、卧式，本着"顺应自然"的原则，不严格规定姿势，只要做到关节放松，全身安泰，意专神凝，重心稳定即可。甚至还可以因地制宜,采取各种"自由式"或"逍遥式"——即由练功者自己做主，根据自己的意愿或习惯，摆好一个自己最感舒适的姿势，以更有利于入静。在调息方面，它只要求呼吸不急不缓，一任自然。在调心方面，它只要求练功者放下一切（念头），丢开一切（烦恼）。

总之，自然功法要求练功者在练功时，把自己的躯体、意识和外界事物全都看破、放下，使自己无牵无挂，自由自在地安处于既寂静又清醒的静定境界中，通过修炼，以提高呼吸的效能，解除大脑的紧张，提高人体的素质和活力。可以看出，自然功从它的命名到它的功法功理，都是依据老子的自然之道的。

（4）"复归于婴儿"与胎息、胎食

胎息是指仿效胎儿之呼吸，其特点是通过呼吸吐纳、数息闭气来锻炼提高人的呼吸机能和代偿功能。这种功法练到高深程度，便可以达到神气相合，至静至定中鼻息微微，鼻中不觉有气的出入，有如胎儿在母腹中不用口鼻呼吸一样，所以称之为胎息。

据《后汉书》记载：有一个叫王真的老人，高寿百岁，容光焕发，精神矍铄，身体健康，看上去像是五十来岁的壮年一样。他练的什么神奇之功而有如此之功效？原来他所修炼的就是胎息、胎食气功方法。

古人认为，胎儿通过脐带禀受母气，此气循行于任脉与督脉之中，弥散于胎儿全体，以供胎儿生长、发育之需，这就是胎息，也称"内呼吸"，是与口鼻的外呼吸相对而言的。脐部是构成胎息循环的枢纽，称之为"命蒂"，意即"生命之根蒂"。婴儿出生后，剪断脐带，胎息便无法再守，于是外呼吸取代内呼吸。因此，气功静功意守下丹田，同时采用腹式呼吸，也就是为了通过外呼吸接通内呼吸，以便"重返婴儿，再立胎息"；在深度入静的状态中，呼吸极度缓慢，在自我体验上出现所谓"内气不出，外气不入"的极高的气功境界。

在古人看来，胎儿无知无识，既没有意识活动，也没有情绪波动,更没有精、气、神的外耗,所以生命力最为旺盛。练功达到"再立胎息"的境界,就意味着"返婴",意味着取得最佳的保健效果。

胎食是指吞咽唾液的气功养生方法,常与胎息并称。在古人眼中,胎儿"内气潜转",口津内咽,不用口鼻呼吸,无精神消耗,其精、气、神最为完全,生机最为旺盛。历代养生家都很重视吞咽唾液的养生方法,因此对唾液有种种美称,如"金津""玉泉""玉浆""玄泉""醴泉"等等。"口为玉池太和官,漱咽灵液灾不干,体生光华气香兰,却灭百邪玉炼颜"(《上清黄庭内景经》),这即是盛赞唾液的功用。

胎息、胎食"返婴",渊源于老子"专气致柔,能如婴儿乎"的"复归于婴儿"的思想。在老子那里,大道循环运行而周流不息,万事万物的运动也都指向生命的本根而生生不穷。赤子之道乃生命之道,养生之道,因此,修炼气功当以"婴儿"之态为最高境界。婴儿乃人的生命的元始,因此通过"专气致柔"的气功修炼,人可以达到返老还童、永葆青春的境界。养生之方,以胎息为本;而胎息之本,本于《老子》。

4. 牝牡之合与房中养生

中国古代的房中术,是传统养生文化的重要组成部分。

"房中术"这个自宋明以来不登大雅之堂的词语，长期以来一直令人感到神秘莫测，并且因其与封建的一夫多妻的家庭，特别是与皇帝及达官贵人追求享乐的淫佚生活有一定的联系，因而遭到人们的抵制和厌弃。但是，如果我们摘掉淫邪的有色眼镜，深入房中术的大堂之内，便会发现其中的异彩纷呈之处。诸如房中养生、房中疗疾、优生育子等，有不少合乎科学、价值很高的内容，这对于发展我们今天的性医学、性保健、优生学等，具有十分重要的积极意义。

什么是房中术？古代医家、养生家称两性生活为房事，凡有关性医学、性保健的论述，又统称为房中术或房中养生学。汉代史学家班固在《汉书·艺文志》中说："房中者……乐而有节，则和平寿考。"这既肯定了房中术所追求的两性间的娱乐价值，又特别标明了它的保健养生价值。西晋著名医学家葛洪在总结魏晋房中术时，把房中术的功能归结为补救伤损、攻治众病、采阴益阳、增年益寿、还精补脑等等（《抱朴子·微旨》）。唐代大医学家孙思邈认为，房中术的宗旨是节欲以求养生，补益以求疗疾。由此可以看出，房中术不是追求纵情淫乐和色情猥亵之术，而是在节欲的基础上防病治病、延年益寿的一种独特的养生方法。

老子道家在养生方面就颇为注重房事以及房中术。例如河上公在注解《老子》的"却走马以粪"时，指出"治身者，却阳精以粪其身"，这里讲的就是古代房中术的功夫之一，即是说要善于关藏精气，不使它泄漏，以便还精补脑。老子在五五章中也说，婴孩不知道男女交合之事，但他的小生殖器却勃得高高的，这是精气充盈的缘故。虽然老子没有专门论述房事以及房中术的具体方法，但是他所确定的自然无为、静心寡欲、长生久视的人生哲学和养生思想，奠定了房中养生的思想基础和理论依据。

（1）男女交合是人的自然需求

"一阴一阳之谓道"。在老子看来，宇宙间天地万物皆由阴阳二气所化生，也就是说万事万物都是在阴阳二气既对立又统一的过程中所产生的，因此，"万物负阴而抱阳"，万事万物都包含着阴阳两个方面，天地阴阳二气交接而生成万物，男女交合授受精气，于是繁衍了人类。光有阴不会产生生命，光有阳也不会产生生命，唯有阴阳的交合才会有生命的繁殖。这就是生命发展的自然规律，也是人类所必须遵从的自然法则。

男女交合不仅合于自然规律，而且也是人的自然需求。《孟子·告子上》中说："食、色，性也。"《礼记·礼运》上也说："饮食、男女，人之大欲存焉。"这就是承认男女间的性欲是人最大的欲求之一，并且肯定性欲是人的正常的天然的需要。古代道家、医家和养生家都不讳言房事。1973年，长沙马王堆汉墓出土的性医学经典《十问》中指出：如果精道闭塞不通，阴阳不能交合，就要产生疾病。晋代医学家、养生学家葛洪也认为：人不可以阴阳不交，否则将导致病患，甚至损伤年寿。唐代对老庄道家深有研究的著名医学家孙思邈在《千金要方》中明确指出：男不可无女，女不可无男，男女不相交合，则会患"单相思"；极度思之而不得，便会导致身心疲劳，甚至损伤寿命。因此，正常男女性生活是成年男女合理的需要。

据《史记·仓公传》中记载：济北王有一个叫韩女的侍女，腰背疼痛，不时发寒发热。淳于意诊脉后说，她所患的是内寒、月事不下的病症，其病因是想与男子交合却又得不到所造成的。元代养生学家李鹏飞在《三元延寿参赞书》中说：有一个叫唐靖的富家子弟，因阴部生疮而溃烂不已，实在痛苦不堪。道士周守珍诊断说，这种病的病因是想行房事而又不能如愿所致。这两例都是因为缺乏正常的性生活而生病疾的。另据清代诗人袁枚的《小仓山房文集·徐灵胎传》中记载：有一个叫王令闻的商人，因为长期不过夫妻性生活而得病，气喘发汗，彻夜不眠。徐灵胎为他诊治，没有开药方，只劝说王氏回家与妻子同居而愈。显而易见，房室生活不仅可以密切夫妻感情，还能防治疾病，促进双方的身心健康。

（2）房中养生节情欲

既然房事乃是合乎人性的自然需求，因此，所有健康的、成熟的男人和女人都会渴望它、需要它。性欲是人的自然欲求的一个重要组成部分，所以性欲是不可弃绝的。但是性欲也必须有所节制，否则贪恋女色，房事太多，纵欲无度，不仅会破坏夫妻间的情爱、破坏家庭的幸福，还会导致耗损阴精、戕伐性命。因此，古人说："房中之事，能杀人，能生人。""能生人"者，是说适度的房室生活能使人全身气血通畅，五脏六腑受到补益；"能杀人"者，是说过度的房室生活则伤精耗气，损人年命。

中国医家、养生家认为，精乃生命之源，它是构成人体的基本物质，也是人体各种机能活动的物质基础。人的生长、发育和衰老的全过程，主要就是肾精和肾气所决定的。所以，肾精旺盛则生命力强，肾精亏虚则生命力衰弱。因此，古人常常把节欲与保精内在地联系起来。

西汉马王堆汉墓出土的医书《十问》，就已将节制房室生活的问题提到重要的位置上，认为男女房事不可太频繁，而应当做到使性器官"坚强而事之"，要巩固精关，做到"必乐矣而勿泻"。如能这样，便可收到"行年百岁，贤于往者"的养生效果。

《黄帝内经》中将导致青壮年早衰的原因归结为纵情

欲而无节："……醉以入房，以欲竭其精，以耗散其真。不知持满，不时御神，务快其心，逆于生乐，起居无节，故半百而衰也。"这就是说，醉后纵欲，必然会损伤真精，这样，虽可以得到一时的性快乐，但终因不知爱精保神，逆于养生之道，致使生命耗损，未老先衰。

元代著名医学家朱丹溪有《色欲箴》和《房中补益论》等专论房室生活的著述，在对待房室生活的态度上，他的主要观点就是节欲。在《色欲箴》中，朱丹溪指出，男女房事不节，贪图色欲，势必大伤阴精，破坏"阴平阳秘"；而且，房欲太甚，还会导致家庭不和，使人精神萎靡不振，甚至严重损伤身心健康。因此他规劝世人要"远彼帷薄"，即节制性欲，尽量减少房事，这样既可以使人精神振奋，生活愉快，而且有利于防病治病，促进身心健康。

元代养生学家李鹏飞在其《三元延寿参赞书》中认为，人要想达到"天元之寿"，必须爱惜精气，不使之虚耗。在他看来，人的元气是有限的，而人的欲望却是无限的。人的情欲一旦炽热，并任其恣纵泛滥，不加克制，精气就会流溢耗散，犹如大海有了缺口，长久以往，大海也会干涸一样。为此，他提出了欲不可早、欲不可纵、欲不可强、欲有所忌、欲有所避等行房的原则和方法，主张寡欲闲心、修身养性，这样便可以享天元之寿了。

由上所述，我们可以看出，中国古代医家和养生家都是非常重视房中节欲的。他们之所以强调节制房室生活，就在于他们认识到了节欲、保精和延寿有着必然联系。只有不贪女色，节制情欲，才能保精养精；也只有保养精神，闭精少泄，才可以达到身心健康、延年益寿的目的。

古代医家和养生家的节欲、寡欲的性养生主张，是与老子的"少私寡欲"的"啬爱"精神一脉相承的。老子肯定人的合理的欲望，但反对人的贪欲奢望。因为在老子看来，过分的欲望是引起社会混乱和招致自我损伤的祸源，所以他主张少私寡欲，去甚，去奢，去泰。"少私寡欲"是合乎大道自然无为的原则的，因而也是合乎人性的。情欲乃人之大欲，自当"少"而"寡"，这也就是"啬"的精神。在房室生活中，如果能节制性欲，爱惜身体，做到知足、知止，便可以避免损耗精气，从而享尽天年之寿。《老子》说："知足不辱，知止不殆，可以长久。"（四四章）夫妻双方知道节欲，并身体力行，这就是在做"深根固柢"的工夫：能够做到"深根固柢"，便可以获取全生永年的养生之道。反之，恣情纵欲，沉湎爱河，耽于声色，肆意逞强，当然不合乎自然之道，因此会损伤年命，早早地衰亡。

唐代名医王冰为《黄帝内经·素问》所作的注，就具有浓厚的老庄道家气息，仅《上古天真论篇第一》中直接引用老子原话作注就达16次之多。譬如为"醉以入房"这段话作注，就依次引了《老子》三章"弱其志，强其骨"、九章"持而盈之,不如其已"、四四章"甚爱必大费"、三〇章"物壮则老,谓之不道,不道早已"等四段话,其主旨在于说明房室生活当知节欲、爱精、保神;否则,纵欲轻耗,离道早亡,就不能享尽天年之寿了。

这里主要是强调,作为传统养生文化组成部分的房中术与《老子》思想的关系,肯定房中养生的历史价值及其对现代人的启示。不过,在此也需要指出,汉代以后,由于房中养生家大多宣扬"多御女"的神奇功效,加之方术之士的推波助澜,趋势媚俗,致使房中术慢慢演变为神秘的猥亵之术,这自然是房中术的末流,与其初衷是背道而驰的。

结　语

　　作为中国文化思想的基础并对中国文化产生了全方位影响的老子思想，在今天仍具有重要的价值，且对中国现代文化整合和发展具有非常积极的意义。

　　首先，老子哲学对中国哲学的创造性转化与创新性发展具有借鉴意义。老子在中国哲学史上的最大贡献，就是提出了作为宇宙万物本原及其存在根据的形上之"道"，创立了以"道"为核心，包括本体论、辩证法、认识论和人生哲学等内容的系统的哲学思想体系。老子的本体思考和方法思考使"道"真正成为"中国思想中最崇高的概念，最基本的原动力"。从先秦道家、两汉黄老学、魏晋玄学、隋唐佛学、宋明理学对老子道论的继承和对老子所提出的诸如"道""德""有""无""动""静""无极"等范畴的援用可以看出，老子哲学是中国传统哲学的基础。由于老子哲学是一个概念丰富的思想体系,对自然、社会和人本身都有许多深入、准确的洞察,因此它获得了某种特殊的理论品质,蕴涵着理论生长点和不同思想体系,甚至是异质文化观念的契合点、融合点。因此,现代中国哲学和中国文化的发展,仍需要借鉴老子哲学思想。

其次,老子智慧对于解决现代人类所面临的种种问题具有启迪意义。老子思想指向自然、社会和人生的普遍性问题,而这些问题又是各个时代的人们所始终关注的。老子以睿智的思索,提出了作为人生价值根源和基础的"道"的范畴。老子的"道"既是宇宙万物的根源,又是万物存在和发展的根据。形而上的"道"落实到人与自然的关系、人与社会的关系、人与自身的关系上,就成为人的行为方式和处世方法。在人与自然的关系上,老子强调人的主体性和自然规律的客观性,主张人应顺任自然,反对人对自然的掠夺。在个人与他人、与群体的关系上,老子提出了"处下""不争"的处世原则,主张挫锐解纷、和光同尘,反对争功名利禄,以达到人与人、个人与社会的和谐相处。老子"不争"的处世原则虽然明确地表现出与现代关于积极、进取、竞争的要求相背离的一面,但是它对于缓和人与人之间因过分的物俗追求所带来的冲突,是有一定的现实意义的。

最后,在个体生命价值的自我完善上,老子提出了"尊道贵德""自然无为""功成身退"的立身原则和处世之道。老子谈天论道,把人看作是宇宙中的四大之一,给予人以崇高的地位和价值。老子提出的诸如"道法自然""致虚守静""少私寡欲""被褐怀玉""报怨以德""柔弱胜刚强""去甚,去奢,去泰""知足""知止""无欲"等一系列修行的智慧、工夫与方法,对于今天的人们培养、提升自己崇高的精神境界,保持内心的平静、平和,调谐自己的心态、形态,形成健康的人格与品质,也具有重要的积极意义。

综上所述,可以看出,老子思想不仅对中国传统文化的形成和发展产生了重大影响,而且能给人类目前和未来的文化、生活提供一些积极的智慧。这就是说,老子思想仍具有现代的价值与意义。